KB234170

베스트 서비스
노 서비스

서비스하지 않는 것이 최고의 서비스다!

베스트 서비스 노 서비스

빌 프라이스 · 데이비드 제프 지음
박선영 옮김

8장 | 훌륭한 서비스 경험을 선사하라

최고의 서비스는 왜 노 서비스인가?

고객에게 짜릿한 경험을 선사하는 것이 어려운 일이 되어서는 안 된다. 기업은 고객 욕구를 만족시키기 위해 많은 경우 고객이 원하는 것보다 훌륭한 신제품을 생산하거나 멋진 서비스를 제공한다. 고객은 이런 제품과 서비스를 자신의 삶을 더욱 풍족하게 하고 자신의 개인적 또는 사업적 성공에 이용하고 싶어 한다. 즉, 고객은 제품이나 서비스를 최대한 이용하고 활용하기 위해 구매하는 것이다. 고객센터나 서비스센터에 연락하기 위해서 구매하는 것이 아닌 것이다.

여기서 고객이 아침에 일어나서 하는 일을 확인해 보자. 고객은 아침에 일어나서 당신의 회사에 도움을 요청하기를 원하는 것일까? 아니면 당신의 회사가 생산한 제품이나 서비스를 사용하기를 원하는 것일까? 군이 이런 질문을 하고 답할 필요도 없을 것이다.

최근 고객 관계 관리CRM라는 개념으로 인해 고객이 기업과 '관계'를 맺고 싶어 한다는 주장이 등장했다. 고객이 자신의 목표를 달성하는 데 도움을 주는 제품이나 서비스를 생산한 기업과 의견 교환을 원하고, 또 그렇게 해야 한다는 사실에는 우리도 동의한다. 고객에게는 모든 것이 문제없이 잘 돌아갈 것이라는 기대를 할 권리가 있다. 그리고 구입한 제품이나 서비스에 문제가 없다면, 고객은 해당 기업을 신뢰해 이후에 해당 기업의 제품이나 서비스를 재구매하거나 지인들에게 소개할 것이다.

그러나 기업의 고객서비스 부서에 연락을 하는 고객들은 이와는 상황이 전혀 다르다. 기업에게 있어 최고의 고객은 불만 때문에 고객센터에 전화를 하거나 지점을 방문하는 것이 아니라 상품이나 서비스에 만족해서 재구매를 하고자 기업을 찾는 고객이다. 최근 들어 기업들은 고객과 관계를 형성하려고 하지만, 고객들은 기업들과 관계를 맺고 싶어 하지 않는다. 어쩌면 고객들은 서비스센터와 같은 부서가 있다는 사실조차 모르길 원할 수도 있다.

제품이나 서비스에 문제가 생기면 고객은 전화, 이메일, 문자메시지, 실시간 채팅, 우편물, 지점 방문 등으로 자신의 요구 사항을 전달한다. 고객서비스가 제대로 제공된다면, 기업은 고객의 요구 사항에 적절히 대응하여 불편함이나 혼란, 문제를 해결할 것이다. 하지만 이것이 과연 좋은 결과일까? 우리가 생각하기에는 그렇지 않다. 이는 필요하지만 충분하지 않은 단기적 대응 방식, 즉 우리가 지칭하는 기본적인 서비스에 불과하다. 우리는 고객의 요구 사항에 얼마나 잘 대응했는지에 중점을 두고 있지 않다. 여기서 이 질문을 던진다.

"애초에 고객이 왜 고객센터를 찾아야만 했는가?"

많은 기업들이 고객서비스를 위해 새로운 절차를 구축하고 기술 개발에 투자해 왔지만, 애석하게도 끝없는 대응에서 헤어 나오지 못하고 있다. 기업들은 규모가 커질수록 고객 지원을 늘리고 있지만, 여전히 형편없는 서비스를 받는 고객들은 점점 짜증을 내고 있다.

고객서비스에 대한 요구가 거세지면 기업들은 결국 고객의 요구를 처리할 자원을 늘리거나 더욱 효과적인 방법을 찾는다. 그리고 별다른 대안을 찾지 못할 때는 고객들을 셀프서비스로 밀어내며, 인력이 투입된 서비스를 이용할 때는 고객에게 비용을 부담시키거나 전화 또는 이메일 등으로 요구 사항에 대한 응답을 기다리게 한다. 이런 형편없는 서비스에 그리고 애초에 고객이 왜 소통하기를 원했는지에 대해 전혀 신경 쓰지 않는 기업들의 태도로 볼 때, 고객들이 불만을 느끼는 것은 너무나 당연하다.

오늘날 제품이나 서비스에 불만을 느낀 고객들은 블로그에 공개적으로 고발성 글을 쓰거나 다른 제품 및 서비스를 이용함으로써 거침없이 자신의 불만을 표출하고 있다. 실제로 2006년의 한 조사 결과에 따르면, 형편없는 고객서비스 때문에 한 해 동안 미국 고객의 절반가량이 한 개 이상의 제품이나 서비스를 바꾼 것으로 나타났다. 물론 만족한 고객들도 있지만, 대부분의 기업들은 아직까지도 지긋지긋한 관행과 예전의 기준을 적용함으로써 고객에게 만족할 만한 서비스를 제공하지 못하고 있다. 최근 영국의 한 조사 결과에서도 고객의 77%가 자신이 이용하는 제품이나 서비스에 문제를 느끼는 것으로 나타났다. 이 정도 수치라면 결코 가볍게 넘길 수준이 아니다.

하지만 개선할 방법은 있다. 이 책에서 우리는 제품이나 서비스상의 결함이나 실수를 없애고, 고객에게 적절한 셀프서비스를 제시하여 구매 후 고객의 요구 사항이 생기지 않도록 하는 방안을 제시하려 한다. 이것이 바로 우리가 주장하는 '서비스하지 않은 것이 최고의 서비스다.' 최고의 서비스를 제공하려면 기업의 태도, 고객의 요구 사항 처리 과정, 서비스 품질을 측정하는 기준 등에 큰 변화가 일어나야 한다. 이것은 결코 헛된 일이 아니다. 제품이나 서비스에 더 만족하는 고객들이 생기고, 이는 영업비 감소와 높은 수익, 직원들의 더 높은 업무 만족도로 연결되기 때문이다.

우리는 형편없는 서비스에 불만을 품은 고객들과 고객서비스를 제공하는 직원들을 위해 다년간에 걸쳐 '서비스하지 않은 것이 최고의 서비스다'라는 개념의 일곱 가지 원칙을 정립해 왔다. 우리의 목표는 고객서비스 수준을 한 차원 더 끌어올리고, 고객이 서비스를 덜 요구하게 하는 것이다. 이를 위해 1장 '고객의 요구 사항이 생기지 않게 하라'에서는 전체적인 그림을 그린 후, 2장에서 7장까지는 최고의 서비스를 제공하기 위한 여섯 가지 원칙을 소개할 것이다. 그리고 8장에서는 최고의 서비스를 제공하기 위한 새로운 기준과 체계를 제시할 것이다.

당신은 이 책 전반에 걸쳐 다음에 제시한 그림을 참고할 필요가 있다. 이 그림은 고객에게 만족스러운 서비스 경험을 안겨주는 능동적인 서비스와 고객의 소리를 경청하고 책임감 있는 문화를 창조하기 위한 주요 쟁점들을 정리한 것이다.

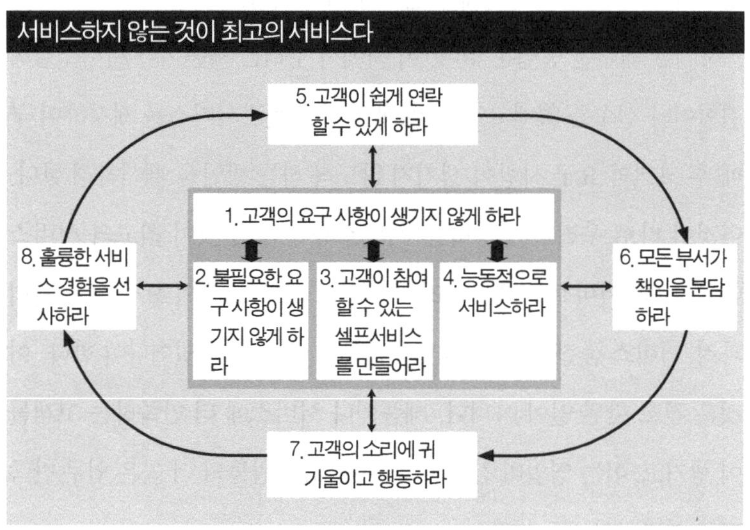

각 장은 다음의 원칙들을 설명하면서 기본적인 서비스에서 최고의 서비스로 나아가는 길을 제시한다.

- **원칙 1: 불필요한 요구 사항이 생기지 않게 하라.** 고객의 불만을 초래하는 근본 원인을 규명하여 고객의 요구 사항이 생기지 않게 한다.(2장)
- **원칙 2: 고객이 참여할 수 있는 셀프서비스를 만들어라.** 고객의 요구 사항이 전혀 없을 수는 없다. 따라서 이런 요구 사항에 대응하기 위해서는 웹 사이트, 키오스크공공장소에 설치된 터치스크린 방식의 정보전달 시스템-옮긴이, SMS, ARS 같은 셀프서비스 방식의 연락 방법을 시도해야 한다. 이런 방법은 고객 스스로 자신의 요구 사항을 해결할 수 있게 해 고객센터를 통해 달성하고자 했던 목표를 이루게 해 준

다.(3장)

- **원칙 3: 능동적으로 서비스하라.** 고객이 찾기 전에 먼저 고객에게 다가가서 고객의 요구 사항을 충족시켜야 한다.(4장)

- **원칙 4: 고객이 쉽게 연락할 수 있게 하라.** 서비스를 제공하지 않아야 한다고 주장하는 이 책에서 이런 원칙은 어울리지 않을 수도 있다. 그러나 이는 고객의 요구가 쏟아질 때까지 손 놓고 있지 말라는 뜻이다. 이렇게 함으로써 고객의 니즈를 파악하고, 통합하여 변화를 위한 전략을 세울 수 있다.(5장)

- **원칙 5: 모든 부서가 책임을 분담하라.** 고객의 불만을 고객서비스 부서의 탓으로만 돌리지 마라. 고객서비스 부서는 대개 전달자의 역할을 할 뿐 고객의 요구 사항을 발생시킨 원인 제공자가 아니다.(6장)

- **원칙 6: 고객의 소리에 귀 기울이고 행동하라.** 모든 고객의 요구 사항을 없앨 수도 없지만, 고객의 요구 사항과 고객이 연락하는 일이 완전히 없어져서도 안 된다. 고객은 새로운 아이디어, 제품에 관한 요청 사항, 경쟁력 있는 유익한 정보 등을 제공하는 훌륭한 정보원이다.(7장)

- **원칙 7: 훌륭한 서비스 경험을 선사하라.** 계속해서 발생할 수밖에 없는 고객의 요구 사항에 귀 기울이고 대응하면서 기업은 서비스에 대한 고객의 만족도를 평가하는 기준을 개선하고, 훌륭한 서비스 경험을 선사하기 위해 새로운 프로그램을 고안하여 적용하는 노력도 해야 한다.(8장)

앞에서 언급한 최고의 서비스 제공 원칙들을 소개하고 설명하기 위해 2장부터 7장까지 다음과 같은 구조로 이야기를 풀어나갈 것이다.

- 각 장에 제시된 원칙('개념' 또는 핵심 테마)

- 해당 원칙이 실제 고객서비스에 적용된 사례

- 실패 사례(기업 실명 비공개)를 소개하고 원칙이 잘못 적용된 경우

- 성공 사례(기업 실명 공개)와 그 결과

- 기업이 이 원칙들을 실천하도록 해 주는 해법

• 요약 정리

• 설문 조사를 통한 상황 진단

맨 뒷부분에 있는 부록 A의 설문 조사는 기본적인 서비스, 좋은 서비스, 최고의 서비스를 제공하고 있는지 진단하게 해 준다. 이를 통해 어떻게 고객의 요구 사항을 처리하고, 어떻게 해야 고객의 요구 사항이 생기지 않는지 등을 근본적으로 다시 생각함으로써 차별화된 고객서비스를 실행하는 방법을 알게 될 것이다. 부록 B는 이 책에서 언급된 고객서비스 용어를 설명하고 있다.

이 원칙들을 어디에서 착안했는가?

우리는 오랜 시간동안 많은 기업들이 실수를 저지르는 것은 물론, 사후에 고객의 요구 사항이 생기지 않게 하기보다는 고객의 요구 사항에 대응하는 데 급급해하는 모습을 보아왔다. 그래서 이를 개선하고자 고객들의 불만을 귀 기울여 듣고, '최고의 서비스'에 대한 개념을 정립했다. 그리고 2장부터 8장까지 제시하는 '최고의 서비스' 원칙들이 실제로 적용되는 사례들을 지켜보면서 조심스레 희망을 발견했다. 우리는 다음의 자료와 정보에서 착안한 '최고의 서비스' 원칙들을 기업의 실제 사례와 함께 제시할 것이다.

• 톰 피터스와 로버트 워터만이 《초우량 기업의 조건In Search of Excellence》에서 끊임없이 '고객 가까이'에서 생각하라고 주장한 것

- 도요타자동차Toyota Motors가 자동차의 품질에 문제가 있다고 판단했을 경우, 곧바로 생산 라인을 늦추거나 멈출 수 있는 권한을 생산직 직원들에게 부여한 사례
- 미국의 통신업체 MCI가 영어에 능숙하지 않은 고객들에게 아시아 언어와 스페인어 등으로 된 고지서를 발송하면서 새크라멘토에 있는 고객센터의 규모를 줄이는 데 성공한 사례
- 아마존Amazon이 "지구상에서 가장 고객 중심적인 기업이 되자!"라는 사명으로, 고객이 연락한 이유가 무엇인지 집요하게 파고들어 해마다 고객 문의와 불평 건수를 줄여 나간 사례
- 고객 블로그에 많은 고객의 '소리'가 나타나자 델Dell이 절차를 바꾸고 신제품을 만든 사례

이런 사례는 '최고의 서비스' 원칙에 접근하는 데 영향을 주었으며, 이 책을 집필하고 여기에서 소개한 새롭고 흥미진진한 접근법을 생각해 내는 데에도 큰 영감을 주었다. 하지만 아직도 개선할 점이 많다. 많은 기업들이 여전히 고객 만족도가 낮은데도 불구하고, 단순히 접수되는 고객의 요구 사항에 대응하는 방식을 답습하고 있기 때문이다. 이제부터라도 '최고의 서비스'를 제공할 때다!

1장

THE BEST SERVICE IS NO SERVICE

고객의 요구 사항이
생기지 않게 하라

무모함(Insanity): 똑같은 방법을 반복하면서 다른 결과를 기대하는 것
- 알버트 아인슈타인

뭐, 제가 고객님께 저희 제
품들의 특징과 장점을 일일이 설명해드릴 수
는 있습니다만, 여기에서 그냥 뽑기를 하시는
것이 고객님이 원하시는 것을 가져가시는데
더 유용할 것입니다

LUCKY DIP
LUCKY DIP
LUCKY DIP

1_ 오늘날 고객서비스의 문제점

지난 20여 년 동안 제품 디자인, 기술, 서비스 분야에서 전례 없는 혁신이 일어나 우리 삶은 더욱 편해졌다. 하지만 안타깝게도 고객서비스는 같은 속도로 개선되지 못한 것이 현실이다. 새로운 기술과 사업 관행을 적용해 최고의 서비스 업체로 명성을 날리는 기업도 있지만, 대부분은 고객서비스의 수준이 오히려 낮아지고 있다. 이런 가운데, 최고의 서비스 기업들은 고객의 기대치를 한층 높이면서 그렇지 않은 기업들과의 격차를 더욱 넓히고 있다.

1장에서 우리는 고객이 진정으로 원하는 것이 무엇이고, 필요로 하는 것이 무엇인지를 망각한 기업과 정부 기관에 대해 살펴볼 것이다. 이것은 그들이 어떻게 해서 고객의 요구에 빠르고 정확하게 대응하지 못하고, 처음부터 고객의 불만을 초래하게 되었는지를 돌아보려는 것이다.

이런 상황이 일어나게 된 이유 중 하나는 최고경영자나 경영진이 고객을 가장 가까이에서 만나는 일선의 지원 부서와 너무 멀리 떨어져 있기 때문이다. 실제로 많은 기업에서는 고객서비스 부서를 기업의 핵심 동력이 아니라 필요악 혹은 언제든 대체 인력을 투입할 수 있는 비용 유발 부서쯤으로 여기고 있다. 기업의 경쟁력, 즉 현재 판매되는 제품이나 서비스의 결함을 통해 앞으로 요구될 니즈 등에 대해 유용한 의견을 얻고, 위험 요소를 예측하는 수단으로 여기는 기업은 극소수에 불과하다.

고객서비스의 문제점을 돌아본 후에는 최고의 서비스를 제공하기 위한 일곱 가지 원칙을 설명할 것이다. 독자의 이해를 돕기 위해 수준 높은 고객서비스를 제공하는 기업들의 사례를 살펴보고, 이를 통해 어떤 이득을 얻을 수 있는지 알아볼 것이다. 실제 사례를 들어 이야기해도 최고의 서비스를 제공하기 위한 원칙에 의문을 가진 독자가 있을 수도 있다. 그래서 우리가 제시하는 원칙에 대한 반론 세 가지를 소개하고, 설득력이 없다는 것도 살펴볼 것이다. 그리고 마지막으로는 고객서비스가 왜 기업과 고객 모두에게 중요한지 살펴보고 정리할 것이다.

2_ 고객서비스가 왜 이렇게 형편없어졌는가?

나날이 발전하는 경영 이론, 관리 과정, 기술을 보면, 고객서비스도 분명히 발전을 마땅하다. 하지만 아직까지도 말도 안 되는 서비스를 제공하는 기업들을 쉽게 찾아볼 수 있다. 고객이 이해하거나 공감할 수 없는 서비스를 제공하는 기업들의 행태를 비롯해 고객이 서비스를 받기 위해 몇 사람을 거치거나 인터넷상에서 몇 단계에 걸쳐 정보를 제공하는 사례도 심심찮게 발견할 수 있다. 실제 사례를 한번 보자.

- 업계 상위의 IT 기업에서 조사한 결과, ARS를 통해 고객이 상담원과 통화하기까지 평균 5분이 걸렸으며, 고객의 문제 해결에 도움을 주는 부서로 바로 연결되지 않을 때가 많은 것으로 나타났다.
- 한 유명 정보통신 회사는 고객의 약 89퍼센트가 요구 사항을 전달하지 못할 것을 알면서도 ARS만 이용하게 했다.
- 한 온라인 쇼핑업체는 웹 사이트에 전화번호를 아예 표기하지 않았다.

- 한 공공서비스회사는 사회적 약자에게 공공요금 할인을 적용할 때, 정해진 기간 내에 회사로 직접 전화해서 할인 금액을 청구하게 했다.
- 많은 기업에서는 본인이 아니면 계정에 관한 어떤 권한도 허용하지 않는다. 심지어는 다른 사람의 계정에 돈을 입금할 수도 없는 규정을 고집하고 있다.
- 한 유명 통신업체는 고객의 휴대전화 사용 습관을 파악하고, 유리한 요금제를 찾아주려는 목적으로 상담 전화를 걸어서는 본인임을 증명하도록 요구했다.
- 많은 기업들이 고객의 계좌에 청구 금액이 없거나 부족해서 자동 결제가 안 된 건을 청구서로 보낸다. 그러나 고객이 전화를 하거나 지점을 방문해서 내는 요금보다 그것을 처리하는 인건비가 더 많았다.

이런 말도 안 되는 사례는 무궁무진하다. 최근에 한 기업의 형편없는 고객서비스가 뉴스에 방송된 후 하루 만에 약 700여 명이 그와 비슷한 경험을 했다는 글을 두 곳의 서비스 후기 사이트에 쏟아낸 일도 있다. 이처럼 오늘날의 고객들은 자신들이 경험한 질 낮은 서비스에 대해 블로그나 평가 사이트 같은 곳에서 공개적으로 비판을 하는 데 주저하지 않는다.

또한 이들은 불만을 다른 방식으로 표출하기도 한다. 영국소비자협회의 연구 결과에 따르면, 서비스에 만족하지 못해 제품이나 브랜드를 바꾼 고객이 52%나 증가했으며, 이 결정에 만족하는 것으로 나타났다. 이 결과에서 볼 수 있듯이, 실패한 서비스의 영향은 매우 크다.

어떤 고객들은 동네 은행 지점장이나 단골 가게 주인이 자신의 이름은 물론 취향, 많이 찾는 물건 등까지 기억하는 시절을 그리워한다. 기업 규모가 커지고 제품과 서비스가 다양해지면서 경영진이 고객과 직접 소통에서 멀어졌기 때문이다. 게다가 많은 기업에서 서비스를 관리하는 부서와 고객에게 직접 서비스를 제공하는 부서 간의 지리적인 거리도 점차 멀어지고 있다. 고객서비스를 제공하던 예전과 달리 요즘에는 고객센터가 고객과 점점 멀어지는 추세다. 또한 본사가 고객센터와 전혀 다른 곳에 위치하거나 고객센터를 아웃소싱 업체에 맡기는 추세도 기업이 고객과 멀어지는 데 한몫을 하고 있다.

고객서비스 수준이 낮아지고 있다는 증거는 명확하다. 최근 들어 예전 수준을 조금이나마 회복하는 것처럼 보이지만, 서비스 중심 산업, 가령 항공, 정보통신, 온라인 유통, 금융과 같이 고객서비스가 핵심 요소인 산업에서는 오히려 서비스 수준이 향상되지 않고 있다.

[그림 1.1] 미국의 산업별 고객만족지수(ACSI), 1995~2006

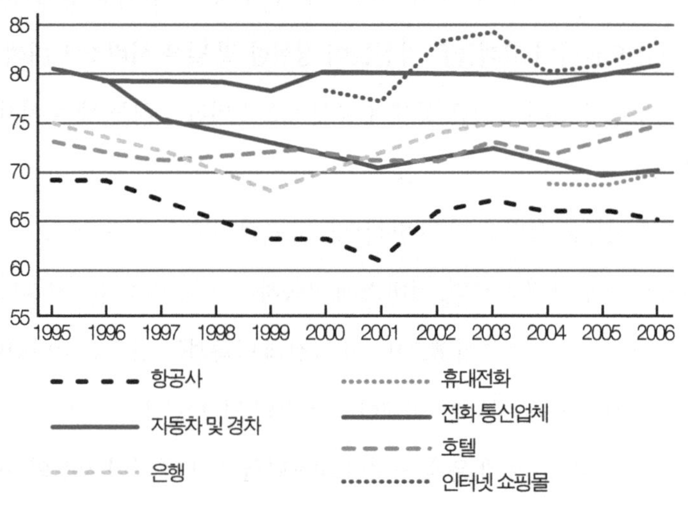

출처: www.theacsi.org

위의 ACSI미국의 산업별 고객만족지수: The American Customer Satisfaction Index
는 서비스, 경영 방식, 브랜드에 대한 고객의 만족도를 조사한 것이다.
지난 6년 동안 온라인 쇼핑몰만이 5퍼센트 정도 향상된 수치를 나타주
고 있다. 그렇다면 왜 다른 서비스 중심 산업은 개선되지 못한 것일까?
우리는 아마존과 이베이 같은 선도적 업체들이 무엇을 깨닫고, 고객에
게 최고의 서비스를 실천하기 위해 어떤 방법을 적용했는지 살펴볼 것
이다.

서비스에 만족하지 못하는 문제는 단지 미국에만 해당하는 이야기
가 아니다. 영국의 고객들도 만족하지 못하기는 매한가지다. 컨설팅사
인 액센츄어의 조사 결과에 따르면, 전체 고객의 약 3분의 2가 지난 5
년 동안 서비스 수준이 개선되지 않았다고 생각하는 것으로 나타났다.

기업들이 고객의 요구 사항을 바로잡기까지는 얼마나 많은 연락을
해야 할까? 아침에 일어나자마자 공공서비스회사에 전화를 걸어 왜 고
지서에 이해할 수 없는 금액이 기재되어 있는지 묻거나, 대출금 상환
계좌에 왜 제때 입금이 안 됐는지 은행에 전화해 따지고 싶은 사람은
없을 것이다. 고객은 모든 것이 그저 아무런 문제없이 잘 돌아가기를
바란다. 하지만 기업들은 자신들이 자초한 고객의 요구 사항을 처리하
기 위해 많은 돈과 시간을 투자하고 있다. 고객이 왜 소중한 시간을 들
이면서까지 고객센터에 지원을 요청하고, 제품이나 서비스의 사용 방
법을 묻는지 자문하는 기업은 거의 없다.

고객이 고객센터에 연락할 수밖에 없는 행태를 보여주는 사례를 살
펴보자.

- 한 케이블 TV 회사는 신규 회원으로 가입할 때 상담원을 세 명이나 거쳐야 한다. 왜 한 번에 해결하지 못하는 것일까?

- 이동통신사의 고객이 보통 일 년에 서너 번가량 고객센터에 연락할 때, 어떤 이동통신사의 고객은 일 년에 열 번에서 열두 번 연락한다. 어떤 이유로 연락하는 것일까? 휴대전화 서비스를 이용하고, 통신비만 제때 내면 되는 것 아닌가? 통신비 결제도 온라인으로 확인한다면, 고객센터에 연락할 일이 있을까?

- 한 수도회사는 고장 신고 시 한 고객에게서 평균 두 번씩 연락을 받는다. 고객의 요구 사항은 첫 번째 신고 접수 단계에서 해결했어야 한다. 보통 고객이 두 번째로 연락하는 이유는 "왜 아직도 고쳐지지 않았나요?"나 "언제 와서 고쳐줄 건가요?"를 묻기 위해서다.

- 셀프서비스를 제공하는 금융업계의 선두주자인 모 은행에서는 한 해에 고객 한 명당 평균 한 건, 신규 고객에게는 평균 두 건의 문의 및 불편 신고가 들어오는 것으로 나타났다. 고객이 인터넷뱅킹과 같은 셀프서비스를 신청하는 이유는 은행에 따로 연락하지 않기 위해서다. 다른 은행들은 고객의 연락 건수가 이 은행의 절반 정도였다.

- 한 유명 보험사는 보험금 청구 한 건당 고객이 평균 두 번 이상 연락하는 것으로 나타났다. 처음에 연락하는 것은 보험금 청구를 위해 필요할 수도 있다. 그 후에 연락을 해야 하는 이유는 과연 무엇 때문일까?

- 지난 한 해 동안 고객은 가장 심각한 고객서비스 문제를 해결하기 위해 기업에 평균 3.5번 연락했다고 한다. 연락 횟수를 줄이거나 애초에 심각한 문제가 생기지 않도록 해서 연락할 필요가 없게 할 수는 없었을까?

한 가지 확실히 할 것이 있다. 여기서 말하는 연락의 개념이 주문, 결제, 잔액 조회 등 셀프서비스를 위한 연락의 의미를 포함해서는 안 된다는 것이다. 여기서 연락은 고객이 원하는 사항을 마무리하거나 불편 사항을 해결하기 위해 회사에 전화를 하거나 메일을 발송하거나 직접 방문하는 데 시간을 할애하는 행위를 말한다. 일부 산업에서는 문제 해결을 위한 고객의 연락 빈도가 심각한 지경에 이르렀다. 인터넷 서비스를 제공하는 기업이나 컴퓨터를 제조하는 기업의 기술 지원 부서에 대한 고객의 모든 요구 사항은 결국 이 기업들의 서비스에 문제가 있다는 사실을 보여주는 결과다. 가장 이상적인 모습은 애초에 고객이 이런 연락을 할 일이 생기지 않도록 하는 것이다.

이 책의 핵심은 왜 고객이 이런 연락을 해야 하는지 질문을 던지며, 애초에 고객이 고객센터나 기술지원센터를 찾는 일이 없도록 해야 한다는 것이다. '서비스하지 않은 것이 최고의 서비스다'라고 주장하는 근본적인 이유는, 고객은 답변이나 해결책을 구하기 위해 연락하는 것을 원치 않기 때문이다. 고객은 연락이 필요 없는 상황을 원한다. 그리고 문제가 있다 하더라도 기업이 잘 설계된 셀프서비스를 통해 편리함과 유연성을 제공하고, 문제가 심각해지기 전에 예방해 주기를 원한다.

3_ 서비스를 어떻게 개선할 것인가?

이제 서비스를 획기적으로 개선하는 데 방해가 되는 문제를 살펴보자. 우선 서비스를 개선하지 못하는 일곱 가지 이유를 규명하고, 최고의 서비스를 제공하기 위한 원칙이 어떤 해결책을 제시하는지 알아보자.

1. 기업들이 기업과 고객에게 가치를 창출하지 못하는 일을 하고 있다. 가치 창출에 도움이 되지 않는 일에 매달리지 말고, 불필요한 고객의 요구 사항이 생기지 않게 해야 한다.

2. 셀프서비스가 고객의 불편 사항을 해결하기에 충분한 역할을 하지 못하고 있다. 고객이 원하고, 실제로 이용할 수 있으며, 참여할 수 있는 셀프서비스를 만들어야 한다.

3. 고객의 요구에 대응하는 식의 서비스가 아니라 알림 서비스 등 고객에게 먼저 다가가는 방식의 적극적인 서비스를 제공해야 한다.

4. 고객이 연락하는 것을 어렵게 만드는 기업이 있다. 고객이 쉽게 연락하고, 원활하게 서비스를 받을 수 있도록 해야 한다.

5. 고객센터는 다른 부서들이 저지른 잘못 때문에 비난을 받고 있다. 고객센터만 고객서비스에 대한 책임을 지게 할 것이 아니라 모든 부서가 책임을 분담해야 한다.

6. 기업들이 고객의 소리를 제대로 경청하지 않고 있다. 고객의 소리를 경청하고, 고객이 요구하는 대로 실천해야 한다.

7. 형편없는 서비스를 제공하는 구식 관행과 서비스 평가 기준 때문에 고객서비스 산업이 발전하지 못하고 있다. 고객에게 최고의 서비스를 제공하기 위한 방법을 모색해야 한다.

1. 첫 번째 원칙: 불필요한 요구 사항이 생기지 않게 하라

고객이 서비스를 요구하는 것은 도움을 원하거나 혼란을 겪고 있거나 어떤 사항을 바꾸기 원하거나 기업에 연락하는 것과 동일하게 생각할 수 있다. 대부분의 기업들이 고객의 요구 사항이 발생하는 것을 당연하게 받아들인다. 그리고 모든 고객서비스 채널에 접수된 고객의 연락 건을 30분 단위로 측정한 과거 데이터를 바탕으로 해서, 앞으로 발생할 고객 연락 건수를 예측하기 위해 많은 시간과 노력을 할애한다. 그리고 나서는 예측한 고객의 연락 사안들을 처리할 자원을 적절히 할당한다. 고객서비스 부서에 근무하는 인력의 교대 일정과 근무 시간을 조정하고, 필요하면 지원해줄 수 있는 파트너를 물색하는 등의 작업에 착수하는 것이다.

고객의 요구 사항을 처리하고 서비스를 제공하는 데 너무 바쁜 나머지 애초에 왜 이런 요구 사항이 생길 수밖에 없었는지를 자문하는 기업은 극소수에 불과하다. 예를 들어, 고객의 연락 건수를 줄여서 고객에게 응대하기가 더 수월해졌다고 보고한 기업이 몇이나 되는가? 고객의 연락 빈도와 고객의 요구 사항에 대한 처리 속도, 이에 들어가는 비용을 주시하는 기업이 몇이나 되는가?

애석하게도 기업들은 고객의 전화나 이메일에 얼마나 빨리 응답하는지에만 집착한다. 고객서비스를 측정하는 데 통용되는 기준도 대부분 얼마나 빠르게 고객의 요구 사항을 처리했는지를 조사하고 보고하는 것이다. 그러나 최고의 서비스를 제공하려면 고객의 요구 사항을 얼마나 잘 처리했고 고객의 연락이 얼마나 자주 발생했는지, 애초에 고객이 기업에 연락할 일이 왜 발생했는지를 조사해야 한다.

여기서 왜 고객이 기업에 연락할 수밖에 없는가가 바로 우리의 출발

점이다. 기업이 서비스에 대해 근본적으로 다시 생각해보고 싶다면, 고객이 연락하는 이유에 대해 생각해야 한다. 이 책의 제목을 'Best Service is No Service'라고 지은 것은 고객의 요구에 대응하는 많은 서비스가 본래는 필요 없는 것이기 때문이다. 그러한 고객의 요구 사항은 대부분 기업이 자초한 것이다. 예를 들어 기업이 고객이 이해할 수 없는 업무 처리 과정, 고객을 당황스럽게 하는 고지서, 잘못 발송된 우편물, 잘못된 비용이나 요금, 고객의 예상대로 작동하지 않는 서비스 등이 거기에 해당된다. 서비스에 근본적인 변화를 일어나려면, 왜 고객의 요구 사항이 생길 수밖에 없는지 자문해야 한다. 2장에서는 이 원칙을 실천해 어떻게 불필요한 요구 사항을 없앨 수 있는지 살펴볼 것이다.

2. 두 번째 원칙: 고객이 참여할 수 있는 셀프서비스를 만들어라

기업의 웹 사이트를 검색하다가 헤매거나 원하는 사항을 찾기를 포기한 적이 있는가? ARS를 듣다가 선택 메뉴가 어마어마하게 많은 것에 놀라거나 상담원과 통화하기 위한 메뉴를 찾는 데 애먹은 적이 있는가? 한참 공들여 온라인 지원서를 작성해 제출했는데, 온라인 지원 자격 기준을 충족하지 못한다는 답변을 들을 적이 있는가? 온라인 서비스를 찾았지만, 이제는 온라인으로 서비스가 제공되지 않는다는 사실을 통보받은 적이 있는가? 새 전자제품이나 자동차의 사용 설명서를 읽고 당황한 적이 있는가? 이는 셀프서비스가 제대로 실행되지 않아 당혹스러워웠던 경우의 일부에 지나지 않는다.

고객은 셀프서비스를 좋아한다. 고객이 잘 설계된 셀프서비스를 좋아하지 않는다면, 아마존이나 퍼스트다이렉트First Direct, 전화와 인터넷을 기반으로 한 영국의 소액 거래 은행와 같은 기업들이 지금처럼 성장할 수 없었을 것이다. ATM현금 자동 입출금기이 빠르게 보급된 이유는 은행 창구에서 줄을 서서 업무를 보는 것보다 이 기기를 이용하는 것이 편리했기 때문이다. 인터넷뱅킹 또한 편리성 때문에 이용률이 크게 증가한 것이다.

그렇다면 기업들은 왜 셀프서비스를 잘 활용하지 않는 것일까? 이는 셀프서비스의 필요성을 간과하거나 셀프서비스로 해결책을 제시하지 못하기 때문이다. 3장에서는 셀프서비스의 원칙을 제시하고, 고객이 이용하고 싶은 셀프서비스를 마련하는 방안에 대해 살펴볼 것이다.

3. 세 번째 원칙: 능동적으로 서비스하라

기업이 고객의 요구 사항을 예측하고, 이를 처리할 적절한 자원을 공급하는 데 많은 비용과 시간을 투자하는 이유는 바로 고객서비스가 고객의 요구에 반응하는 방식으로 설계되어 있기 때문이다. 다시 말해, 고객이 전화를 하면 기업은 고객의 요구 사항을 처리하는 것이다. 대부분의 경우, 기업은 제품이나 서비스에 문제가 있다는 것을 알면서도 고객이 먼저 연락해서 문제를 해결해 달라고 할 때까지 기다린다.

리콜의 경우가 대표적이다. 최근 한 기업은 하자가 있는 제품을 구매한 고객이 누군지 몰라서 공황 상태에 빠진 고객이 연락할 때까지 기다린 일도 있었다. 4장에서는 고객에게 다가가 적극적으로 서비스를 제공할 기회를 탐구하면서 이것이 앞에 놓인 상황을 어떻게 개선할 수 있는지 살펴볼 것이다.

4. 네 번째 원칙: 고객이 쉽게 연락할 수 있게 하라

기업이 고객의 어떤 의견도 듣고 싶어 하지 않는다는 느낌을 받은 적이 있는가? 전화번호를 찾기 위해 기업의 웹 사이트를 샅샅이 뒤진 적이 있는가? 기업이 서비스를 제공하고 싶어 할 때에만 서비스를 받을 수 있다고 느낀 적이 있는가? 만약 이런 상황이 익숙하게 느껴진다면, 고객이 쉽게 연락을 하지 못하도록 한 사례를 접한 것이다. 5장에서는 고객이 쉽게 연락할 수 있도록 하는 방안에 대해 살펴볼 것이다.

5. 다섯 번째 원칙: 모든 부서가 책임을 분담하라

고객서비스 부서가 고객서비스에 대해 책임을 져야 한다는 통념이 널리 퍼져 있다. 물론 누군가는 책임을 지고, 서비스를 제공하는 데 전념해야 한다. 그러나 다른 부서의 협조 없이, 특히 기업 외부에 있는 협력업체나 다른 기능을 수행하는 기업의 도움 없이 최고의 서비스를 제공하기란 불가능하다. 고객서비스 부서가 고객의 수요를 예측하고 고객의 요구에 잘 대응해야 하는 것은 맞다.

하지만 정작 고객에게 요구 사항을 발생시키는 것은 청구서 발송, IT, 마케팅, 대출, 재무 등 다른 부서의 업무다. IT나 운영 과정, 제품 또한 고객서비스에 영향을 준다. 업계의 관례에 따르면, 현재 고객서비스에 대한 모든 책임은 고객서비스 부서가 진다. 그에 대한 책임은 조직 전체가 분담해야 마땅하다. 6장에서는 기업이 어떻게 책임 소재를 바꾸고, 올바른 기준을 정립해 다섯 번째 원칙을 실천할 수 있는지 살펴볼 것이다.

6. 여섯 번째 원칙: 고객의 소리에 귀 기울이고 행동하라

어떤 기업들은 고객의 요구 사항이 한 해에 수백만 건에 이르는데도 끊임없이 고객을 조사하는 데 많은 돈을 쏟아 붓는다. 마케팅이나 제품 디자인, 기술 개발 부서들은 고객과 가까이에서 소통하지 않고 있다. 또한 일선 부서에 표현하는 고객의 행동이나 요구와 기업의 고객에 대한 인식 차가 계속 벌어지고 있다. 기업이 고객의 이야기를 제대로 받아들이기만 한다면, 고객은 아주 유용한 정보를 제공할 것이다. 그러나 불행히도 대부분의 기업은 고객의 소리에 귀 기울일 생각조차 하지 않고 있다.

다음의 그림이 보여주듯이, 이런 단절은 최고경영자들의 인식과 일반적인 고객들의 인식 차이로 나타난다. 2007년 액센츄어의 설문조사에 따르면, 최고경영자의 70퍼센트 이상은 자신의 회사가 '보통 이상'의 고객서비스를 제공하고 있다고 생각했지만, 정작 고객의 60퍼센트는 자신이 최근 경험한 서비스에 대해 다소 또는 매우 화가 났다고 답했다.

[그림 1.2] 고객서비스에 대한 경영자와 고객의 인식 차이

출처: 액센츄어, 2007

최고경영자와 경영진은 특급 대우를 받는 사람들이다. 그들은 비행기 일등석을 타고 다니며, 그들을 전담하는 혹은 그들과 특별히 관계가 형성된 은행 직원이 있어서 직접 은행 지점을 드나들거나 청구서를 처리할 일이 거의 없다. 이렇게 고객으로서 겪는 경험으로부터 단절되어 있기 때문에 오히려 더 열심히 고객의 소리를 들어야 한다. 고객 또는 마켓 리서치를 담당하거나 고객서비스 비용을 책정하는 부서의 관리자들도 고객을 직접 응대하는 일선 직원들과 소통하지 않는 것은 마찬가지다.

반면에 소규모 기업은 상황이 다르다. 예를 들어 식당이나 카페를 운영하는 사장은 무엇을 좋아하고 싫어하는지 알아보기 위해 손님들을 조사할 필요가 없다. 손님들에게 직접 듣기 때문이다. 그들은 손님이 케이크, 건강식품, 글루텐이 없는 두유를 찾으면, 신속하게 대응한다. 그렇게 하지 않으면 순식간에 망하기 때문이다. 안타깝게도 많은 기업들이 이렇게 가까이서 고객의 소리를 들을 수 있다는 사실을 망각하고 있다. 7장에서는 여섯 번째 원칙에 따라 고객의 소리를 듣는 법을 배우고, 이를 실행하여 고객과 더 가까워졌으며, 더 효율적인 결과를 얻은 기업들의 사례를 살펴볼 것이다.

7. 일곱 번째 원칙: 훌륭한 서비스 경험을 선사하라

많은 기업들은 영업이나 생산과 서비스를 분리하고, 집중화된 대규모의 고객센터나 고객서비스 부서를 만들었다. 그리고 여기에 수많은 신기술을 적용해, 의미가 없거나 잘못된 정보를 전달하는 서비스 평가

척도를 만들어 고객서비스와 담을 쌓아버렸다. 정작 고객은 잊은 채 고객서비스를 제공한다는 명분 아래 자가당착에 빠진 것이다. 또한 서비스의 질이 아닌 속도에만 매달려 고객의 요구에 대한 처리 속도가 곧 효율성이라고 믿고 있다. 고객이 수많은 서비스를 경험하지만, 실망하는 것도 결코 놀랄 일은 아니다.

1) 누가 고객인가?

고객이 여러 상담원에게 개인 정보뿐 아니라 자신의 요구 사항이 무엇인지 반복해서 말하다 보면, 모든 조직을 돌아다니는 경우도 있다. 이는 고객서비스를 처리하는 과정이 고객 관점에서 설계되지 않았기 때문에 벌어지는 사태다. 서론의 끝부분에 나오는 만화처럼, 고객이 ARS나 상담원, 온라인을 통해 신용카드 번호, 마일리지 카드 번호, 개인정보 등을 이미 밝혔음에도 불구하고 계속해서 물어본다면, 고객은 화가 날 수밖에 없다. 그리고 결국에는 참지 못하고 "본인이라는 사실을 이미 확인하지 않았나요?"라고 외칠 것이다.

그런데도 기업들은 이미 알고 있는 정보를 고객에게 다시 말하게 하거나 법무 부서의 누군가가 생각해낸 절차를 준수하기 위해 추가 정보를 묻는 등 불필요하게 복잡한 단계를 고수하고 있다. 이는 고객을 염두에 두지 않은 서비스의 일부에 지나지 않는다. 그래서 마지막 8장에서는 간단하면서도 수준 높은 고객서비스를 어떻게 계획하고, 제공할 것인지 살펴볼 것이다.

2) 서비스 평가 기준 : 질이 아닌 속도?

질質의 기준은 미美와 마찬가지로 보는 사람, 즉 고객의 생각에 달려 있다. 하지만 많은 기업들이 고객서비스의 질을 평가할 때, 고객의 요구에 얼마나 빠르게 응대했는가만을 기준으로 삼는다. 일부 고객에게는 '전화벨이 한 번 울리면 받기', '24시간 내에 메일 답변'과 같은 처리 방식이 잘 정비된 서비스로 보이겠지만, 응답 속도나 AHT평균 처리 시간: average handle time 같은 편협한 기준을 서비스의 질과 동일시해서는 안 된다. 애석하게도 이 잘못된 이론을 지지하는, 그래서 요점을 완전히 놓쳐 버린 벤치마킹 형식의 연구가 많이 진행되고 있다.

그러나 서비스의 질은 FCR첫 응대 시 문제 해결: first contact resolution, 교육적이고 정보를 제공하는 응대, 애초에 고객이 문의할 일이 없게 하는 서비스 등의 기준으로 평가되어야 한다. 또한 진정한 서비스의 질에 대한 평가는 고객의 전화를 받고 난 후 이메일로 답장할 때나 온라인을 통한 실시간 대화를 통해 이루어져야 한다. 응대하기 시작한 순간에야 비로소 고객은 서비스를 평가할 수 있기 때문이다. 8장에서는 올바른 서비스 평가 기준에 대해 알아보고, 조직이 어떻게 수직적, 수평적으로 올바른 서비스를 실행할 수 있는지 살펴볼 것이다.

3) 빠른 것이 효율적이다?

많은 기업들이 고객을 응대하는 시간이 짧은 것이 직원이나 모두에게 좋다는 케케묵은 생산성의 개념에서 벗어나지 못하고 있다. 하지만 이것은 말도 안 되는 소리다. 만약 고객센터 상담원이 다섯 번이나 프린터를 구매한 고객의 복잡한 기술적 문제를 전화상으로 해결하는 사이에 고객센터 관리자가 지시한 '이상적'이고, '목표로 삼는' 12분이 지났다면 어떻게 해야 할까? 상담원은 서비스를 끝마치지도 않은 채 서둘러 전화를 끊어야 할까? 당연히 아니다.

고객의 연락에 응대하는 데 걸리는 시간은 여러 가지 요소의 영향을 받는 매우 복잡한 문제다. 고객서비스 부서의 효율적인 인력 배치, 기업의 예산 및 계획 수립의 정확성을 위해 당신은 이를 자세히 이해할 필요가 있다. 시간에 대한 개념은 고객이나 고객서비스 담당자에 따라 다를 수 있다. 8장에서는 속도와 효율성이 균형을 이룰 수 있는 기준을 제시하고, 훌륭한 고객서비스 경험을 어떻게 설계하고 제공할지 살펴볼 것이다.

4_ 제대로 된 서비스 사례

지금까지 서비스를 개선하지 못하게 한 문제들을 살펴보았다. 그러나 절망할 필요는 없다. 기업과 고객 모두에게 이득이 되는, 올바른 서비스를 제공하는 기업도 많기 때문이다. 앞으로 각 장에서 더 나은 서비스와 최고의 서비스를 제공하는 기업들의 사례를 살펴볼 것이다. 그 전에 우선 각각의 원칙에 대한 사례를 하나씩 짧게 소개하겠다.

1. 불필요한 요구 사항이 생기지 않게 하라 – 브리티시텔레콤

2001년에 브리티시텔레콤은 고객의 연락 건수가 일일 240만 건에 달했다. 그중 반복적인 연락이 35퍼센트를 넘었고, 상당수가 불필요한 것이었다. 브리티시텔레콤은 불필요한 고객의 요구 사항을 체계적으로 줄여나가기 시작해 2004년에 이르러서는 고객의 연락 건수가 2001년보다 60퍼센트 감소한 일일 100만 건이 되었다. 고객들은 브리티시텔레콤의 서비스에 만족했고, 직원들의 업무 만족도도 높아졌다. 이 덕분에 절감된 비용은 최고의 서비스가 비용 절감에도 도움이 된다는 사실을 보여주었다.

2. 고객이 참여할 수 있는 셀프서비스를 만들어라 - 이베이

이베이eBay는 셀프서비스를 이용하고 싶어 하는 고객의 욕구와 의향을 잘 대변하는 대표적인 기업이다. 이베이에서 고객은 판매자에게 직접 물건을 구매하고, 판매자는 여러 형태의 셀프서비스를 통해 이베이에 자신의 가게를 만드는 방법, 결제 방식 및 기타 서비스, 자신의 판매 사업을 위해 어떤 소프트웨어를 사용할 수 있는지를 배운다. 이베이는 판매자와 구매자 등급제를 운용하며, 판매자와 구매자 간의 소통 채널도 마련하고 있다. 만약 고객이 셀프서비스를 이용할 의사가 없었다면, 지금의 이베이는 존재할 수 없었을 것이다.

3. 능동적으로 서비스하라 - 노바덴탈클리닉

치과는 대부분의 사람이 훌륭한 서비스와 연관 짓지 않는 산업 중 하나다. 호주의 노바덴탈클리닉은 멜버른의 한 치과의사가 경영하는 병원으로, 모든 단계에서 능동적인 서비스가 무엇인지 보여주고 있다.

첫째, 환자들에게 예방 차원에서 치과 위생 서비스를 제공한다. 둘째, 고객이 정기적인 검진과 위생 서비스를 받고 있는지 체크한다. 셋째, 하루 전에 환자에게 전화해 진료 예약 시간에 맞춰 방문할 것인지 확인한다. 넷째, 대기자 명단을 작성해 진료 예약 시간에 오지 못하는 환자들 대신 해당 시간에 올 수 있는 환자를 확보한다. 이는 진료 예약 시간을 상기시키는 방법을 통해 고객들에게 좋은 서비스를 제공하는 동시에 고객이 예고 없이 나타나지 않았을 때 발생하는 병원 측의 손실도 막아 주었다.

4. 고객이 쉽게 연락할 수 있게 하라 - USAA

미국의 손해보험 회사 중 하나인 USAA는 업계에서 고객 신뢰도 점수가 가장 높은 기업이다. USAA는 고객이 서비스를 요청하거나 주소를 변경하거나 새 상품에 대한 문의 등을 위해 연락할 일이 있을 때 항상 쉽게 연락할 수 있도록 했다. USAA는 수신자 부담 전화번호를 자사 웹 사이트는 물론 월간 잡지, 청구서 및 기타 안내문, 각종 언론 매체에 눈에 잘 띄도록 명시해 놓았다. 그리고 USAA 상담원은 자신이 해결할 수 없는 사안일 경우, 고객이 다음 번에도 같은 사항으로 또 연락해야 할 때를 대비해 해당 상담원에게 전화를 돌려주면서 직통 번호까지 알려주었다.

5. 모든 부서가 책임을 분담하라 - 야라밸리워터

많은 수상 경력에 빛나는 호주의 상수도 업체 야라밸리워터는 접수되는 고객의 불만 신고 건수와 이를 해결하는 데 드는 비용을 줄이기로 했다. 이를 위해 매월 '불만 해결 대책위원회'를 소집해서 고객의 불만 사항에 대한 원인이 무엇이고, 누가 책임을 져야 하는지를 검토했다.

'불만 해결 대책위원회'에서는 책임질 해당 부서를 정했고, 이후 그 부서가 고객의 불만 사항에 대한 해결 방안뿐 아니라 처음부터 왜 그런 불만이 발생했는지, 앞으로의 방지 대책은 무엇인지까지 보고하게 했다. 이런 체계적인 불만 처리 과정은 야라밸리워터의 모든 부서를 고객서비스 문제에 관여하게 했고, 고객의 불만을 유발한 데 대한 책임을 인정하고 해결 방안을 모색하게 했다. 고객의 불만 사항을 해결하기 위해 전략적으로 접근한 것이다.

야라밸리워터의 이런 불만 처리 과정은 고객의 불만 신고 건수를 현저히 감소시켰다. 이 과정을 처음 만든 총괄 매니저 팻 맥캐퍼티는 "불만 처리 과정이 엄청난 영향력을 발휘할 수 있었던 것은 고객에게 영향을 끼친 문제에 모든 부서의 핵심 담당자들이 참여했기 때문이다. 직원들은 고객의 불만을 유발한 모든 부서가 책임을 공유하지 않는 이상 문제를 해결할 수 없다는 사실을 인식했다."라고 밝혔다.

6. 고객의 소리에 귀 기울이고 행동하라 - 아마존

모든 고객센터가 일주일에 한 번, 한 시간 정도 부서 회의를 한다. 이 회의에서는 보통 최근에 바뀐 정책, 교대 일정, 기업의 신제품에 관한 내용이 전달되며, 상담원들은 지루함을 느낀다. 그래서 아마존은 매주 상담원들에게 "지난 한 주 동안 고객이 어떤 말을 했습니까?'라는 질문을 던졌다. 이는 곧 WOCASwhat our customers are saying: 고객이 어떤 의견을 전달하는가 보고서로 자리 잡았다. 고객센터에서는 매주 WOCAS 보고서를 작성했고, 다른 부서들은 이 보고서가 나오자마자 읽게 되었다.

이 회의에서 한 고객 상담원은 고객들이 아마존의 '원클릭 서비스시스템에 저장된 고객 정보를 불러와 클릭 한 번만으로 결제와 배송 절차를 완료하는 시스템'를 좋아한다고 보고했다. 그리고 고객들은 원클릭 환경에 저장된 주소를 포함해 다른 주소로도 자주 배송을 요청하며, 두 개 이상의 신용카드를 사용한다고 말했다. 사이트에서 추가적인 결제 절차를 밟는 것은 그리 어렵지 않았다. 또한 고객들은 시간을 더 아낄 방법이 있으면 좋겠다는 의견을 내놓았다고 언급했다.

다른 상담원도 한 가지 원클릭 환경보다는 여러 가지 원클릭 환경이 있으면 더 좋겠다는 고객들의 의견을 전했다. 원클릭 서비스에 대한 고객의 의견을 전달한 상담원은 자신이 직접 태스크포스팀을 결성해 이 문제의 해결 방안을 연구해 보겠다고 제안했다. 이는 아마존에서는 흔히 있는 과정으로, 아마존은 상담원과 고객센터 관리자가 다른 부서와의 태스크포스를 기획하거나 동참하도록 적극적으로 격려한다.

몇 달 후, 아마존은 여러 조합의 원클릭 서비스를 조용히 실행했다. 조용히 일을 처리하는 것은 아마존의 또 다른 전략이기도 하다. 아마존은 기존의 원클릭 환경에 등록된 배송 정보와 신용카드 정보에 추가로 다른 배송 주소와 배송 방법, 신용카드를 등록할 수 있다고 고객에게 알리지 않았다. 그 대신 (1)과거에 사용했던 고객의 모든 배송 및 결제 정보를 조사하고, (2)새로 알아낸 정보를 새로운 원클릭 환경에 적용했으며, (3)창고형 할인 전문업체인 코스트코가 고객에게 뜻밖의 재미를 주듯이, 고객이 스스로 새로운 원클릭 서비스 기능을 찾아내게 했다.

아마존의 설립자이자 최고경영자인 제프 베조스는 아마존에서 새로운 상품 카테고리를 출시할 때마다 모든 고객에게 이메일 보내기를 좋아한다. 하루는 고객에게 보내는 이메일에 "이 새로운 상품 카테고리에 대해 어떻게 생각하시는지 알려주세요!"라는 문구를 추가했다. 제프 베조스가 자주 언급하듯이, 아마존의 고객은 최고의 포커스 그룹시장 조사를 위해 각 고객 계층을 대표하는 소수로 구성한 그룹-옮긴이으로서 이번에도 그를 실망시키지 않았다. 그의 의도대로 아마존은 몇 주 동안 수천 건에 이르는 이메일을 받았다. 이메일은 그 내용에 따라 다음의 세 가지로 분류되었다.

첫째, "이전 상품 카테고리가 더 좋아요. 이전 카테고리에 집중하는 것이 더 좋을 것 같아요."

둘째, "새로운 상품을 구입할 수 있게 해줘서 고마워요."

셋째, "다른 상품들은 언제 구입할 수 있나요?"

그리고 마케팅과 공급 체인 부서에서는 세 번째 의견과 관련한 항목의 상품들을 온라인 판매 목록에 반영했다. 예를 들어 식기류와 소도구 등을 인터넷으로 구매하고 싶어 하는 고객이 많다는 사실에 주목해 가정·원예용품 카테고리에 부엌용품과 식기류를 판매하는 코너를 신설했고, 다른 상품 카테고리에 의류와 액세서리 코너도 새롭게 포함시켰다.

7. 훌륭한 서비스 경험을 선사하라 - 유니언스퀘어카페

뉴욕의 레스토랑 경영자인 대니 메이어는 유니언스퀘어카페Union Square Cafe를 비롯해 손을 댄 음식점마다 잇달아 성공을 거둔 인물로, 《세팅 더 테이블Setting the Table》이란 자신의 저서에서 전통적 사업 접근법인 합리적 배려를 설명하면서 최고의 서비스 개념을 강조했다. 그가 자신의 레스토랑 및 케이터링 사업에 적용해 퍼뜨린 여러 요소 가운데에는 고객서비스에도 완벽하게 적용할 수 있는 것들이 있다.

첫째는 고객과 대화하면서 고객에게 뭔가를 해주는 것이 아니라, 고객을 위해서 뭔가를 해주는 것이라는 느낌을 주어야 한다는 것이다. 둘째는 새로운 아이디어를 찾고, 그 아이디어에 대해 고객의 의견을 들어야 한다는 것이다. 그리고 셋째는 고객을 모니터하는 것이 아니라 고객과 긍정적인 따뜻함, 지성, 노동관, 공감을 나눌 수 있는 직원을 고용하고 양성해야 한다는 것이다. 마지막으로 넷째는 실수를 인지하고, 인정하고, 사과하며, 그에 대응하고, 너그럽게 감싸 안아야 한다는 것이다. 이런 고객 중심적인 프로세스는 레스토랑을 예로 들면, 음식을 급하게 만들지 않고, 훌륭한 음식을 위해 필요한 시간을 할애하는 것을 의미한다. 결국 이 모든 것이 어우러져야 좋은 경험을 창조한다.

5_ 최고의 서비스 원칙에 대한 반론들

우리는 최고의 서비스를 위한 일곱 가지 원칙이 상식적인 것이라고 생각한다. 앞서 제시한 사례들이 보여주듯이, 이 원칙들은 실효성이 있으며, 실제로 수익을 안겨준다. 앞으로도 우리는 더 많은 사례를 제시할 것이다. 그러나 제기하는 사람이나 기업이 있으므로 그전에 반론을 먼저 살펴보자. 반론으로는 회복 이론recovery theory, 교차 판매 이론cross-sell theory, 무능한 노동자 이론warm body theory을 들 수 있다.

1. 회복 이론

과거에 진행된 연구에서는 '실패에서 회복'이 고객에게 신뢰와 만족을 주는 가장 좋은 방법이라고 주장했다. 1990년대에 발표된 한 유명 논문에서는 아무것도 잘못되지 않았을 때보다 문제 상황에서 고객과의 관계를 회복하는 경험이 더 충실한 고객을 만든다고도 주장했다. 우리는 이 이론이 틀렸다고 말하려는 것이 아니다. 2장에서 우리는 반복적인 고객 요구 사항을 관리하여 어떻게 고객과의 관계를 회복할지 설명할 것이다.

하지만 우리는 예방이 아닌 회복에 중점을 두는 전략은 결점이 있다고 생각한다. 우선, 고객의 신뢰를 회복하는 데 시간과 노력이라는 비용이 들어간다. 기업이 모든 실패를 바로잡지 못할 수도 있다는 위험도 존재한다. 물론 기업은 고객의 신뢰를 회복하는 데 최선을 다해야 한다. 최고의 기업에서도 일이 잘못되는 경우가 반드시 존재하기 때문이다. 그러나 우리는 애초에 고객의 신뢰를 회복할 상황을 만들지 않는 것이 회복에 중점을 두는 것보다 강력하다고 생각한다. 문제를 잘 해결하려 하기보다는 처음부터 문제될 상황과 오류를 방지하는 것이 중요하다.

2. 교차 판매 이론

두 번째 반론은 기업에 연락하는 모든 고객에게 제품이나 서비스를 추가로 판매할 수도 있으므로 반드시 나쁜 것은 아니라고 인식하는 산업에서 제기된다. 이를 교차 판매cross-selling 또는 연쇄 판매up-selling 이론이라 한다. 이 이론은 두 가지로 반박할 수 있다.

첫째, 고객이 자발적으로 연락하고 싶어서가 아니라 어쩔 수 없이 연락한 경우라면, 교차 판매를 위한 노력이 헛수고가 될 가능성이 크다. 이는 영업 성공률이 매우 낮고, 영업 업무로 스트레스를 받는 상담원과 화가 난 고객만이 남는다. 어제 왜 제품이 배송되지 않았는지 확인 차 전화한 고객에게 무엇을 팔 수 있단 말인가? 하자가 있는 제품을 반송하거나 계속 끊기는 초고속 데이터 통신망에 대한 불편 사항을 알리려고 연락한 고객에게 무엇을 팔 수 있단 말인가? 고객의 보험 청구건이 제대로 처리되지 않았는데, 누가 또 다른 보험에 가입하겠는가?

둘째, 처리에 시간과 돈이 드는 고객의 요구 사항이 애초에 생기지 않는다면, 기업은 그 시간과 돈을 다른 곳에 투자할 수 있을 것이다. 이에 대해서는 4장에서 고객에게 적극적으로 다가가 관계를 형성하는 기업들의 사례를 살펴보며 더 자세히 알아볼 것이다.

3. 무능한 노동자 이론

많은 경영자들이 "우리 고객들은 기계가 아닌 사람과 말하고 싶어 합니다."라고 말한다. 하지만 현실은 정반대다. 이 반론은 상담원이나 은행의 창구 직원처럼 직접 고객을 상대하는 직원만이 고객의 불편 사항과 불만을 해소할 수 있다고 주장한다.

하지만 고객의 관점이나 기업을 위해서도, 애초에 결함이나 오류를 없애고 가능한 한 많은 분야에서 고객이 참여할 수 있는 셀프서비스를 만들고, 고객에게 능동적인 서비스를 제공하는 것이 더 바람직하고 비용도 절감된다. 오늘날 우리는 주유소에서 기름을 직접 넣고, 슈퍼마켓의 셀프 계산대에서 상품의 바코드를 스캔하며, 은행에서 현금을 찾기 위해 ATM기를 이용하는 데 익숙하다.

우리가 정말 사람의 손길을 그리워한다고 생각하는가? 어쩌면 그럴 수도 있다. 하지만 머잖아 〈백 투 더 퓨처〉라는 영화에서 자동차 창문을 닦아주고, 연료가 얼마나 남았는지 확인하고는 주유를 하기 위해 몰려드는 주유소 직원들을 보고는 옛날을 떠올리며 빙그레 미소를 지을 것이다. 우리는 셀프서비스를 이용하면 상품과 서비스를 더 저렴하게 살 수 있다는 것을 알고 있다. 그리고 '확장하는 은행들, 유능한 창구 직원 부족에 한탄하다!'라는 기사에서 볼 수 있듯이, 재능 있는 직원들을 찾거나 잡아두는 것이 점점 더 어려워지고 있다.

6_ 서비스는 왜 중요한가?

우리는 지금까지 서비스 중심 산업에서 고객서비스가 오히려 발전하지 못하고 심각한 문제를 겪고 있다고 말했다. 이것이 왜 중요할까? 형편없는 서비스를 경험한 고객은 주위 사람들에게 자신의 경험을 털어놓으며 다른 기업을 찾게 마련이고, 이는 결국 기업에 엄청난 손실을 가져다준다. 반면 훌륭한 서비스를 경험한 고객 또한 주위 사람들에게 자신의 경험을 말하고, 그 기업의 서비스나 상품을 더 이용하려고 하며, 그 결과 그 기업은 비용을 절약하고 수익을 창출한다.

최근에 진행된 두 개의 조사가 이 결과를 극명하게 보여준다. 첫 번째 조사에서는 최고경영자 과정의 학생들에게 형편없는 서비스와 훌륭한 서비스를 경험했을 때 어떤 반응을 보이는지 다섯 가지 행동 영역에서 선택하게 했다(그림 1.3). 그 결과, 학생들은 형편없는 서비스를 경험했을 때, 40퍼센트가 회사를 바꾼다고 답했다. 반면에 훌륭한 서비스를 경험했을 때는 단 5퍼센트만이 회사를 바꾼다고 답했다. 이 학생들이 훌륭한 서비스를 제공받았는데도 회사를 바꾼 이유는 나쁜 품질과 비싼 가격 때문이라고 밝혔다. 즉, 상품의 품질과 가격이 훌륭한 서비스가 주는 혜택보다 구매 의사에 더 많은 영향을 끼친 것이다.

[그림 1.3] "형편없는 서비스나 훌륭한 서비스를 경험했을 때 어떻게 행동하십니까?"

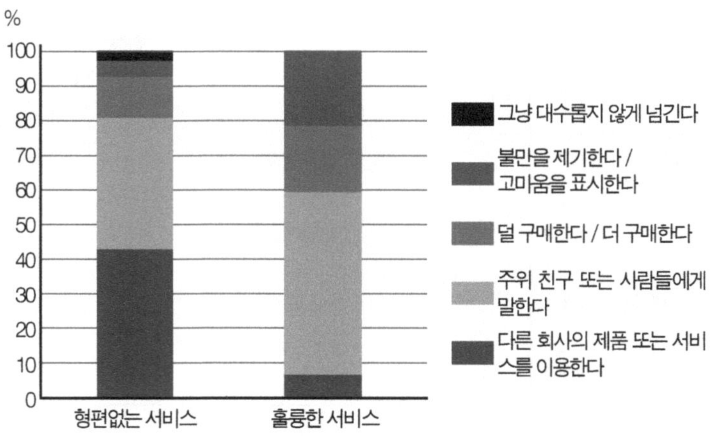

출처: 워싱턴대학교(University of Washington) 최고경영자 과정, 빌 프라이스, 2004

그리고 형편없는 서비스와 훌륭한 서비스를 경험한 경우, 꽤 높은 비율인 약 40퍼센트가 자신의 경험을 주위 사람에게 말한다고 답했다. 좋은 경험이든 나쁜 경험이든 주위 사람들에게 퍼져 나가는 것이다. 또한 형편없는 서비스를 경험했을 때는 10퍼센트만 기업에 불만을 제기한다고 답했다. 이는 고객들이 제기하는 불만이 빙산의 일각에 지나지 않다는 것을 보여주며, 5장에서 논의할 고객이 쉽게 연락할 수 있게 하여 고객의 소리를 더 잘 듣고 이해해야 한다는 주장을 뒷받침한다.

[그림 1.4] 서비스에 대한 장려자와 비방자의 반응

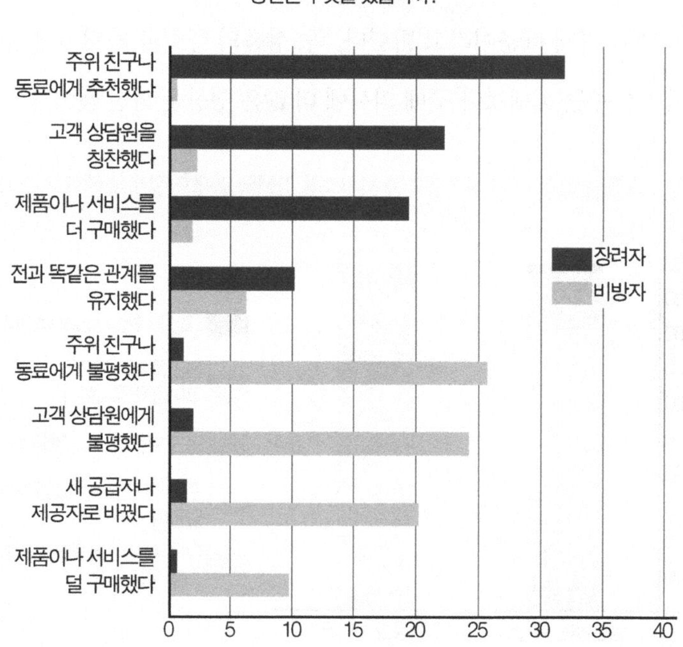

출처: 톰슨, 2006, P. 6. 저자의 동의 하에 사용함

두 번째는 커스토머 씽크에서 진행한 조사로, 기억에 남을 만큼 긍정적인 경험을 한 고객장려자, promoters이 기억에 남을 만큼 부정적인 경험을 한 고객비방자, detractor보다 주위 사람들에게 자신이 경험한 제품이나 서비스를 추천하는 경향이 현저히 높은 것으로 나타났다. 그리고 장려자들은 상품과 서비스를 더 구매하고, 불평도 훨씬 덜 하는 것으로 나타났다(그림 1-4).

위의 두 조사를 포함해 그 밖의 연구 결과들이 보여주듯이, 서비스를 제대로 제공하지 않으면 여러 가지 결과가 발생한다. 수익과 비용, 브랜드에 발생하는 영향을 차례대로 살펴보자.

1. 수익 감소

형편없는 서비스가 초래하는 첫 번째 영향은 수익 감소다. 많은 산업에서 형편없는 서비스를 경험한 고객은 다른 기업의 제품이나 서비스를 이용하게 마련이다. 대개 단 한 번의 경험으로 이런 결과가 일어나지는 않기 때문에 다른 기업의 제품이나 서비스 이용이 즉각적으로 나타나지 않을 수도 있다. 하지만 그런 경험을 한 고객은 결국 언젠가는 마음을 바꿀 것이다.

자사의 제품이나 서비스를 이용하지 않고 경쟁사로 옮겨간 고객을 조사했을 때, 서비스에 결함이 있다는 사실을 발견하지 못하는 경우도 있다. 고객 이탈이나 탈퇴 이유Customer exit에 대한 조사는 주로 고객이 떠나는 이유를 묻는다. 그러면 많은 고객들이 "다른 기업에서 더 좋은 조건을 제시한다.", "가격이 더 저렴하다."와 같은 이유를 댄다. 하지만 고객이 새로운 선택을 하는 것은 기본적으로 기존의 서비스에 만족하지 못했기 때문이다. 형편없는 서비스 경험이 고객 충성도를 약화시켰다거나 고객이 다른 대안을 찾게 했다는 사실은 이런 조사에서 흔히 간과된다.

이는 B2B 시장에서도 마찬가지다.《서비스 조사 저널Journal of Service Research》이 서비스와 지갑 점유율share of wallet의 관계를 연구한 결과, "고객 만족도와 실제 B2B 사업 환경에서의 지갑 점유율은 정적 상관관계를 형성할 뿐만 아니라 비선형의 관계를 이루었다. 즉, 고객 만족도가 최고조로 달했을 때 가장 높은 정적 상관관계가 보인 것으로 나타났다."고 한다.

톰 피터스는《경영 창조The Pursuit of Wow!》에서 고객의 15퍼센트가 가격 때문에 공급자를 바꾸었다고 보고한 포럼코퍼레이션Forum Corporation of America의 보고서를 인용하면서 고객의 15퍼센트가 품질 문제로 마음을 바꾸었다고 보고했다. 그리고 무려 70퍼센트가 공급자를 바꾼 이유가 '전에 거래하던 기업의 직원이 마음에 들지 않아서'였다고 지적했다. 이는 곧 서비스가 제대로 제공되지 않으면 수익이 감소할 수 있다는 것을 보여준다.

2. 비용 증가

이제 형편없는 서비스와 이에 만족하지 못한 고객이 초래하는 추가 비용에 대해 설명하겠다. 추가 비용 중 가장 큰 부분은 불필요한 요구 사항을 포함해서 고객의 모든 요구 사항을 처리하는 데 발생하는 비용으로, 이는 2장에서 다시 한 번 다룰 것이다. 반복되는 고객의 요구 사항을 처리하는 데 드는 비용은 필요 없는 간접비용이다.

그러나 이것은 고객이 처음에 연락해서 요구한 사항들을 처리하는 데 드는 비용의 일부에 지나지 않는다. 고객의 불만을 해결하는 데 추가적인 비용이 발생할 수도 있으며, 어떤 경우에는 법적인 비용도 유발될 수 있다. 우리가 계산해본 결과, 한 공공서비스회사에서는 반복적인 고객 요구 사항과 불만을 처리하는 데 들어간 비용이 전체 운영 예산의 30퍼센트를 차지했다(그림 1.5).

[그림 1.5] 고객 연락과 처리 비용 비교(공공서비스기업)

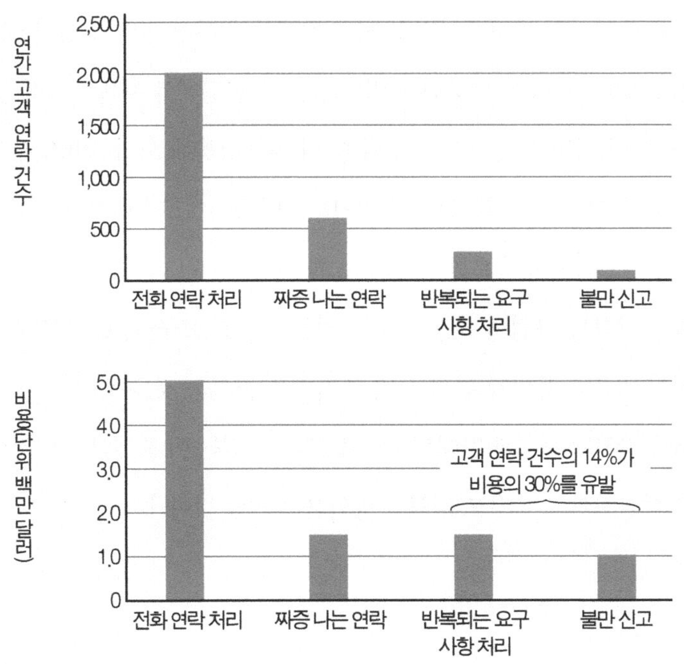

뿐만 아니라 형편없는 서비스 때문에 발생하는 눈에 띄지 않는 기타 비용도 있다. 질 낮은 서비스를 제공하는 기업의 직원들은 보통 회사에 만족하지 못하는 경우가 많고, 이는 높은 이직률로 나타나 새로운 직원을 채용하는 비용을 유발한다. 또한 이런 기업에서는 면제 비용 또는 회수 불가능한 요금을 대손상각매출채권 및 대여금 등의 자산에 대한 청구권이 소멸되었거나 채무자의 파산, 폐업, 사망, 행방불명 등으로 채권을 회수할 가능성이 없는 경우, 더 이상 자산가치가 없는 부실채권을 비용으로 처리하는 것-옮긴이하는 경우가 많고, 늘어난 우편물 발송 비용과 같이 추가 비용이 생기기도 한다. 즉, 형편없는 서비스는 대체로 높은 영업 비용을 유발한다.

비용을 줄이려면 고객서비스 지원 정도를 줄여야 한다고 생각하는 기업도 있다. 이것이 잘못된 방법이라는 것을 뒤에서 자세히 다룰 것이다. 이런 기업은 결국 비용에 대한 인식을 잘못해 고객서비스 부서가 제한된 고객만을 상대하거나 최악의 경우 많은 고객이 기업을 떠나게 된다. 고객에게 충분한 서비스를 제공하거나 더 이상 서비스를 제공하지 않아도 사업에 지장이 없는 기업은 극히 드물다. 단기적인 시각에서 비용을 줄이기 위해 서비스 지원을 줄이는 것은 우리가 이 책에서 주장하는 핵심과 반대되는 전략이다. 우리는 이 책에서 서비스의 질도 향상시키고, 비용도 절약할 방안을 논의할 것이다.

3. 브랜드와 명성에 끼치는 피해

형편없는 서비스가 가져오는 세 번째 영향은 브랜드와 명성이 입는 피해다. 형편없는 서비스를 제공하는 기업으로 인식되면, 이를 회복하기란 굉장히 어렵다. 그림 1.4에서 볼 수 있듯이, 질 낮은 서비스를 경험한 고객들은 훌륭한 서비스를 경험한 고객들보다 더 많은 사람에게 자신의 경험을 말하는 것으로 나타났다. 고객은 서비스가 만족스럽기를 바라고, 제대로 제공되면 다른 사람에게 말할 필요를 느끼지 못한다. 반대로 형편없는 서비스를 경험하면 이에 대해 다른 사람들에게 불평하는 것을 당연하다고 여긴다. 질 낮은 서비스를 제공하는 기업은 곧 자사의 브랜드 가치를 망가뜨리는 것이다.

2007년 2월 〈비즈니스 위크〉가 미국 내에서 고객 만족도 상위 25개 기업 중 한 곳이라고 대대적으로 보도한 직후, 젯블루 항공은 눈보라로 승객 수천 명의 발이 묶이는 일을 겪었다. 그 바람에 고객센터에 쏟아지는 고객들의 전화를 주체하지 못해서 고객 만족도가 높다는 명성에 큰 타격을 입었다. 최고경영자가 사과를 했지만, 주가는 급락했고, 결국 그는 그 자리에서 물러나야 했다.

형편없는 서비스가 수익, 비용, 브랜드에 끼치는 복합적인 영향은 어떤 사업을 하든지 좋은 서비스를 제공하는 것이 더 나은 결과를 가져온다는 점을 확실히 보여준다. 미시간대학교에서는 지난 6년 동안 고객 만족도가 기업 가치에 미치는 영향을 계량화했고, 결국 고객을 만족시키는 기업이 더 좋은 성과와 수익을 냈다는 연구 결과를 도출했다. 최고의 서비스야말로 비용을 줄이고, 수익을 증가시키며, 브랜드 가치를 상승시키는 핵심 요소인 것이다.

7_ 최고의 서비스

이 책은 고객에게 제공할 수 있는 최고의 서비스는 모든 것이 문제 없이 제대로 작동되고, 서비스 이용 과정이 쉽고 분명하며 고객이 서비스 부서에 연락할 일이 없게 하는 것이라는 새로운 시각을 제시한다. 거듭 말하지만, 최고의 서비스는 서비스가 필요 없는 것이다. 이제 고객이 연락할 수밖에 없고, 상담원이 고객의 요구 사항을 처리하는 상황이 무엇인지 자세히 분석한 후 좋은 서비스와 나쁜 서비스의 차이에 대해 알아볼 것이다.

한 웹 사이트에 올라온 다음 글은 고객을 상대하는 일선 직원들과 경영진의 생각 차, 좋은 서비스를 제공하려면 반드시 없어져야 하는 기업과 고객 간의 괴리감을 보여준다.

"저는 한 공기업에 근무하는 사람입니다. 몇 년 전, 저는 고객서비스 부서의 한 임원과 점심 식사를 하면서 고객서비스 부서에서 일어나는 일들에 대해 말씀을 드렸습니다. 대화 도중에 저는 한 고객과 전화로 15분가량 상담했던 일을 언급하며 고객이 '이제껏 이렇게 자세하게 설명을 들은 적이 없다.'며 '지난 몇 년 동안 같은 문제로 몇 번이나 전화했는데 진작 이런 설명을 들었으면 좋았을 것 같다.'는 의견을 전했다고 말씀드렸습니다. 그러자 그 임원께서는 고객 한 명을 상대로 어떻게 15분이나 쓸 수 있느냐고 하셨습니다. 저는 그의 말에 너무나도 놀랐고, 아직도 잊을 수가 없습니다. 저는 고객을 상담하는 데 10분을 더 사용한다면, 그 고객이 똑같은 문제로 다시 전화하는 일은 생기지 않을거라고 확신합니다. 그 고객은 저희 서비스에 대해 적어도 두 명의 친구에게 말할 것이며, 그들은 다시 자신의 친구들에게 우리의 서비스에 대해 말할 것입니다. 이런 상황으로 미루어 보았을 때, 최고경영자들이 고객서비스의 현주소를 모르는 현실은 그리 놀랍지 않습니다. 그들은 고객서비스에 대해 아직도 말만 앞설 뿐 행동으로 보여주고 있지 않습니다."

우리는 엄청난 변화를 가져올 이 새로운 접근법이, 과거의 실수를 반복하지 않고 애초에 고객서비스를 제공하지 않아도 되는 데 반드시 필요하다고 믿는다. 이를 가능케 하는 것은 고객에게 정말로 도움이 필요할 때, 훌륭한 지원을 해주는 동시에 고객의 요구 사항을 단순히 해결하는 데만 집중하는 것이 아니라 처음부터 그런 요구가 생기지 않도록 하는 것이다.

불필요한 요구 사항이
생기지 않게 하라

고객의 인내심은 바닥이 났다. 고객은 계속해서 실수를 저지르는 기업
을 더 이상 봐주지 않을 것이다.
- 아트 홀, 넷뱅크 〈1 TO 1〉 2007년 4월호

안녕하세요。 굴뚝구조대(Chimney Rescues 'R' US)입니다。 죄송합니다。 지금은 연휴 기간으로 서비스를 제공할 수 없으니, 저희 웹사이트를 참고해주시기 바랍니다。

1_ 원칙

1장에서 말했듯이, 많은 기업들이 처음부터 고객의 요구 사항이 생기지 않도록 노력하는 것이 아니라 고객이 요구 사항을 처리하는 데 집중하고 있다. 2장에서는 이런 체계를 부추기는 요인에 대해 살펴볼 것이다. 그리고 새롭게 등장한 성공 사례들을 살펴보고, 사후에 고객의 요구 사항이 생기지 않도록 하는 구체적인 방안을 알아볼 것이다.

대부분의 기업들이 자사의 상품이나 서비스를 많이 판매할수록 판매량에 비례해 고객 지원 비용을 늘려야 할 것이라고 생각한다. 즉, 상담원과 관리자의 채용을 늘리고, 새로운 고객센터를 세우며, 고객 응대에 관한 기술 개발에 투자를 하거나 고객서비스 기능을 확대하는 등 지원 비용을 더 늘려야 한다고 생각하는 것이다. 어떤 경우에는 고객 서비스 부서의 관리자나 상담원의 수, 부서에 할당된 예산의 규모로 위상을 가늠하기도 한다. 많은 기업들이 문제를 해결하기 위해 현명한 방법을 처음부터 찾아보려 하지 않고, 현재 상담 가능한 상담원에게 고객을 넘겨 버리거나 고객 지원 비용을 줄이기 위해 고객센터를 다른 국가의 외주업체에 맡겨 버린다.

기업은 고객의 요구 사항이 넘쳐나 상담원들이 즉시 처리할 수 없을 때, 보통 세 가지 방법을 사용한다. 하지만 이 중 어떤 것도 중장기적으로 볼 때 성공적이지 않다. 첫째, 고전적인 분류 방법을 적용하여 가장 중요한 요청 사항을 먼저 해결하거나 가장 중요한 고객을 먼저 응대한다. 이는 즉석에서 실행하기 어렵다는 단점을 지니고 있다. 둘째, 전화를 통화 중으로 해놓거나 이메일 회신을 지연하거나 전화기 수를 한정해 고객이 전화해도 늘 통화 중이어서 연결이 되지 않는다. 셋째, 상담원에게 문제를 더 빨리 해결하라고 채근한다. 이는 그렇지 않아도 피곤한 상담원을 더 피곤하게 만들어 실수를 초래해 고객을 화나게 할 뿐이다.

또 다른 상황을 살펴보자. 대부분의 기업들이 고객서비스를 제공하면서 많은 건수의 불필요한 요구 사항이 생기는 것을 경험하는데, 이는 대략 다음의 세 가지 상황으로 분류할 수 있다.

첫째는 기업이 초래하는 혼란, 지연, 바람직하지 않은 과정, 결함 있는 제품에 의해 추가로 요구 사항이 발생하는 상황이다. 예를 들어 고객이 "내 X는 어디 있나요?", "왜 Y를 하지 않았나요?", "왜 Z를 나한테 보낸 거죠?"와 같은 질문을 던지는 것이다. 2장에서는 고객이 애초에 이런 질문을 하지 않게 할 방법에 대해 살펴볼 것이다.

둘째는 고객이 처음 고객센터에 연락했을 때, 이를 제대로 처리하지 못해서 반복적으로 요구를 하는 상황이다. 이때 고객은 "이것 때문에 다시 전화를 했습니다.", "제가 받은 이메일에는 X에 대한 언급이 없었는데요?"와 같은 질문을 한다. 2장에서 이처럼 고객이 요구 사항을 반복하는 상황을 대폭 줄일 방법에 대해 알아볼 것이다.

셋째는 "제 계좌의 잔액은 얼마인가요?", "언제까지 결제해야 하나요?"와 같이 간단하고 단도직입적인 질문들이다. 2장에서는 이렇게 간단한 요구 사항을 어떻게 판별할 수 있는지 살펴보고, 3장에서는 고객이 참여할 수 있는 셀프서비스를 만들어서 간단하지만 불필요한 요구 사항을 고객센터에서 처리하지 않게 할 방법에 대해 알아볼 것이다.

조금 뒤에 제시할 실패 사례에서도 보겠지만, 타당한 이유 없이 고객 센터를 찾을 수밖에 없는 경우가 너무나도 많다. 다음은 미국의 한 이동 통신 회사의 서비스에 불만을 가진 두 고객이 블로그에 올린 글이다.

- "이 기업은 정말 말도 안 될 정도로 고객을 기다리게 해요. 어느 시간대에 전화해도 늘 똑같아요. 뭐 하나 변경하려면 꼭 두 번씩 전화를 해야 하고, 변경을 신청한 것이 청구서에 반영되지 않아서 또 전화를 해야 해요. 그리고 이런저런 이유에서 왜 그 금액을 환불받아야 하는지 오백 번쯤 설명해야 하고, 결국에는 부서 책임자와 통화하고 나서야 제가 돌려받아야 할 쥐꼬리만한 금액을 환불받죠."
- "이 블로그에 다른 분들께서도 글을 올리셨듯이, 이 기업은 제 계정의 변경 사항을 요청하면 제대로 처리되었는지 확인하기 위해 꼭 두세 번씩 연락하는 것이 당연한 일처럼 여겨져요. 제 계정이 제대로 관리되는지 확인하는 데 이렇게 말도 안 되는 노력을 기울여야 하다니요. 그래서 저는 지난 3년 동안 계정을 업그레이드할 생각은 하지도 않았습니다."

우리는 기업이 더 나은 기준, 예컨대 제품 개수당 또는 주문 건당 발생하는 고객의 요구 사항 건수를 줄이는 방법 등을 채택하기를 바란다. 그러면 고객 지원에 들어가는 비용과 자원을 매년 줄일 수 있을 뿐만 아니라 고객 만족도 및 신뢰도도 높아질 것이다. 다행스럽게도, 모든 기업이 고객의 요구 사항을 처리하는 데 급급해하는 것은 아니다. 몇몇 기업은 기존의 방법에 의구심을 느껴 "고객을 지원하기 위한 더 좋은 방법은 없을까?", "어떻게 하면 고객의 요구 사항을 처리하는 절차를 더 편리하게 바꿀 수 있을까?'라는 질문을 던지기 시작했다.

애초에 고객의 요구 사항이 생기지 않도록 하는 것은 기업의 모든 부서와 핵심 공급 파트너들까지 끌어들이는 과정으로, 뒤에서 설명할 다음의 네 가지 단계를 요구한다.

1. 고객이 무슨 이유로 고객센터를 찾는지 파악하라.

2. 고객의 요구 사항이 생기지 않도록 폐회로 시스템을 정립하라.

3. 불필요한 것을 제거하고, 자동화하고, 간편화하고, 개선하라.

4. 고객이 같은 사항을 반복해서 요청하지 않게 하라.

SAS항공의 최고경영자인 얀 칼슨이 처음으로 설명했듯이, 모든 기업이 '고객접점moment of truth'에서 고객의 문제에 주의를 기울여야 하는 것은 당연하다. 하지만 고객의 요구 사항을 처리하기보다 처음부터 요구 사항이 생기지 않도록 하는 것이 좋다. 그것은 다음과 같은 이득을 가져다주기 때문이다.

1. 고객 만족도 개선 : 고객은 기업의 운영 절차 및 과정에 대해 더 많은 것을 알 수 있고, 필요할 때에는 자동 시스템을 이용하여 스스로 필요 사항을 처리하며, 기업이 제공하는 서비스나 제품에 더 만족할 것이다.

2. 고객서비스 부서 직원의 업무 만족도 향상 : 상담원들은 불필요한 요구 사항을 해결하는 대신 더 복잡하고 심각한 문제를 해결하는 데 집중할 수 있다.

3. 기업의 모든 부서 간, 그리고 핵심 공급 파트너들과의 협력 관계 강화

4. CPX 기준(주문, 거래 또는 접수된 청구 건과 같은 요인 X당 고객 연락 건수를 측정하는 기준)으로 측정했을 때, 주문 건당 소요되는 고객서비스 비용 절감

5. 고객의 요구 사항이 줄어든 결과 고객센터를 외국에 두는 추세의 속도 늦추기

2_ 다른 산업에서의 사례

우선 고객서비스 영역 밖에서 고객의 요구 사항이 생길 가능성을 애초에 없애 효과를 거둔 사례를 살펴보자. 고객의 요구 사항이 생길 가능성을 애초에 없애는 것은 린Lean 경영 방식도요타 생산 시스템을 미국식 환경에 맞춰 재정립한 것으로 자재 구매부터 생산, 재고 관리, 유통까지 모든 과정에 손실을 최소화하여 최적화한다는 개념-옮긴이, 사전대비식 설비 관리, 그리고 질병과 사고 예방에 관한 핵심 원리에 기초한다. 앞에 열거한 모든 방식은 결함과 위험 요소를 사전에 파악하고, 대안적인 해결책을 찾으며, 모든 것이 통합된 체제 안에서 제대로 작동하는 데 궁극적인 목표가 있다. 여기에서 간단히 린 경영 방식과 도요타 생산 시스템, 사전대비식 설비 관리, 하드웨어 제조, 보건 의료 서비스, 안전 운전의 다섯 가지 사례를 살펴보자.

1. 린 경영과 도요타자동차

1950년과 1960년대에 일본의 제조업체들은 지속적으로 질이 높은 제품을 생산하려면 결함을 없애야 한다고 강조한 미국의 통계학자 에드워드 데밍과 J. M. 쥬란의 저서를 연구하기 시작했다. 그 이후 이시

가와 가오루는 품질분임조Quality Circle의 협력 개선 프로그램을 통해 일본만의 독특한 품질관리 기법을 탄생시켰다. 그리고 1970년대와 1980년대 초반에 이르러 데밍 상은 일본 산업계에서 가장 권위 있는 상의 하나로 부상하며 일본의 눈부신 경제 발전과 경제 대국의 입지를 보여주었다.

그 후, 일본은 역으로 품질은 곧 과정이라는 이 개념을 미국에 수출해 말콤볼드리지상, JD 파워의 고객 만족도 조사, 식스시그마 개념을 탄생시켰고, 린 경영 방식에도 영향을 주었다. 초기에 데밍 상을 수상한 도요타자동차 생산 라인의 작업 방식에는 기본적으로 '서비스하지 않은 것이 최고의 서비스다'라는 철학이 자리하고 있으며, 이 말에는 이 회사가 어떻게 해서 한때 세계에서 가장 수익성 높은 자동차 제조업체가 되었는지가 잘 나타나 있다.

일본 나고야 외곽의 도요타 시에 세워진 도요타자동차의 최종 조립 공장에는 2km 이상 떨어진 부품 공급업자들에게까지 컨베이어 벨트가 연결되어 있다. 공장의 모든 작업대 옆에는 초록색, 노란색, 빨간색 버튼이 있다. 만약 작업자가 자신의 생산 라인에서 이상을 발견했다면, 노란색 버튼을 눌러서 생산 라인의 속도를 50퍼센트 늦출 수 있고, 이는 공장 밖의 부품 공급업자에게까지 바로 전달된다. 만약 작업자가 심각한 결함을 발견했다면, 빨간색 버튼을 눌러 생산 라인을 멈춘다. 생산 라인이 멈추면 벨이 울리고 불이 깜빡이면서 어디서 문제가 발생했는지 알려준다.

그러면 작업자의 동료와 관리자가 그곳으로 가서 무엇이 문제인지 파악하고, 해결책을 찾아서 해당 차가 계속 생산 라인을 따라 제조되지 않도록 조치해 결함이 있는 채로 고객에게 판매될 가능성을 사전에 차단한다. 이 과정에서는 비난이나 질책이 없으며, 오로지 문제를 해결하기 위한 협동심만 존재할 뿐이다.

그리고 도요타자동차는 이제는 너무나도 유명한 TPS도요타 생산 시스템 : Toyota Production System를 개발하여 생산 라인에서 얻은 교훈을 디자인과 생산 과정에도 적용했다. 이는 고객이 결함 있는 자동차를 구매하지 않도록 공장에서 출하되기 전에 직원이 결함을 찾아내는 것을 적극 권장하기 위함이었다. 그 후 GE, 모토로라 등 많은 다국적 기업들은 결함과 변형 발생률을 없애기 위해 도요타자동차의 아이디어에 기반을 둔 식스시그마를 개발했다. 그리고 이를 기반으로 형성된 개념 가운데 하나가 바로 린 경영으로, 고객서비스 분야에 적용하기에 가장 적합한 개념이다.

'최고의 서비스'라는 의미는 명확하다. 모든 것이 제대로 돌아간다면 고객은 불평을 하거나 무언가를 요구할 필요가 없다. 품질을 향상시키고 결함을 없애 고객에게 만족을 주기 위해서는 직원과 생산자가 적극적으로 참여해야 한다. 도요타자동차는 이런 사고방식을 "다음 과정이 바로 고객이다."라는 문구로 정의했다. 이는 모든 다운스트림downstream, 자동차 조립 등이 포함된 하부 공정-옮긴이 과정을 마치 고객에게 가기 직전의 마지막 공정처럼 여기는 동시에, 고객은 완벽을 추구하고 누릴 권리가 있다는 점을 강조한 것이다. 애초에 고객의 요구 사항이 생기지 않도록 하는 데는 이와 같은 철학이 적용되며, 이 철학은 서비스업 외의 모든 산업 관계자에게도 고객에게 미칠 수 있는 영향을 이해하라고 강조한다.

2. 사전대비식 설비 관리

지난 수년 간 미국 해군은 PMP예방 관리 프로그램 : preventive maintenance program로 큰 성공을 누려왔다. PMP는 설비 관리, 시험, 교정에 세심한 주의를 기울여 기계가 고장나지 않도록 하는 것을 말한다. 해군 함정은 전쟁으로 폐허가 된 국가의 해안을 운항하거나 남미에 친선 방문을 할 때에는 선박의 오작동을 해결하는 것이 불가능한 경우가 많았다. 그래서 항구에 정박해 있을 때와 기계 장비를 가동하기 전에 모든 것이 제대로 작동하는지 반드시 시험하고 확인해야 했다. 이런 사전대비식 설비 관리의 장점은 자본집약적인 과정을 통해 효율적 비용으로 고장이나 오류를 줄일 수 있다는 것이다.

이 밖에도 향후 요구 사항의 불씨를 없애주는 보다 실생활에 가까운 사전대비식 설비 관리의 사례가 있다. 1970년대와 1980년대에 미국에서 가장 유명했던 TV 광고 중 하나로 프램Fram 오일 필터 광고가 있다. 이 광고에서는 윤활유를 잔뜩 묻힌 원숭이 한 마리가 등장해 최신 모델의 자동차 앞에서 "방금 이 차에 대대적인 엔진 보수 작업을 했는데, 1,000달러나 들었어요. (손에 든 오일을 보여주면서) 새로 나온 5달러짜리 프램을 넣었더라면, 이런 작업은 필요 없었겠죠. 선택은 간단해요. 지금 (프램 오일 필터에) 적은 돈을 쓰든지, 나중에 (대대적인 엔진 보수 공사에) 큰 돈을 들이면 됩니다."라고 말한다. 여기서 다시 한 번 강조하지만, 이미 발생한 고객의 요구 사항에 대응하는 것보다는 그러한 요구 사항이 생기지 않도록 하는 것이 훨씬 경제적이고 효과적이다.

3. 하드웨어 제조

사후에 고객의 요구 사항에 대응하는 것보다 애초에 그러한 요구 사항이 생기지 않도록 하는 훌륭한 사례를 하드웨어 제조업체에서도 찾아볼 수 있다. 델Dell의 아메리카 생산 본부 부사장을 역임하고, 고객 지원 본부 수석 부사장이 된 딕 헌터는 공급망과 고객 지원에 관한 모든 과정에서 결함을 없애고자 많은 노력을 기울였다. 그는 "고객이 원하는 모든 것을 신속하게 만들기 위해 우리는 '하나의 롯 사이즈공업 제품에서 생산 단위 수량의 크기-옮긴이'로 일을 처리하는 사고방식을 고수하고, 이 과정에서 낭비 요소를 제거하기 위해 린 경영의 생산 기술을 결합하고 있다."며 "나는 우리 공급망의 효율성이 지속적인 성공을 가능케 하는 핵심 요소라고 생각한다. 이는 결국 시장에서 수요를 일으키고, 시장 점유율을 늘리는 데 기여하며, 고객에게 더 많이 투자할 기회를 제공하고, 협력업체도 성장시키는 결과를 가져올 것이다. 겉으로 보기에는 연관이 없는 요소 간에 이렇게 상관관계가 분명히 드러나는 경우는 드물다."라고 밝혔다. 엄청난 규모의 실시간 생산 과정에서 델은 완벽하지는 않지만, 근본적인 문제에 대해 교정 조치를 빠르게 진행했다. 이는 고객의 요구 사항이 생기지 않게 하는 데 핵심이라 할 수 있다.

애초에 결함을 없애고자 노력하는 또 하나의 기업으로는 미국의 전자장비 제조업체인 다나허를 꼽을 수 있다. 다나허는 2007년에 순이익 250억 달러를 기록한 회사로, 워싱턴 주의 에버렛에는 다나허의 계열사인 플루크 네트웍스의 본사가 있다. 플루크 네트웍스의 영업 부서 책임자인 하비 트래거는 DBS다나허 비즈니스 시스템 프로그램의 기본 원칙을 거론하면서 초기 단계에 하드웨어의 결함을 찾아내는 것이 얼마나 현명한 일인지를 상기시켜 주었다.

그의 말에 따르면, 생산 단계를 떠나 고객이 사용 중인 생산원가 10센트짜리 전기 저항기를 고칠 경우, 그 비용이 부품 가격의 10배에 달한다고 한다. 이는 결함이 있는 전기 저항기 때문에 고객의 장비에서 발생할 수 있는 측정 불가능한 비용은 제외한 것이다. 다나허는 모든 계열사의 운영에 DBS를 적용해 모든 과정에서 품질이 유지되는지를 확인한다. 그 결과, 운영 과정에서 발생하는 고객 지원 비용이 줄었으며 고객 만족도는 높아졌다.

4. 보건 의료 서비스

보건 의료 분야에서도 상황에 대응하는 것보다 조기에 질병이나 상처의 원인을 발견해 치료하는 것이 더 경제적이고, 지금 증상을 치료하는 것이 향후 질병이 커지는 것을 예방하는 일이라는 사실을 어렵지 않게 찾아볼 수 있다. 다음의 사례를 살펴보자.

- 피부암을 예방하기 위해 자외선 차단제를 바르고, 보호용 옷을 착용하기
- 심장 발작을 예방하기 위해 건강한 식습관을 유지하고, 운동 시간을 늘려 콜레스테롤 줄이기

- 부상을 예방하고 갑작스러운 부상으로 인해 작업이 지연되는 것을 줄이기 위해 직업 위생 및 안전 수칙 지키기

물론 아직도 개선할 점은 많다. 심장 질환을 유발하는 위험 요소들을 연구한《심장의 변화A Change of Heart》의 저자 수잔 드링크는 최근 미국은 산업화된 다른 국가들보다 질병을 예방하는 데 뒤처지고 있으며, 결과에 대응하는 데 더 치중하고 있다고 밝혔다. 아울러 '치료를 위한 보살핌' 측면에서 미국의 보건 의료 시스템은 긍정적인 면이 별로 없다면서 "미국의 의료 시스템은 당뇨병이나 고혈압과 같은 만성 질환의 치료에 대한 기대를 충족시키지 못하는 있고, 의료 결제 시스템은 의사들이 치료 절차를 수행하는 것만을 보상해줄 뿐, 환자의 만성 질환을 관리하는 데는 보상을 해주지는 않는다."라고 말했다. 고객의 요구 사항이 생기지 않도록 하는 데 걸림돌로 작용하는 잘못된 기준과 장려책의 치명적인 영향에 대해서는 나중에 다룰 것이다.

5. 안전 운전

마지막 사례 또한 안전과 연관되는 것으로, 바로 안전 운전 프로그램이다. 호주 빅토리아 주의 도로안전국은 운전자들의 경각심을 불러일으켜 교통사고를 줄이기 위해 "음주운전을 한다면, 당신은 피를 부르는 바보입니다.", "5km만 줄여주세요."와 같은 슬로건을 내세운 캠페인에 수백만 달러를 투자했다. 그동안 나타난 이 캠페인의 결과는 인상적이었다. 안전 운전에 관한 평가와 연구, 공학 기술, 교육, 시행으로

이루어진 4단계를 전략적으로 실행한 덕분에 사고와 사망자 수가 반으로 줄었기 때문이다. 치료나 해결보다 예방의 이점을 강조한 산업화된 국가에서는 모두 이와 비슷한 결과가 나타났다.

운전과 안전에 관한 일본의 사례도 문제에 대응하는 것보다 처음부터 문제가 생기지 않게 하는 것이 더 이득이라는 사실을 잘 보여준다. 일본에서 트럭의 제한 속도는 시속 80km이며, 트럭에는 반드시 라이트박스를 장착하도록 법으로 규정하고 있다. 라이트박스는 속도계와 바로 연결되어 있어서 제한 속도를 넘지 않을 때는 초록색 불이, 제한 속도로 달릴 때는 노란색 불이, 제한 속도를 넘을 때는 빨간색 불이 들어온다. 트럭 운전사들이 속도위반에 걸리지 않기 위해서 라이트박스를 손봤다가는 엄청난 액수의 벌금이 부과된다. 이 시스템은 운전대를 잡은 운전자들과 경찰의 주의를 환기시킨다.

3_ 실패 사례

지금까지 고객서비스 외의 산업에서 문제에 대응하는 것보다 처음부터 문제가 생기지 않게 하는 방법이 훨씬 효율적이라는 사실을 보여주는 사례들을 살펴보았다. 이제 고객서비스의 실패 사례들을 살펴보고 나서 성공 사례와 애초에 고객의 요구 사항이 생기지 않게 하는 모델을 알아봄으로써 최고의 서비스의 주요 측면에 대해 논의해 보자.

일반적으로 실패 사례들은 몇 가지 범주로 나뉜다. 속도에 연연해하는 풍조, 직무 태만, 카펫 배거, 비협조적인 부서, 청구서 마니아로 나

뒤 살펴보자.

1. 속도에 연연해하는 풍조

고객센터와 지점의 서비스 처리 속도를 측정하고 보고하는 것이 쉬운 일이다 보니, 안타깝게도 대부분의 고객서비스 부서 관리자들은 속도에 연연하게 되었다. 이런 현상은 처리 속도가 곧 서비스 품질이라고 평가한 많은 연구에 의해 더욱 공고해졌다. 보통 속도의 기준은 전화를 받는 속도와 관련되며, AHT와 CHP시간당 처리된 연락 건수 : contacts handled per hour의 측정이 이를 뒷받침해준다. 하지만 AHT와 CPH는 최고의 서비스를 추구하는 측면에서 매우 잘못된 측정 방법이다.

몇 년 전, 미국의 한 컴퓨터 제조업체에서 고객 지원 부서의 책임자가 고객 한 명당 AHT가 평균 14분으로 길어져서 접수를 포기하거나 보류하는 사람의 비율이 높아지고 있다고 불평한 적이 있었다. 그 책임자는 어림잡아 고객 한 명당 12분만 할애해도 서비스 수준을 회복하고 고객 만족도가 높아질 것이라고 말했다. 그 후 이 회사의 고객 지원 부서는 그 책임자가 제시한 새로운 목표를 공유했다. 몇 주 후에 과연 어떤 일이 일어났을까? 고객 한 명당 AHT가 12분 미만으로 줄었다. 이 결과에 따라 이 회사는 성취의 기쁨을 만끽해야 옳았다. 하지만 실제로는 그렇지 않았다.

그 책임자가 고객 한 명당 AHT로 12분 이상 소비한 직원에게 주의를 줄 것이라고 알아차린 상담원들은 그 시간에 유념하기 시작했다. 처리하는 데 12분이 넘을 것 같으면 (1)고객이 말하는 문제를 자세히 듣지 않고 해결책을 빨리 제시해서 고객이 빨리 전화를 끊게 하거나 (2)간단히 "더 알아보고 나서 다시 전화 드리겠습니다."라고 말하거나 최악의 경우에는 (3)고객에게 "음, 우선 OOO를 해보시고요, 저희가 더 도와드릴 일이 있으면 다시 전화를 주시기 바랍니다."라고 말했다. 이는 결코 해결책이 아니었을뿐더러 고객에게도 좋은 점이 하나도 없었다.

상담원들은 그들이 고객에게 거는 전화는 처음에 고객에게서 걸려온 전화와는 달리 기록되지 않기 때문에 목표로 할당된 12분이라는 시간만 지키면 된다는 것을 알고 있었다. 앞에 제시된 세 가지 방법은 모두 책임자가 내세운 12분이라는 시간을 모두 엄수했지만, 고객들은 더욱 불만을 표시했고, 고객 만족도는 추락했으며, 서비스 수준은 개선되기는커녕 오히려 나빠졌다. 그리고 그 책임자는 얼마 가지 않아 해고를 당했다. 이렇듯 속도에 연연하면 피해만 불러올 뿐이다.

2. 직무 태만

"도대체 무슨 생각으로 그렇게 한 것이지?"라고 질문을 던지게 하는 사례들도 있다. 책임을 져야 하는 사람에게는 불행한 일이지만, 지금의 고객들은 자신이 느낀 것을 블로그 등에 토로할 수 있고, 자세한 내용을 거론하며 마음껏 불평할 수 있다. 여기서 기존의 사업 절차를 바꿔 곤경에 처한 고객의 사정을 외면한 미국의 한 이동통신 회사의 사례를 살펴보자.

이 모든 일은 지난 금요일 저녁부터 시작되었다. 전화를 끊는 순간, 갑자기 내 휴대전화 화면이 어두워지더니 곧 전원이 꺼졌다. 이런 경험은 처음이었다. 다시 휴대전화를 켜서 통화를 하고 끊으니 똑같은 일이 일어났다. 하지만 별일 아니라고 생각한 나는 다음날 아침에, 전에도 그리 좋은 서비스를 받지 못했던 xx 사의 고객센터를 찾아갔다. 고객센터 직원은 무슨 이유에서인지는 몰라도 짜증이 난 것처럼 보였다. 그리고 결국 내 문제는 해결해주지도 않은 채 이 곳은 서비스센터가 아니라며 30분 거리에 있는 서비스센터를 알려주었다.

직원의 태도는 그렇다 치고, 나는 일단 알려준 서비스센터로 발걸음을 옮겼다. 그곳은 발 디딜 틈도 없었다. 상담원을 만나려면 입구에서 먼저 접수를 하고 기다려야 했다. 그 지점은 상담을 할 수 있는 직원이 충분해 보였다. 하지만 나는 내 인생에서 지금까지 경험한 것 중에서 서비스가 가장 형편없었던 차량국자동차와 자동차 운전 업무를 처리하는 미국의 관공서. 미국에서 자동차는 필수 교통수단이기 때문에 신청자가 많아 긴 대기 시간과 불친절한 서비스로 악명이 높다 - 옮긴이에 와 있는 것 같았다. 어떤 직원들은 수다 삼매경에 빠져 있었다. 서비스를 받으려고 여덟 명가량의 고객이 기다리는데도 네 명의 직원이 무리를 지어 웃으면서 떠들고 있었고, 몇몇 직원만이 고객을 상대하고 있었다.

가장 기가 막혔던 것은 내 차례가 되어서 이름과 휴대전화 번호를 대자 담당 직원이 "어떤 문제가 있으신가요?"라고 물어본 것이었다. 적어도 나는 이 상황에서 해야 할 질문은 "무엇을 도와드릴까요?"라고 생각했다. 정말 큰 차이를 만드는 것은 작은 것인데 말이다. 어쨌든 담당 직원은 종이에다 적는 손쉬운 방법을 놔두고 내 휴대전화 번호를 무려 다섯 번이나 물어보고 나서야 엔지니어가 들여다봐야 하니 두 시간 후에 오라고 했다.

이때까지는 그래도 괜찮았다. 두 시간 후에 다시 와서 접수를 하고 또 20분을 기다려 아까 상담했던 담당 직원에게 갔더니 다시 내 휴대전화 번호를 세 번이나 물었다. 담당 직원은 그 사이에 분해된 내 휴대전화를 가지고 나와서는 손으로 가리키며 업그레이드를 해야 한다고 말했다. 정말 어처구니가 없었다. 그러고 나자 담당 직원은 휴대전화 진열대를 손으로 가리켰다. 나는 더 좋은 휴대전화 기기로 바꾸기 위해 X를 Y로 변경하면 조건이 어떻게 달라지는지 물었다. 담당 직원은 그렇게 복잡한 경우는 본사에 직접 전화해서 상담해야 한다는 둥 이런저런 이야기를 죽 늘어놓았다.

나는 더 이상 담당 직원의 말을 듣고 싶지 않았고, 이날 아침부터 겪은 일 때문에 이미 지칠 대로 지쳐서 그냥 그 서비스센터에 있는 새 휴대전화로 바꾸겠다고 했다. 이것이 최선이었다. 담당 직원은 진열대에 놓인 휴대전화 중에서 적당한 가격대의 휴대전화 두 개를 가리키더니 그것들을 제외하고는 다 가능하다고 했다. 그 두 개는 왜 안 되느냐고 물으니 문제가 많기 때문이라고 대답했다. 어이가 없었다. 애초에 왜 문제가 많은 기종을 팔려고 진열했느냐고 묻자 그는 아무런 대답도 하지 못했다.

어디 그뿐인가. 항공사도 이런 직무 태만을 자주 저지른다. 미국의 한 대형 항공사는 우량 고객들에게 새로 생긴 공항에서 보안 검색대를 빠르게 통과할 수 있는 우대 혜택을 제공한다는 이메일을 보냈다. 문제는 이 항공사가 여러 도시에서 이런 우대 혜택을 광고하고 다녔는데, 대대적으로 홍보한 공항에서 바로 일주일 전에 한 고객이 우대 혜택이 제대로 이루어지지 않는 것을 경험한 것이다. 이는 고객에게 개선된 서비스 경험을 안겨준 것이 아니라 오히려 반대로 좋지 않은 경험을 안겨준 꼴이었다.

이 고객은 일주일 전에 자신이 겪은 일을 거의 잊고 있다가 이 항공사에서 보낸 홍보용 메시지를 보고 나서 다시 그때의 일을 상기하게 되었다. 그래서 그는 '흠, 이 회사는 분명히 고객의 의견을 듣고 싶어 할 거야. 회신을 해서 내 의견을 알려줘야겠군.' 하고 생각했다. 아주 간단한 일이라고 생각되지 않는가? 하지만 실제로는 그렇지 않았다.

항공사에서 보낸 메일의 맨 아래쪽에는 작은 글씨로 "이 메일 주소로는 회신을 하실 수 없습니다. 문의 사항이 있으시면 서면으로 보내 주시기 바랍니다."라고 명시되어 있었다. 도대체 지금 이 시대에 말이 되는가? 이 고객은 서면으로 의견을 보내기는 귀찮았다. 그래서 항공사의 예약 상담 센터로 전화를 걸어서 (1)항공사에서 대대적으로 홍보한 우대 혜택이 공항에서는 전혀 이루어지지 않았다는 점과 (2)고객에게 보낸 이메일에 회신을 할 수 없도록 막아놓은 것에 대해 불만을 털어놓았다.

상담원은 친절하게 응답하며 그의 불만을 관련 부서에 전달하겠다고 말했다. 하지만 그가 자신이 제기한 것과 비슷한 의견이나 불만을 관련 부서에 전달한 후, 해당 문제에 대해 어떤 의견을 전달받았느냐고 묻자, 상담원은 잠시 머뭇거리다가 이렇게 대답했다.

"아, 저희의 임무는 고객님의 불만 사항을 전달하는 것까지입니다."

이에 관한 책임과 고객의 소리에 귀를 기울이는 문제는 6장과 7장에서 좀 더 자세히 다루겠다. 앞에 열거된 실패 사례는 간단히 처리할 수 있었던 일인데도 불구하고 고객이 수차례 연락해 결국 불만만 쌓인 경우에 해당한다. 서비스에 대해 아무것도 모르는 기업들은 업무량을 줄이기는커녕 오히려 더 가중시키고 있다.

3. 카펫 배거

미국 남북전쟁 후 남의 불행 위에서 부를 쌓아간 악명 높은 카펫 배거남북전쟁 이후, 폐허가 된 남부로 가서 경제적 이득을 챙긴 북부 사람들을 가리키는 말. 북부 사람들이 카펫으로 만든 가방에 생필품을 짊어지고 다니는 모습에서 유래했다-옮긴이처럼 기업들도 이와 비슷한 일을 저지르고 있다. 예를 들어 고객이 고객센터로 전화를 하거나 이메일을 보냈을 때, 상황 파악을 못하고 아무 때나 상품이나 서비스를 팔려고 하는 영업집착형 직원의 경우가 그렇다. 연쇄 판매, 교차 판매라고도 불리는 이 영업 행태는 거의 모든 경우 고객을 짜증나게 하고, 영업하는 사람도 불편하게 한다.

본래 연쇄 판매, 교차 판매란 고객이 서비스나 지원을 받기 위해 연락을 하면, 상담원이 고객의 문제를 해결한 후 다른 제품이나 서비스를 판매하려고 시도하는 것을 말한다. 최근 업계에서 높은 평가를 받는 한 인터넷 소매점이 이 방법을 적용했다. 그 기업은 상담원들에게 "고객님의 문제가 이것으로 해결되었으면 합니다. 그런데 저희 회사에서 x와 y도 판매한다는 것을 알고 계신가요? 한 번 써보세요. 지금 구매하시면, 다음 번 구매 시 20퍼센트가 할인되는 쿠폰도 보내드립니다."라고 말하라고 지시했다. 이에 따라 상담원이 "그런데 저희 회사에서……."라고 입을 떼자 어떤 일이 벌어졌을까? 고객은 화가 나서 전화를 끊어버리거나 "그것에 대해서는 별로 듣고 싶지 않아요."라고 말했다.

고객서비스 부서의 상담원들은 고객이 영업 활동에 화를 내는 것에 익숙하지 않다. 고객은 카펫 배거 같은 이런 영업 활동에 강한 거부감을 나타낸다. 뒤에서 우리는 고객에게 혼란을 초래하고 결함이 있는 서비스나 상품을 판매하는 데 쓰는 에너지와 다른 곳에 허비하고 있는 노력을, 고객 지원과 서비스에 어떤 문제가 있는지 파악하고 분석하는 데 사용해야 한다는 것을 설명할 것이다.

4. 비협조적인 부서

애초에 고객의 요구 사항이 생기지 않게 하는 데 걸림돌로 작용하는 행태 가운데 가장 해결하기 어려운 사례는 아마 기업 내에서 여러 부서가 서로 유기적으로 일하지 않거나 서로 반목하는 경우일 것이다. 이미 언급했듯이, 고객센터가 문제를 유발하는 경우는 거의 없으며, 대부분의 문제는 마케팅, 운영 및 관리 부서, IT, 또는 협력업체가 일으킨다. 6장에서 자세히 다루겠지만 먼저 다음의 사례를 살펴보자.

위성 TV 관련 회사들은 전 세계적으로 매우 빠르게 성장하고 있으며, 고객이 자사의 서비스를 쉽게 이용하도록 절차를 간소화하기 위해 노력하고 있다. 그러나 서비스를 실행하기 위해 보통 한 고객에게서 서너 건의 연락을 받는다. 고객은 서비스가 제공된 첫 해에 많이 연락하는데, 그 이유는 정전, 화면에 뜨는 오류 메시지, 서비스 업그레이드, 또는 교체해야 하는 고장난 셋톱박스 때문이다. 이는 영업, 생산, 그리고 마케팅 부서와 고객 지원 부서 간에 협조가 잘 이루어지지 않아서 고객이 여러 차례 연락할 수밖에 없는 경우로, 많은 회사들이 미처 인식하지 못하는 숨은 비용을 보여준다. 위성 TV 회사들은 새로운 고객을 확보하기 위해서는 50달러를 투자하지만, 이해하기 쉬운 설명서를 포함하거나 셋톱박스의 결함을 줄이기보다는 100달러를 들여 고객 요구 사항에 대응하고 있다.

5. 청구서 마니아

한 정보통신 회사의 고객은 이미 몇 년 전에 서비스를 해지했는데도 매달 12.50달러를 내라는 청구서를 받았다. 그는 서비스를 해지했으니 잘못 온 것이라고 생각해 청구 금액을 내지 않았다. 그런데 다음 달에도 청구서가 날라왔고, 두 달 후에는 세 번째 청구서가 날라왔다. 매번 청구 금액은 12.50달러였다.

그는 청구서가 오든 말든 신경 쓰지 않았다. 그는 석 달쯤 지나면 청구서가 날라오지 않을 것이라고 예상했다. 하지만 무려 4년 넘게 매달 청구서가 날라왔고, 그는 매번 청구서를 쓰레기통에 버렸다. 그는 그런 실수를 알려줄 필요가 없다고 생각했다. 그 회사는 청구서를 보내는 데 최소한 50달러 이상이 들었을 것이다. 문제를 인식하고 개선하지 않는 한 이 비용은 줄어들었을 리가 없다.

4_ 성공 사례

다행스럽게도, 고객서비스 산업에서 애초에 불필요한 고객의 요구 사항이 생기지 않도록 제품이나 서비스의 결함을 없애는 성공 사례가 점점 등장하고 있다. 다음의 네 가지 사례를 살펴보고, 다른 기업들이 적용할 수 있는 해법을 제시하겠다.

1. 아마존의 CPO

아마존의 창립자이자 최고경영자인 제프 베조스는 아마존을 지구 상에서 가장 고객 중심적인 기업으로 성장시켰다. 아마존의 모든 관리자는 "고객의 소리에 귀 기울이고 고객을 위해 발명하라."라는 주문을 외우고 다녔다. 고객은 아마존의 모든 계획 수립과 논의 과정의 중심에 있었고, 아마존은 고객 XTC(고객 엑스터시)라는 신조어를 만들어낼 정도로 열성을 다했다.

창립 초기부터 아마존은 CPO 주문 건당 연락 건수 : contacts per order에 집착했다. CPO는 CPX CPU(배송된 제품당 연락 건수) : contacts per unit shipped, CPT(거래 건당 연락 건수) : contacts per transaction, CPC(고객 한 명당 연락 건수) : contacts per customer 등의 핵심 기준 중 하나로, CPO가 많을수록 수정하고 해결해야 할 실수가 많다고 할 수 있고, CPO가 적을수록 모든 것이 제대로 돌아가고 있으며 고객 만족도도 높다고 할 수 있다. 제프 베조스는 외부에서 자신의 생각을 말할 때, 다음과 같은 메시지를 자주 강조했다.

"우선 우리는 계속해서 고객 감동 서비스를 제공하고 있다. 이번 연휴 기간이 좋은 사례다. 기록적인 수의 제품을 고객에게 배송하면서 우리는 고객에게 최고의 서비스도 함께 제공했다. 사이클 타임Cycle time, 즉 고객센터에서 주문을 처리하는 데 드는 시간이 작년 대비 17%가 빨라졌다. 그리고 우리가 가장 민감하게 생각하는 고객 만족도의 척도인 CPO는 13%가 줄어든 것으로 나타났다."

기업 내에서 CPO는 모든 관리자와 직원들에게 잘 알려진 척도로, 분기별 전체 회의에서 CPO가 전 분기보다 줄어들었다고 파악되면 환호를 한다.

이 두 가지 예는 아마존이 낮은 CPO를 추구하고 있다는 것과 더불어 더 낮은 CPO를 달성하려고 노력하고 있다는 것을 보여준다. 2000년에 아마존은 협력을 추진해 온 다른 온라인, 오프라인 유통업자들에게 아마존의 기술을 활용할 수 있도록 웹 사이트, 유통 센터, 고객서비스 운영 시스템을 공개했다. 처음에 협력업체들은 기존에 시행하던 자사의 고객 관리에 자부심을 가지고 있었고, 고객을 대면하는 지원 업무를 다른 기업에 아웃소싱하는 데 회의적이었다.

한 협상 회의에서 협력업체의 새로운 고객서비스 책임자는 토론을 중단하고 아마존에 CPO 공개를 요구했다. 아마존은 그 요구에 응해 지난 휴가 시즌의 CPO가 x였다고 언급했다. 그러자 협력업체의 새로운 고객서비스 책임자는 팔짱을 풀고 같은 기간 자신의 회사는 CPO가 10x였다고 고백했다. 결국 그 자리에서 협상은 종결되었고, 아마존은 성공적으로 그 회사와 협력 관계를 맺었다.

얼마 지나지 않아 아마존의 CPO가 바람직한 방향으로 낮아지고 있다는 소식을 접한 대표적인 카탈로그 도매업체의 고객서비스 책임자가 아마존을 찾아왔다. 그녀는 자사에서는 전체 서비스 요청 건수만 관리할 뿐 CPX는 관리하지 않는다며 CPO를 어떻게 정의하는지 물었다. 그런데 상담원별로 판매를 나타내는 연락 건을 제외하고도 그 기

업의 CPO는 여전히 아마존의 4배에 달해 그녀를 놀라게 했을 뿐만 아
니라 '최고의 서비스는 서비스가 필요하지 않다'는 것을 더욱 실감케
했다.

지난 몇 년 동안 아마존은 CPO를 90퍼센트가량 낮추었다. 이것은 판
매 건수는 9배가량 증가한 반면, 고객 지원 비용은 늘리지 않고 운영할
수 있다는 것을 의미하며, 2002년부터는 수익성 기여의 주된 요인이
되었다. 뒷장에서 아마존이 어떻게 CPO를 계산하고, 문제의 근본 원
인을 파악해 개선했으며, 인력을 투입해야 하는 고객서비스를 온라인
과 ARS, 셀프서비스로 전환했는지, 그리고 어떻게 고객들이 아마존에
협력하도록 교육했는지, 어떻게 능동적으로 대처했는지를 살펴볼 것
이다. 그림 2.1은 아마존의 연도별 CPO다.

[그림 2.1] 아마존의 주문 건당 연락 건수(CPO)

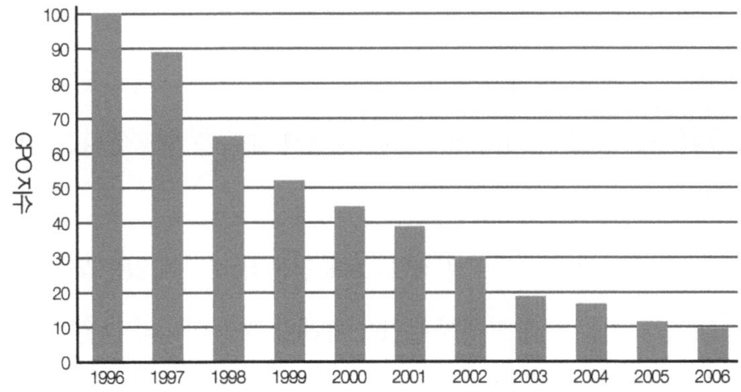

2. 델의 통화 공장

기술 선도자인 델은 사후 고객의 불필요한 요구 사항에 대해 여러 가지 방안을 마련했다. 델은 기업 차원에서 어떤 것들을 측정하고, 어떤 요인들을 제거하며, 고객 지원팀을 어떻게 구성할지 등을 고민하기 시작했다. 델의 글로벌 고객 비즈니스 부문 고객 지원 본부 수석 부사장을 역임했던 딕 헌터에 따르면, 델은 자사의 공급망과 고객 지원 부문은 물론 델의 생산 방식이라고 할 수 있는 적시 생산just-in-time 시스템에서도 고객들에게 가치를 주지 못하는 낭비 요인과 불필요한 절차를 없애는 데 린 경영을 활용했다.

헌터는 "우리는 고객서비스 네트워크 전반에 걸쳐 '통화 공장'을 만들고 있다. 다시 말해, 모든 서비스 요원이 훈련되고, 교육받고, 큰 차이 없이 고객을 응대할 수 있도록 하고 있다."라고 밝혔다. 이것은 델이 두 번째 전화 연락은 아무런 가치를 형성하지 못하는 것으로 간주하고, 첫 번째 전화 연락에서 문제를 해결하는 데 역량을 집중하면서 '30분을 소요한 한 번의 통화가 20분씩 소요된 두 번의 통화보다 훨씬 값지다!'라는 것을 주지시키기 위한 수단과 교육을 제공했다는 것을 의미한다.

더욱이 델은 예를 들면 프린터나 OS에 전문적 지식이 있는 외부업체에 고객을 넘기는 것은 고객의 불만을 초래할 뿐만 아니라 많은 비용이 든다고 결론지었다. 그래서 헌터는 여러 부서의 직원으로 한 팀을 구성해 고객들을 비슷한 그룹끼리 분류하여 묶는 실험을 했고, 지금도 이 실험을 계속해 나가고 있다. 델은 이런 새로운 방식을 적용함으로써 고객 응답률과 고객 만족도가 전보다 높아졌으며, 여러 상담원을 거치게 하는 상황을 크게 줄일 수 있었다.

"우리는 두 가지 목표를 세웠다. 첫째는 예를 들면 온라인 자동 진단을 통해 고객이 전화 연락을 하지 않아도 되는 서비스를 제공하고, 둘째는 고객서비스 전 과정을 개선해 상담원들이 부가가치를 창출하는 고객의 연락 사안만 처리할 수 있도록 하는 것이었다. 이 목표를 달성하기 위해서 모든 과정을 고객 입장에서 도표화하고, 그중에서 문제를 효과적으로 해결할 수 없을 때와 무엇이 문제를 유발했는지 모를 때라는 좋지 않은 두 가지 상황을 분리해냈다."

이것이 바로 델이 린 경영을 통해 문제를 제기하고 해결하기 위해 집중한 부분이었고, 그 결과에 고객들은 매우 긍정적인 반응을 보였다. 델은 판매 비중이 높은 온라인 판매를 제외한 나머지 판매는 전화영업으로 진행해 항상 고객 가까이에 있었고, 헌터는 델의 이런 사업 방식에 주목했다.

"우리는 고객 조사보다는 사후 고객 만족도 조사를 통해 고객의 의견을 듣고 있으며, 이는 직원들과 프로그램을 변화시키는 결과를 낳았다. 만약 다른 방법을 따랐다면 이런 변화는 이룰 수 없었을 것이다."

헌터의 고객에 대한 집착은 기존에 고객서비스와 관련된 수치인 평균 개념, 즉 평균 응대 속도와 평균 응대 시간 등을 없애는 것으로도 이어졌다. 그는 "나는 평균을 보지 않는다. 대신, 단 한 명의 고객에게만 해당할지라도 서비스의 끝을 본다."라고 말했다. 이는 최고의 서비스를 실현하는 데 일종의 위험 요소를 예고하는 통찰력을 제공한다.

불필요한 고객의 요구 사항을 근절하기 위한 델의 '통화 공장'도 물론 문제는 있다. 거의 모든 기업이 마찬가지겠지만, 고객과 기술 지원 파트너들도 낭비 요인을 없애고, 가치를 창출하는 린 경영에 보조를 맞추어야 한다는 것이다. 헌터는 "우리의 아웃소싱 서비스 업체들이 이 메시지를 이제야 이해하기 시작했다!"고 말했다.

3. 체크프리의 프로세스 매핑

미국에서 가장 큰 온라인 지급 거래 처리 업체인 체크프리에 고객들은 신속하고 정확한 지급 처리 업무 서비스를 의존하고 있다. 따라서 고객서비스는 이 기업의 성공에 매우 중요한 요소라고 할 수 있다. 체크프리의 전자 거래 지급 본부의 수석 부사장인 자르돈 부스카는 고객서비스와 운영 부서를 책임지자마자 고객들의 기대를 뛰어넘는 서비스를 제공하려면 전체 프로세스을 바꿔야 한다는 것을 알게 되었다. 그래서 그는 Right Care라는 서비스 관리 프로그램을 만들었는데, 이 프로그램의 첫 번째 임무는 '불필요한 고객의 요구 사항 제거'였다.

자르돈 부스카는 "Right Care는 프로세스를 도표화하는 작업으로, 우리는 고객들이 왜 전화를 하는지, 그런 전화를 어떻게 처리하는지, 그런 전화가 아예 오지 않도록 하려면 어떻게 해야 하는지 등을 포함해 어떤 대안이 가능한지를 알아내야 했다."라고 말했다. 결과는 명확했다. 2002년부터 2006년까지 체크프리의 거래량은 다섯 배가량 증가했고, 매출액은 250퍼센트 증가한 반면, 고객서비스팀의 인원은 21퍼센트가 감소했으며, 고객 만족도는 20퍼센트가량 향상되었다.

[그림 2.2] 체크프리의 '올바른 서비스' 결과

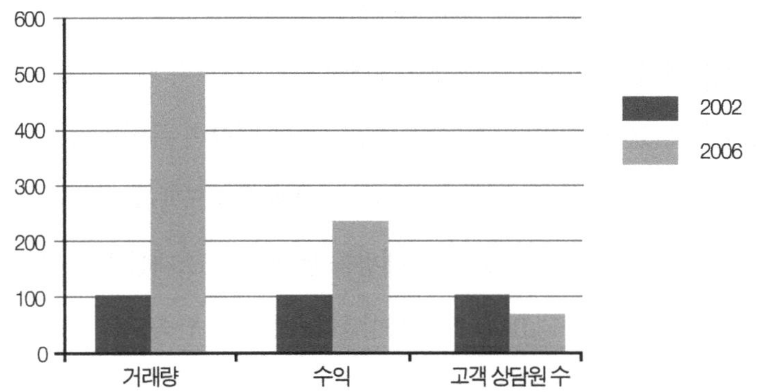

그렇다면 체크프리는 어떻게 최고의 서비스를 제공하는 기업으로 성장할 수 있었을까?

첫째, 프로세스를 먼저 수정하고, 그 다음에 기술에 집중했다. 한 가지 분명한 목표는 반복되는 요청 사항을 줄이는 것이었다. 이에 대해 '빨리 대응하지 못했다'와 '첫 요청 시 제대로 처리하지 못했다'는 사실이 고객의 요구를 반복적으로 불러온다는 것을 파악한 후, 반복적인 고객의 요구 사항 접수율이 15퍼센트에서 1퍼센트 미만으로 대폭 감소했다.

둘째, 훨씬 높은 성공률을 달성하기 위해 몇몇 사안에 셀프서비스를 적용했다. 그리고 프로세스 매핑을 통해 상담원의 능력을 향상시키고 권한을 늘리는 한편, 지급 부서 등 다른 부서와 긴밀히 협력하면서 고객의 문의 사항을 조사하기 위해 살펴볼 분야 및 접점 수를 평균 7개에서 1.1개로 획기적으로 줄였다. 자르돈 부스카는 이를 '고객서비스 부서의 운영 비용을 지급 부서와 상품 기획 관리자와 애초에 고객의 연락을 유발한 관련 부서들에게 부과한 것'이라고 설명했다.

셋째, 의견을 전달할 핵심 장치로 SHOUT^{WOCAS}와 비슷한 개념를 적용했다. 즉, 고객센터별로 상담원들에게 개선 사항이 무엇인지를 듣고, 그것을 IT 및 다른 부서에 전달한 후 고객에게 피드백을 해주었다. 전체적으로 체크프리는 프로세스 매핑을 통해 책임 소재를 분명히 하고, SHOUT를 통해 불필요한 요구 사항을 없애 고객 만족도를 높이고 운영 비용을 줄인 것이다.

4. 다이슨의 신뢰도

영국 진공청소기 제조업체인 다이슨은 고객이 연락하는 근본적인 이유를 파악하는 과정이 얼마나 가치가 있는지를 잘 보여주고 있다. 2006년 3월, 다이슨은 다음과 같은 보도자료를 배포했다.

"진공청소기 제조업체인 다이슨은 자사 제품의 품질이 매우 훌륭한 수준으로 향상되어 일자리 42개가 없어졌다고 밝혔다. 이번 감원은 윌트셔 주 맘스베리에 있는 콜센터와 부품 발송 파트에서 대거 단행되었으며, 다이슨은 제품 판매량 증가에 비해 제품에서 발생한 문제로 콜센터에 연락하는 고객의 수가 감소한 것을 주된 이유로 꼽았다. 다른 제품군뿐 아니라 새로 출시된 신형 청소기에서도 결함을 발견한 고객 수가 현저히 감소하면서 콜센터와 부품 발송 파트의 일감이 크게 줄어든 것으로 나타났다."

다이슨 관계자는 "다이슨 제품에 대한 높은 고객 신뢰도와 신속한 고장 처리 과정이 이번 감원의 계기가 되었다."라며 "다이슨 제품은 더욱 사용하기 쉽고 내구성 있게 제작되고 있다. 다이슨 제품 중에 가장 인기 있는 제품은 무려 98퍼센트의 고객 신뢰도를 자랑한다. 이는 곧 고객서비스센터를 찾는 고객 수가 적다는 것을 의미하며, 그 결과 고객 지원팀을 재정비하려는 계획을 염두에 두고 있다."고 밝혔다.

다이슨의 사례는 기업이 제품과 서비스의 품질을 높여 고객서비스 지원을 줄여 나간 전형적인 사례라 할 수 있다. 다이슨은 감원에 대한 언론의 반응에 자사의 입장을 방어하기 위해 보도자료를 냈겠지만, 최고의 서비스 실천 사례를 보여준다고 하겠다.

5_ 해법

2장의 앞부분에서 고객의 요구 사항이 생기지 않게 하기 위해 어떻게 해야 하는지 4단계로 나누었다. 이제 각 단계를 자세히 살펴보자.

1. 고객이 무슨 이유로 고객센터를 찾는지 파악하라

첫 번째 단계는 고객이 전화를 하거나 이메일을 보내거나 메신저로 의견을 보내거나 편지를 쓰거나 직접 찾아와서 얘기하는 방법으로 회사에 연락하는 이유를 한눈에 파악하는 것이다. 여기서 기업은 왜 고객이 연락하는 이유를 파악하지 못하는지 살펴보고, 어느 부서가 책임을 져야 하는지 알아보자.

1) 드롭다운에 대한 무한애정

지난 20년 동안 고객 지원 산업은 CRM 시스템 등으로 고객이 고객센터를 찾는 이유를 추적해왔다. 하지만 CRM 시스템은 '성향'과 '요인'처럼 혼동하기 쉬운 용어들을 사용하는 복잡한 드롭다운 메뉴소프트웨어의 사용자 인터페이스 형식의 일종. 메뉴 구조를 계층화하여 필요에 따라 서브메뉴를 표시하는 것-옮긴이를 생성해서 상담원이 어지러운 선택 목록을 두고 고민하게 하는 등의 잘못된 방향으로 이끌었다. 고객 상담원은 자주 있을 법한 피곤한 전화나 고객에 대한 조사 문항에 답한 후, 1~2분 동안 수백 개에 이르는 선택 항목을 훑어보고 해당 항목을 선택한다. 그리고 해결할 문제가 있다는 사실을 알리는 '메모'를 CRM 시스템의 사유 코드에 기록한다. 이렇게 하면 정확성이 떨어질 수밖에 없다.

2) 무엇이 아닌 왜

나아가 대부분의 CRM 시스템은 고객이 어떤 정보를 물어보기 위해 또는 어떤 불평을 하기 위해 연락했는지를 설명하는 시스템이지, 고객이 애초에 왜 연락했는지는 설명하지 않는다. 한 예로, 단순히 '배송 문제'로 체크된 고객의 요구 사항들을 열거하는 것은 문제 해결에 전혀 도움이 되지 않는다. 그 대신 상담원이 고객을 상담하면서 쉽게 알아낼 수 있는 정보인 '배송 기사의 지연' 또는 '물류 창고에서의 지연'과 같은 항목으로 배송 문제의 원인을 기록해 놓는다면, 운영 부서의 책임자도 어떤 문제가 고객을 짜증나게 하는지 이해할 수 있을 것이다.

또한 CRM 시스템은 '기타' 또는 '일반적 사항'이라는 항목을 제공하는데, 이 항목에 가장 많은 고객의 요구 사항이 해당된다. 이런 시스템은 고객이 왜 기업에 연락했는지 이해하고, 문제를 해결하려면 어떻게 해야 하는지 해결책을 제시하지 못한다. 결과적으로, 중요한 분석 도구이자 균형적인 결정을 내리도록 도와주는 데이터를 제공할 수 없을 뿐만 아니라 직감에 의해 문제를 해결하거나 문제를 해결하기 위해 끊임없이 새로운 시도를 하게 된다.

3) 이유가 없거나 분류 항목이 너무 크거나

고객이 연락하는 이유를 너무 많이 열거해놓았거나 잘못된 이유를 기록해 놓는 기업도 있고, 이유를 너무 적게 기록하는 기업도 있다. 대부분의 기업들은 고객이 연락한 이유에 관심을 기울이지 않는다. 우리는 고객이 연락하는 이유를 알아보기 위해 많은 기업들을 연구해왔다. 기업 시스템에서는 거래량을 확인하는 것이 가능하지만, 이것만으로는 고객이 연락하는 이유를 파악할 수 없다. 거래량을 확인하는 것은 고객의 질문, 불만, 실제 문제를 파악하는 데 전혀 도움이 되지 않는다.

어떤 기업들은 고객들의 문제를 계산서 발부, 결제, 신용, 청구, 배송 등의 큰 항목으로 간단히 분류한다. 이렇게 크게 분류된 항목들은 고객에 대한 통찰력을 거의 제공할 수 없다. 만약 결제 항목에 대한 고객의 연락 건수가 증가했다면, 이것을 결제에 관한 긍정적인 의견이 증가했다고 봐야 할까 아니면 불필요한 요구 사항이 증가한 것으로 봐야 할까? 이런 식으로 데이터를 수집하는 것은 도움이 되기는커녕 간접 비용만 유발할 뿐이다.

고객이 연락하는 이유를 파악하려면, 맥킨지앤컴퍼니에서 사용해온 MECE빠짐없이 나눈 것, mutually exclusive and collectively exhaustive를 따를 필요가 있다. 이를 좀 더 자세히 설명하자면, 모든 고객의 연락에는 연락을 초래한 하나의 '주체'가 있으며, 그 주체란 애초에 고객이 서비스를 요구하도록 원인을 제공한 부서 또는 그룹을 말한다. 예를 들면 다음과 같다.

- '재고에 없는 상품인데도 주문 가능한 것' 으로 나온 경우, 문제를 초래한 주체는 공급 체인 내의 부서나 조달 부서일 것이다.
- '잘못된 잔액' 의 경우, 문제의 주체는 IT 부서일 것이다.
- '…은/는 또는 …도 있나요? 라는 고객의 질문을 초래한 주체는 웹 디자인이나 마케팅 부서일 것이다. 어떤 상품이나 서비스를 제공하는지 명확히 표시하고 전달하지 못한 쪽에 책임이 있다.

고객의 요구 사항을 처리하려고 하지 말고, 애초에 고객의 요구 사항이 생기지 않게 하는 가장 쉬운 방법은 모든 고객의 연락 사항에 대해 기존 경험의 틀에서 벗어나 객관적인 시각으로 다른 각도에서, 폭넓은 시야로 사물을 보는 제로베이스zerobased 접근법을 적용하는 것이다. 즉, 기존의 '무엇'에 대한 기준을 버리고, 새롭게 '왜'라는 이유를 생각해보는 것이다. '왜'라는 질문은 한 차원 높은 이유를 설명할 것이고, 이는 곧 식스시그마나 린 또는 다른 기술에 의해 분석할 수 있다.

일반적으로 여러 부서가 함께하는 태스크포스팀은 고객이 연락하는 새로운 사유 코드를 도출하게 마련이다. 우리가 연구한 바에 따르면, 코드의 숫자는 보통 20개에서 30개 사이가 적당한 것으로 나타났다. 하지만 이런 사유 코드들은 기억하기 쉽고, 서로 겹치지 않아야 하며, 각 코드는 반드시 '내가 주문한 상품은 어디에 있죠?', '비밀번호 분실', '느린 처리 속도', '없어진 내역서' 등과 같이 고객의 언어로 작성되어야만 한다.

[그림 2.3]

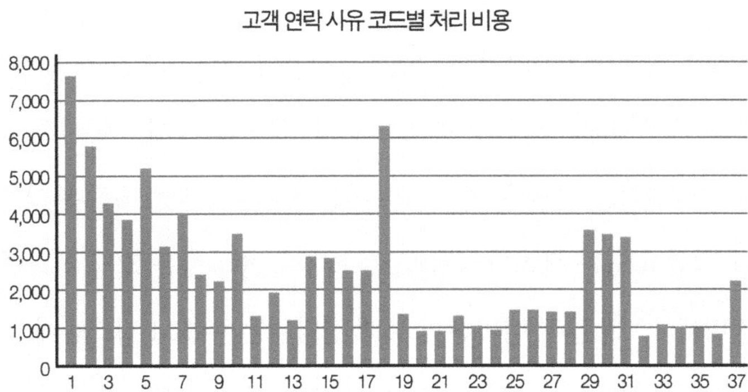

[그림 2.4]

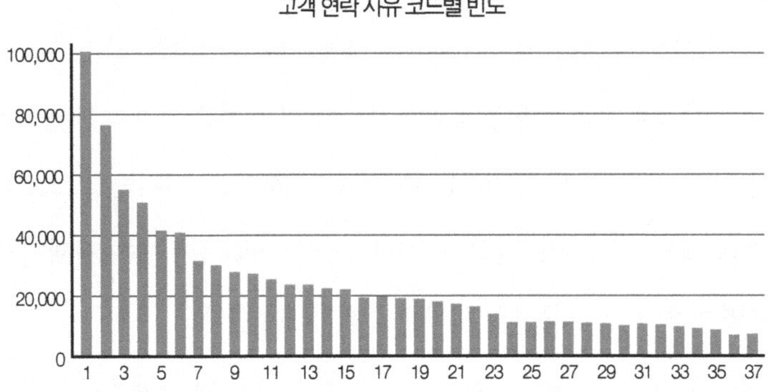

아마존은 한때 360개가 넘는 고객 연락 사유 코드를 생성했다. 그중 300개는 이메일로 연락이 온 코드이고, 60개는 전화, 나머지는 '상품 카테고리'의 마케팅 관리자, IT 또는 법무 부서의 요청으로 만들어진 것들이었다. 아마존은 계속해서 상담원들을 교육하고, '코드 사용법 준수 사항'을 측정하는 기준까지 마련하면서 코드를 생성하기도 하고 없애기도 했다. 초기에는 이렇게 생성된 고객 연락 사유 코드 중 책임 주체가 정해진 코드가 드물었고, 아마존은 매주 '상위 10개' 코드를 발표하는 함정에 빠졌다.

문제는 상위 10개 코드는 순위의 움직임이 거의 없었으며, 코드 시스템의 설계 자체가 상위 10개 코드 밑에 있는 350여 개는 무시하는 결과를 가져왔다는 것이다. 아마존은 이전에 휴지 공장의 생산 관리자로 일한 경험이 있는 관리자의 주도로 고객의 연락 사유 코딩 시스템을 재정비했다. 그 결과, 아마존의 고객 상담원들은 CRM 시스템에 30개의 코드를 입력하게 되었다. 이 30개의 코드에는 각 문제를 초래한 주체가 명시되었으며, 한 번 입력된 이 코드들은 수정되지 않고, 현재까지도 그대로 유지되고 있다.

다음으로는 고객이 '왜' 기업에 연락했는지를 알려주는 간소화된 사유 코드 각각에 운영 비용을 부과하기 위해 활동 기준 원가 계산을 적용해야 한다. 예를 들면, 처리하는 데 평균 2~3분 정도 걸리는 코드도 있고, 20분에서 40분 정도 걸리는 코드도 있다. 이런 경우에는 자세히 살펴보면 비용이 드러나는데, 이 비용을 제거해야 한다.

이와 관련해 제시된 두 개의 그래프 중에 두 번째 그래프는 고객의 연락 사유 코드 37개의 빈도를 보여준다. 반면에 첫 번째 그래프는 각 코드 번호에 대해 활동 기준 원가를 계산해 산정한 처리 비용을 보여준다. 여기서 처리 비용이 높게 산정되었으며 발생 빈도가 높은 것들부터 차례대로 처리하는 것이 좋다.

2. 고객의 요구 사항이 생기지 않도록 폐회로 시스템을 정립하라

두 번째 단계로 외부의 공급업체들을 연결하는 절차를 만드는 동시에 고객서비스 부서로 하여금 근본적으로 고객의 요구 사항이 생기지 않게 하는 방안을 연구하게 하고, 지속적으로 서비스 품질 개선에 신경 써야 한다. 폐회로 시스템을 적용하려면 명확한 보고, 지정된 주체, 대상, 교환, 그리고 보상과 결과라는 다섯 가지 요소가 필요하다.

1) 명확한 보고

많은 기업에서 고객이 연락하는 이유를 파악하기 위해 월별 또는 주별로 상위 10개의 코드 보고 등을 통해 고객의 연락 사유를 분류하고, 전화 연락 처리 건, 이메일 처리 건, 그리고 기타 채널을 통해 들어온 연락의 처리 결과를 따로 기록한다. 기업의 경영자들이 추세를 파악하고, 이 결과를 매출 또는 배송된 제품의 양과 비교하거나 한눈에 모든 채널의 상황을 보면서 고객의 문제를 이해하기 어려운 이유가 여기에 있다.

우리는 다양한 보고 방식을 실험한 결과, 30개로 간추려진 코드와 활동 기준 원가 계산의 비용 산출 방식을 적용한 아마존의 스카이라인 보고서가 가장 좋은 방법이라는 결론을 내렸다. 스카이라인 보고서는 CPX상의 모든 코드를 반영하며, 고객이 연락할 수 있는 모든 채널의 최근 추세를 명확하게 볼 수 있도록 과거 6개월치의 데이터를 모두 보여준다.

2) 지정된 주체

우리가 연구한 바로는 평균적으로 고객이 기업에 연락하는 이유의 약 10퍼센트는 '고객센터' 때문인 것으로 나타났다. 예를 들면, 상담원의 잘못된 응답 때문에 고객이 다시 연락하는 경우나 고객센터에서 고객에게 다시 연락을 부탁하는 경우 등이 그것이다. 그렇다면 고객의 연락은 대부분 어떤 부서에서 유발할까? 제품을 생산하거나 서비스를 실행 과정을 고안하는 부서다. 따라서 고객센터가 아닌 이 부서들이 고객이 연락하는 데 대해 책임을 져야 한다.

우리는 새로운 코딩 시스템을 개발할 때, 각 코드에 책임을 지는 주체를 하나씩만 설정할 것을 권한다. 고객의 요구 사항을 유발한 근본적인 원인을 파악하고, 가능한 해결책을 제시하며, CPX를 줄이는 데 비용 대비 가장 효율적인 개선 방안에 투자하려면, 해당 책임 주체가 고객센터와 함께 적극적으로 문제 해결에 나서야 하기 때문이다. 또한 코드의 주체는 최고경영자에게 진행 상황과 결과를 보고해야 하므로, 고객이 연락할 수밖에 없게 한 문제나 혼란을 해결하기 위한 조치를 부서나 팀원에게 지시를 할 수 있는 관리자가 되어야 한다. 하지만 많은 관리자들이 책임 주체가 되기를 거부한다. 이 문제는 6장에서 더 살펴보겠다.

3) 대상

고객의 요구 사항이 생기지 않게 하는 데 매우 중요한 역할을 담당하는 기준은 바로 CPX다. 이미 언급한 바와 같이 요인 X가 거래, 배송 건수, 계정 등 코드별로 다르게 설정될 수 있기 때문에 각각의 고객 연락 코드는 CPX 기준으로 표시해야 한다. 그리고 사업 활동을 가장 잘 대변할 수 있는 요인 X를 찾아야 한다. 예를 들어 고객 한 명당 하나의 계정만 보유한 경우라면, 고객 한 명당 연락 건수를 보는 것이 효과적이다. 반면에 한 고객이 계정이나 주문 건 또는 상품을 여러 개 소유한 경우라면, 거래 건수를 CPX 계산상 분모로 보는 것이 가장 적절하다.

이 시점에서는 불필요한 이유로 발생하는 CPX를 줄이거나 타당한 이유로 발생하는 CPX를 늘리기 위해 과감하고 현실적인 목표를 세워야 한다. 최고의 서비스를 추구하는 데 있어 불변의 진리가 하나 있다. 그것은 애초에 요구 사항이 생기지 않도록 하거나, 간단한 요구 사항은 고객이 셀프서비스로 처리할 수 있게 하거나, 적극적인 메시지를 통해 그런 요구 사항이 생기지 않도록 한다면 AHT을 즐기게 될 것이라는 점이다. 하지만 고객서비스 자원 설계자가 AHT에 너무 몰두한 나머지 이 중요한 연결고리를 보지 못하는 경우가 많다. 그래서 상담원을 지치게 하고, 이는 곧 실수, 서비스 저하, 고객 불만으로 연결되는 것이다.

거의 모든 기업에서 상담원들에게 CHP나 AHT 등으로 고객의 요구 사항을 더 빨리 처리하도록 압력을 가한다. 하지만 이 케케묵은 원칙들은 버려야 한다. 그렇지 않으면 다음과 같은 결과가 발생할 것이기 때문이다.

첫째, 상담원은 자신의 인사고과에 피해를 입지 않기 위해 처리에 긴 시간이 소요될 것으로 예상되는 고객의 전화나 이메일을 다른 상담원에게 넘기려 할 것이다. 둘째, 일단 전화를 끊고 고객에게 다시 연락하는 것은 AHT의 통계에 영향을 주지 않으므로 상담원은 문제가 해결되지 않아도 서둘러 전화를 끊으려 할 것이다. 셋째, 상담원은 임의로 해답이 아닌 해결책을 제시한 후 다음 고객의 전화를 받기 위해 서둘러 상담을 마치려 할 것이다. 마지막으로, 상담원은 상담을 제대로 끝내지 않은 채 그냥 고객의 전화를 끊으려 할 것이다. 이 모든 상황에서 상담원은 악의적으로 이런 행동을 하는 것이 아니다. 단지 할당된 수치를 달성하라고 상부에서 과도한 압력을 받았기 때문이다.

이제부터라도 고객서비스 부서는 모든 고객 접점에서 고객의 요구 사항을 급히 처리하는 것을 지양해야 한다. AHT는 직원의 업무 스케줄 관리 및 인력 투입 계획을 정하는 데만 참고하고, 각 고객의 연락 건과 관련해서는 DIHT역학적 개별 처리 시간 : dynamic individual handle time 개념을 적용해야 한다. 이 개념은 모든 연락 건에 대해 고객의 중요도에 따라 실시간으로 적절한 능력과 경험을 갖춘 상담원을 배정하는 것이다. 즉, 기업은 상담원의 AHT을 추적하는 것이 아니라 상담원의 능력과 경험에 따라 어떤 종류의 연락 건 또는 어떤 고객에게 어떻게 응대할지에 관한 기준을 고민해야 한다. 이 중요한 세 가지 요소의 결합은 고객의 요구 사항에 대해 적절한 처리 시간이 어떻게 결정되어야 하는지를 알려준다. 8장에서는 이런 완벽한 조합을 찾는 것이 얼마나 어려운 일인지 설명할 것이다.

4) 교환

활동 기준 원가 계산을 보여주는 명확한 보고 체계, 지정된 주체, 그리고 대상을 갖추었다면, 이제 기업 전체가 결과를 추적하고, 과정을 공유하며, 애초에 고객의 요구 사항이 생기지 않도록 새로운 해결책을 계획하는 토론의 장을 마련해야 한다. 우리의 경험에 비추어 보면, 대부분의 기업들이 월간 경영진 회의에서 고객에게 제공한 서비스 내용과 고객이 연락한 이유 등에 대해서는 논의를 거의 하지 않는 대신 고객을 끌어들이고 상품이나 서비스를 더 판매하는 부분이나 운영 또는 생산 관련 부분을 논의하는 데는 많은 시간을 할애했다. 이처럼 고객이 제기한 문제에 집중하지 않는 것은 고객의 요구 사항과 관련해 상위 열 가지 이유가 거의 변치 않거나 간부들이 현재 무슨 일이 일어나고 있는지 알고 있다고 생각하기 때문이다.

그러나 이제는 달라져야 한다. 최고의 서비스를 제공하려면 마케팅 부서 책임자의 주최로 매주 운영 회의를 하고 기존의 속도 기준을 살펴보되, CPX 보고서를 보면서 적절한 고객 연락 처리 시간을 검토해야 한다. 그리고 각 고객의 연락 코드별 책임자들이 자신이 담당하는 코드의 수치가 왜 올라가고 내려갔는지 매주 발표해야 한다. 또한 문제를 해결하기 위한 개선 사항을 발표하고, 이 개선 사항의 결과를 예측하는 것도 매우 중요하다.

아마존에서는 처음에는 매주 금요일에 이런 회의를 열다가, 고객이 연락하는 이유를 더 빨리 파악하고자 회의 시간을 주초로 옮겼다. 그리고 책임 주체와 고객 연락 사유 분석 담당자는 다음 주간 회의에 대비하기 위해 고객 지원팀을 만나 고객의 전화와 이메일 내용을 확인하고, 각각의 상담원들이 메모한 것을 비교해 근본 원인을 파악한 후 가능한 해결책을 모색했다.

어찌 보면 아마존은 운이 좋았던 것일 수도 있다. 아마존은 매년 11월 중순에서 크리스마스까지매년 11월 넷째 주 목요일은 미국의 추수감사절로, 이 시기에는 상품이나 서비스를 구매하려는 고객이 많이 늘어난다-옮긴이 매일 두 번씩 '연휴 전쟁'에 대비하기 위한 회의를 열어서 판매 현황, 웹 사이트 판매 실적, 배송 현황, 고객서비스 제공 수준, 그리고 그 밖의 중요한 사안들을 살펴보기 때문에 이런 전쟁을 한바탕 치른 후 매주 강도 높은 회의로 끊임없이 주의를 환기시키는 것은 그리 어렵지 않은 일이었을 것이다.

5) 보상과 결과

기업은 최고의 서비스를 제공하기 위해 지속적으로 보상을 하고 결과를 만들어야 한다. 이는 불필요한 고객의 요구 사항을 유발하는 부서나 관련 공급업체를 문책하거나, 발전된 서비스를 제공했을 때 적절한 보상을 해야 한다는 뜻이다. 그리고 여기에는 다음과 같은 개념이 포함된다.

1. 고객 연락 사유 코드를 유발하는 주체에게는 모든 운영 비용을 부과한다. 이 주체는 직무 태만의 배송업체나 결함 있는 제품을 납품한 공급업자와 같이 근본적으로 문제를 초래한 외부업체도 포함한다. 문제를 초래한 주체가 경제적

으로 타격을 입게 되면, 주체는 고객서비스 문제를 더 유심히 살펴보게 되고, 이는 결국 고객의 요구 사항이 생기지 않게 하는 데 도움이 된다.

2. 모든 부서가 참여하는 전체 회의에 고객의 요구 사항에 책임지는 모든 주체를 소집해서 왜 코드가 개선 또는 악화되었는지 발표시키고, 고객과 기업을 위해 어떤 개선 방안을 적용하고 있는지 설명하게 한다.

3. 성공의 열쇠가 된, 균형 있는 서비스를 제공한 최고의 상담원을 부각시킨다.

4. 문제가 눈덩이처럼 커진 것을 보여주고, 어떤 부서가 고객의 요구 사항을 반복적으로 유발해 문제를 커지게 했으며, 어떤 부서가 눈덩이를 녹이듯 문제를 줄였는지 밝힌다.

5. 단기적으로 이루어낸 성공과 지속되는 발전 과정을 내부적으로 공유하고, 연간 보고서 및 블로그와 같은 외부 커뮤니케이션 채널을 통해 알린다.

3. 불필요한 사항을 제거하고, 자동화하고, 간편화하고, 개선하라

많은 합리적인 관리자들조차도 고객이 연락하는 사안의 중요도에 관해 의견을 달리한다. 이런 논쟁은 고객의 연락 사유를 파악하는 과정에서 매우 중요한 역할을 한다. 한 예로 앞서 카펫 배거와 관련해 언급했듯이, 대부분의 고객서비스 부서 직원은 영업, 마케팅, 상품 부서로부터 고객에게 교차 판매 또는 연쇄 판매를 하라고 권고받으면 움츠러든다. 상담원들은 대부분의 고객이 불만을 제기하려고 연락한다는 사실을 알고 있으며, 고객을 세심하게 응대해야 한다는 것도 잘 알고 있다. 하지만 상담원들은 그런 상황에서 고객에게 판매를 하라고 강요하는 것은 결코 좋은 생각이 아니라고 생각한다.

따라서 기업은 (1)고객의 기분, (2)제안 사안, (3)상담원의 능력, (4)원래의 고객 사유 코드, 즉 고객이 애초에 연락한 이유라는 네 가지 요소와 연결에서 최고의 접점을 찾아야 한다. 사실 CPX는 '어떻게 하면 고객의 연락 건당 판매를 늘릴 수 있을까?'라는 개념이나 고객 연락 응대 시 판매나 예약과 관련한 부서에서 가장 관심을 기울이는 판매 전환 비율의 개념으로 바꿀 수도 있다. 하지만 현실은 고객센터에 오는 고객의 연락은 판매와 전혀 관련이 없는 경우가 많고, 고객센터 직원에게 판매를 강요하는 것은 불가능하거나 권고할 만한 사안이 아니다.

그리고 고객의 요구 사항이 생기는 각 사유 코드를 효과적으로 파악하고, 배열을 도출하기 위해서는 다음의 네 가지 실행 방안을 참고할 필요가 있다.

1. 기업의 가치와 고객이 서비스를 요구하는 각각의 사유 코드에 대해 토론할 수 있는 다양한 부문의 직원들을 모아 팀을 구성한다. 제품, 서비스 채널, 업무 처리 과정에서 발생하는 문제에 대한 책임 주체, 고객서비스, 재무, 그리고 기타 부서의 직원뿐 아니라 기업에 부품을 공급하거나 고객에게 제품을 배송하는 업체의 관계자도 포함할 수 있다.

2. 기업이나 고객에게 중요한 사안인지 짜증만 유발하는 사안인지 간단한 '예-아니요' 질문을 던지고 토론한다. 1에서 5 혹은 1에서 7단계 정도로 측정하는 Likert 척도와 같이 애매한 답변을 발생시키는 측정 기준은 사용하지 말고 '중요하다-짜증난다' 라는 극단에서 진행하도록 유도한다.

3. 코드별 비용을 산출하기 위해 활동 기준 원가 계산법을 적용한다. 많은 기업

에서는 사유 코드당 AHT를 정기적으로 기록하고 보고하는 CRM 시스템이 없는데다 상담원의 비용 계산이 보통 다른 데이터 저장소에 저장되는 이유로 시행이 어려울 수도 있다. 그렇다면 처리 시간과 비용을 높음, 중간, 낮음으로 추정하거나 아예 이 단계를 생략하고 나중에 결과를 편집하기를 권한다.

4. 가치-방해 요인 접근법이라고 칭한 2x2 매트릭스(그림 2.5)에서 제시한 네 가지 실행 방안 가운데 어떤 것을 선택할지 정한다.

[그림 2.5] 가치-방해 요인 매트릭스 (사례)

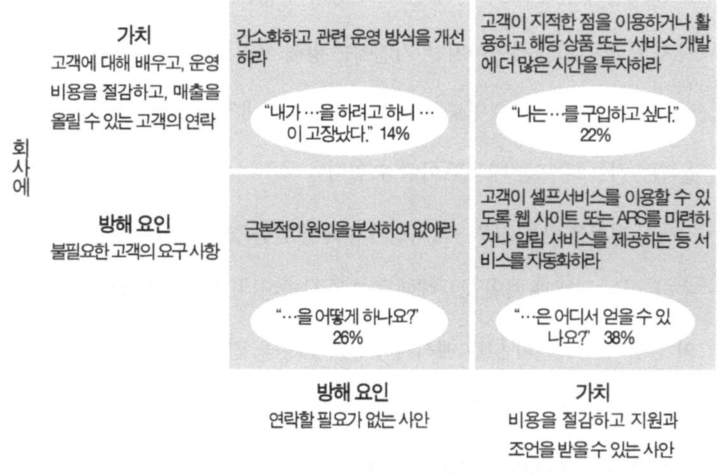

가치-방해 요인 접근법을 사용하면 고객의 요구 사항을 예방하고 구체적인 방향을 수립할 수 있다. 다음은 고객이 연락한 이유의 중요도를 파악한 후 해결한 사례다.

• "제가 구매한 물건은 어떻게 된 건가요?"와 같은 질문을 받는 경우. 이런 질문

들은 대개 배송업체가 제때 상품을 배송하지 못한 것이 원인이다. 이는 고객과 기업 모두에게 방해 요인으로 작용한다. 이 문제를 해결하려면 먼저 배송업체가 제때 배송하는지 확인하고, 배송업체와 함께 노력해 한 치의 착오도 없이 상품이 100퍼센트 배송되도록 해야 한다. 방해 요인-방해 요인의 사분면에 해당하는 모든 문제에 대해서는 어떠한 예외도 용납하지 않는 무관용 원칙을 세워야 한다.

- 고객이 내역서를 받지 못한 경우. 이런 경우는 보통 기업이 고객에게 청구서를 보내면서 인쇄한 내역서를 함께 발송하지 않은 것이다. 이는 고객에게는 가치 있고 중요한 사안이지만, 기업에는 방해 요인으로 작용한다. 고객이 직접 검토하고 인쇄할 수 있도록 온라인상에 계정 내역을 제공함으로써 우편물을 발송하는 데 드는 비용도 아낄 수 있다.

- 고객의 칭찬을 받는 경우. 즉, 기업이 주목할 만한 것을 고객에게 제공했을 경우다. 이는 고객과 기업 모두에게 중요한 사안이다. 가장 좋은 접근법은 고객의 긍정적인 의견이 담긴 메시지나 통화 내용을 면밀히 검토하고, 가능하다면 의견을 전달한 고객에게 좀 더 자세한 의견을 들어본다.

- "직원이 저를 무시했어요."와 같은 의견이 들어온 경우. 이는 기업에는 중요한 사안이 될 수 있지만, 고객에게는 분명히 방해 요인으로 작용한다. 이런 문제를 해결하려면 새로운 교육 프로그램과 모니터링 방안을 제공하고, 필요하다면 미스터리 쇼핑mystery shopping, 조사원이 고객으로 가장해 해당 매장의 전반적인 서비스 수준을 평가하는 것-옮긴이을 시행해 기업에 악영향을 끼치는 상담원의 태도와 행동을 바로잡아야 한다.

그림 2.5는 우리가 고객 연락 최적화 프로그램을 적용했을 때, 가치-방해 요인 매트릭스의 각 사분면에 해당하는 고객 의견의 비율을 나타낸 것이다. 전체 고객 의견 가운데 22퍼센트만이 기업과 고객 모두에게 가치 있고 중요한 사안으로 나타났다. 나머지 78퍼센트는 처리 방식을 자동화하여 없애거나 프로세스를 간소화하고, 운영 방식을 개선해도 해결되는 않는 문제는 다른 방법으로 해결해야 한다.

또한 처음 분류된 항목들이 변경될 수도 있다는 점을 강조하고 싶다. 고객의 연락을 초래한 사안, 특히 방해 요인으로 비롯된 모든 사안은 근본 원인을 파악하기 위해 깊이 있게 살펴보아야 한다. 근본 원인을 알아냈을 때, 원인이 하나가 아니라 여럿일 수도 있고, 심지어는 여러 원인 중에 일부가 다른 사분면에 속할 수도 있다.

예를 들어 한 기업에서는 프로세스를 자동화하는 것이 해결책인 듯 보이던 문제 사안에 대해 근본 원인을 깊이 있게 조사해 보았더니, 원인 중 일부를 없애는 것이 문제를 근본적으로 해결하는 방안으로 파악되었고, 나머지 원인은 처음 생각했던 대로 프로세스를 자동화하는 것이 최선으로 나타났다. 고객의 요구 사항 발생에 책임지는 주체가 문제의 근본 원인을 파악함으로써 가능한 한 그 주체가 해결책을 모색하도록 해야 한다.

4. 고객이 같은 사항을 반복해서 요청하지 않게 하라

고객서비스 산업, 특히 기술 지원 분야에서 FCR 또는 '한 번에 해결하기'라고도 불리는 용어가 유행어처럼 통용되고 있다. 이 표현들이

의미하는 것은 고객이 기업에 처음 연락했을 때 문제를 해결했다는 뜻
이다. FPR첫 접점 해결률 : first point resolution은 FCR보다 한 단계 더 나아가
처음으로 고객의 연락을 받은 상담원이 다른 전문가에게 고객을 넘기
지 않고 문제를 해결하는지를 측정하는 기준이다.

하지만 이 측정 기준들은 다음의 세 가지 면에서 큰 결함이 있다. 첫
째로 고객 입장에서는 이 기준을 이용해 문제 해결 여부를 정확하게
측정하기가 매우 어렵다. 둘째로 상담원이 문제 해결책을 제시하지 않
았는데도 제시한 것으로 나타나 처리 시간에 상당한 압박을 받는 상담
원이 악용할 여지가 있다. 셋째로 이 기준들은 고객 연락률 또는 반복
적인 요청 사항과 같은 요소들에 집중하기 때문에 원인을 분석할 수
없다. 그래서 우리는 오히려 해결책이 제시되지 않았거나 문제 해결에
실패했음을 보여주는 고객 연락 반복률이 문제 해결 측정에 더 적합한
기준이라고 생각한다.

FCR 비율이 높은 상황은 자칫 안심해서는 안 될 상황에서 방심을 유
발할 수도 있다. 대부분의 조사에서 매우 높은 수치로 인정될 수준인
FCR 92퍼센트는 나머지 8퍼센트가 여전히 한 번에 해결하지 못해 문
제가 있음을 나타낸다. 만약 상담원이 200명이라면, 매달 고객 연락 사
항 중 무려 1만 9,000건 이상이 반복해서 접수되고 있다는 뜻이 된다.
이는 생산 및 기타 부서에서 정확도 99.99%를 달성하기 위해 식스시그
마를 적용한 기업의 자세와는 거리가 멀다. 다시 한 번 린 경영에 빗대
어 말한다면, 고객의 요구 사항이 발생하는 것은 상품과 서비스에 결
함이 있기 때문이라고 보아야 하며, 기업은 반복해서 접수되는 고객의

요구 사항을 살펴봄으로써 많은 것을 깨달을 수 있다. 이를 눈덩이에 빗대서 비유적으로 설명하겠다.

눈덩이는 내리막길에서 아래로 굴러가면서 점점 속도가 빨라지고 크기도 커진다. 만약 그 아래에 있다가 눈덩이를 피하지 못한다면 눈덩이에 깔리고 말 것이다. 따라서 상담원의 목표는 고객의 요구 사항에 모든 방법을 동원하여 마치 눈덩이가 언덕을 내려가면서 커지듯이, 문제가 반복되거나 커지지 않도록 하는 것이며, 눈덩이를 녹이는 것이다.

실제로 아마존은 이를 통해 놀라운 결과를 얻었다. 반복적으로 접수되는 고객의 요구 사항이 4년 만에 80퍼센트 이상 감소해 고객센터에 접수되는 고객의 전체 연락 건 중 무시해도 될 만큼 줄었던 것이다. 상담원은 화가 난 고객을 응대하지 않아서 좋고, 고객은 같은 문제로 다시 통화하거나 이메일을 보내지 않아서 좋았다.

이제 눈덩이, 눈덩이 비율, 총비용 감소에 대해 설명하겠다. 앞서 고객을 응대한 상담원이 문제의 원인을 파악하는 데 충분한 시간을 할애하지 않아서 두 번째 상담원이 똑같은 문제로 연락한 고객을 응대한다면, 이 상담원은 눈덩이가 더 이상 내리막길로 굴러가지 않도록 그것을 녹이는 데 충분한 시간을 할애해야 한다. 이는 즉, CRM 시스템에 '눈덩이' 표시를 해 반복된 고객의 요구 사항을 접수한 다른 상담원이 고객 응대 기준을 수정하도록 해야 한다는 의미다.

그리고 반복된 고객의 요구 사항을 접수한 두 번째 상담원이 문제를 해결했다면, 이 상담원은 '눈덩이 보고서'를 작성해서 앞서 고객에게 응대한 상담원의 관리자와 직원 교육 담당 부서와 서비스 품질 담당 부서에 보내야 한다. 그래서 눈덩이가 생긴 원인을 분석하고, 처음에 고객의 연락에 응대한 상담원이 즉시 정보를 전달받아 고객의 요구 사항을 해결하도록 해야 한다.

기업은 상담원, 팀, 고객센터, 그리고 외주업체를 비교해 '눈덩이 비율'을 산출해야 한다. 다시 말해 누가 눈덩이를 만들고, 누가 눈덩이를 녹이며, 앞에서 보상과 결과에 대해 설명하는 부분에 나오듯이 누가 대외적으로 칭찬받아 마땅한지를 파악해야 하는 것이다. 아마존의 첫 번째 아웃소싱 업체는 새로 생긴 내부의 고객센터보다 많은 문제를 해결하기 위해 노력했으며, 안정기에 접어들자 아마존 내부의 경험 많은 고객센터들을 하나씩 따라잡기 시작했다!

눈덩이를 녹이기 위해 추가 시간을 할애하는 데 그럴 만한 가치가 있는지 의문을 가질 수도 있다. 하지만 확신한다. 같은 문제에 대해 추가적인 연락이 생기지 않도록 하는 것만으로도 충분한 이득을 얻을 수 있다. 데이터를 수집하고 분석하면서 처음 눈덩이를 발생시킨 원인을, 그것이 개별적 원인이든 포괄적 원인이든 간에 줄여나갈 수 있기 때문이다. 눈덩이를 녹여서 얻는 또 다른 이득으로는 더 높은 고객 만족도와 문제가 신속하게 해결되었을 때 고객의 입을 통해 퍼져 나가는 긍정적인 의견 등도 포함된다.

6_요약

2장에서 우리는 최고의 서비스를 위한 첫 번째 원칙을 소개했다. 기업과 고객 모두에게 고객서비스의 문제만 더 악화시키는 구식 기준으로 고객의 요구 사항을 해결하려 해서는 안 된다. 상품이나 서비스에서 결함이 발생할 수 있는 원인을 없애는 린 경영과 아마존의 검증된 실적, 그리고 애초에 고객의 요구 사항이 생기지 않게 하는 여러 기업의 사례를 참고한다면, 많은 이득을 얻을 수 있다. 이처럼 기본적으로 기존의 방식과 다른 접근법을 시행하면, 다음과 같은 결과를 얻을 수 있다.

1. 직원의 업무 만족도 향상. 그 결과 업무 효율이 향상되고 근속 기간이 늘어나며, 나아가 직원이 업무에 만족한다는 것을 고객도 느끼게 된다.

2. 고객 만족도 향상. 처음부터 고객의 요구 사항이 생기지 않게 하고, 처음 연락했을 때 바로 문제를 해결하며, 간소화 · 자동화 시스템을 통해 고객이 스스로 문제를 해결하게 된다.

3. CPX 기준으로 측정했을 때, 고객서비스 비용 감소. 고객 연락 건당 비용이 증가할 수는 있어도 '애초에 고객 요구 사항이 생기지 않도록 한다' 는 전체적인 관점에서 볼 때 이는 긍정적이다.

4. 고객의 요구 사항을 해결하기 위한 사내 여러 부서와 협력업체의 적극적인 참여.

5. 고객서비스를 비용 또는 수익센터가 아닌 가치를 창출하는 센터로 인식하고 대우하는 의식 변화. 교차 판매와 연쇄 판매는 고객센터의 업무가 아니라 마케팅 캠페인, 영업 부서와 판매를 위해 특별히 제작된 웹 사이트의 업무라는 인식.

7_ 설문 조사

애초에 고객의 요구 사항이 생기지 않도록 하기 위해 부록 A의 질문들에 답하고, 기본적인 서비스에서 더 나은 서비스, 그리고 최고의 서비스로 나아가는 과정에서 당신의 기업이 어느 곳에 있는지 진단하라.

3장

고객이 참여할 수 있는 셀프서비스를 만들어라

고객 셀프서비스로 모든 것이 가능하다. 전에 내가 말했던 것이 다 옳은 것은 아니다. 다시 말해 품질과 서비스, 그리고 신속한 대응력도 중요하지만, 여기에서 잊지 말아야 할 점은 바로 고객이 셀프서비스를 이용하는 주체가 되어야 한다는 것이다.

— 톰 피터스, 〈eAI 저널〉

kupaka.
우리 웹 사이트가 이용하기에 편리
하지 않다는 점은 문제가 아닌 것 같아
요. 저는 이용하는 데 아무런 문제가 없
거든요……。
WEB
DESIGN
DEPT.

1_ 원칙

고객의 연락이 전혀 없을 수는 없다. 앞에서도 살펴보았듯이, 어떤 고객의 요구 사안은 직원이 직접 나서서 해결해야 할 문제일 수도 있다. 하지만 고객의 요구 사항과 고객이 제기하는 상당수의 문제는 스스로 해결 방안을 찾도록 기회를 제공하고 도와주는 방법, 즉 온라인, ARS, 키오스크와 같은 셀프서비스를 통해 해결할 수 있다. 발생하는 문제나 고객의 요구를 처리하는 어떤 면에서, 그리고 셀프서비스를 선호하는 고객에게는 셀프서비스가 최고의 서비스가 되는 것이다.

기업에서 셀프서비스를 제대로 제공한다면 고객은 매우 만족할 것이다. 이는 오히려 고객서비스 상담원과 통화하기 위해 대기하는 것보다 편리하기 때문이다. 셀프서비스를 이용할 때 고객은 기업과의 거래에서 주체가 될 수 있으며, 자신이 원하는 시간에 언제나 서비스를 이용할 수 있다. 그리고 웹 기반 셀프서비스의 경우에는 고객이 서비스 이용 내역을 인쇄해서 나중에 참고 자료로 활용할 수도 있다. 나아가 기술이 발전할수록 고객은 셀프서비스를 포함해 상호작용할 수 있는 여러 가지 소통 채널을 요구하고 있으며, 자유롭게 이용하기를 원하고 있다.

알래스카 항공의 사례를 보자. 의욕 넘치는 이 항공사는 바쁜 여행자들을 위해 공항에 키오스크를 설치했다. 고객이 창구 앞에 서서 순서를 기다리며 많은 시간을 허비하지 않도록 하기 위해 직접 좌석을 선택하거나 변경하고 탑승권을 인쇄할 수 있도록 한 것이다. 나중에 이 항공사는 고객이 공항에 오기 전에 집에서 미리 탑승권을 인쇄할 수 있도록 해주었는데, 고객들은 이 서비스에 열렬히 환호했다. 물론 이제는 다른 많은 항공사도 이런 서비스를 제공하고 있다.

한 번 생각해보라. 돈을 인출하려면 은행 지점에 가야 했던 시절, 당신은 영업 시간이 아니라는 이유로 돈을 찾지 못하고 발걸음을 돌린 적이 있었을 것이다. 하지만 요즘에는 영화관, 야구장, 외부 행사장 등 어느 곳에나 ATM기가 설치되어 있어 원하는 시간에 현금을 찾을 수 있다. 이는 편리한 해결책일 뿐만 아니라 고객을 사안의 해결 주체로 만든다.

하지만 아직도 많은 기업들이 고객이 참여할 수 있는 셀프서비스를 제공하지 못하고 있다. 이런 기업들에게는 훌륭하고 매우 중요한 셀프서비스를 훼손하는 치명적인 결함 세 가지가 있다.

1. 제한된 선택권. 고객에게 모든 통제권을 부여하지 않고 선택권을 제한하는 것은 고객서비스의 시간이나 형태를 제한하는 것을 말한다. 이런 경우 고객은 제한 사항에 불편함을 느끼고 다른 소통 채널을 이용하거나 아예 다른 회사의 제품이나 서비스를 이용하게 된다. 세계적으로 유명한 한 항공사가 셀프서비스에 이런 제한 사항을 둔 적이 있었다. 이 항공사는 대부분의 고객이 자사의 ARS를 통해 비행 스케줄을 확인하고 예약도 할 수 있게 했다. 그러나 이 항공사의 VIP 고객들이 고객센터로 전화하면 상담원에게 연결되어 서비스 채널을 바꿀 수가 없었다. VIP 고객이 오히려 일반 고객들보다 선택의 폭이 좁았던 것이다.

2. 편리하지 않은 설계. 많은 기업들이 고객이 쉽게 사용할 수 있는 ARS, 웹 사

이트, 키오스크와 같은 셀프서비스를 설계하는 방법이나 기술에 대해 잘 모르는 것 같다. 많은 경우 난해한 용어에 사로잡혀 고객이 사용 방법조차 파악하지 못하는 셀프서비스를 만들고 있다. 예를 들어 한 보험사는 온라인으로 보험상품을 계약하는 절차를 어렵게 설계했다. 처음에 중요한 사항을 물어본 후 고객이 제공한 정보를 바탕으로 승인 절차를 진행해야 하는데, 회사가 알고 싶은 모든 사항을 먼저 물어보고, 이에 따라 고객이 여러 화면을 넘겨가며 정보를 제공하고 나면 마지막에 상담원이나 직원과 직접 연락해야 서비스를 신청할 수 있다고 알려주었다. 그렇게 해서 상담원에게 직접 연락하면, 상담원은 고객이 이미 온라인상에 제공한 정보를 볼 수가 없어서 처음부터 다시 정보를 요청했다. 온라인 서비스가 서비스에 관련된 모든 요소와 연결되도록 설계하지 않았기 때문에 고객이 더 수고스러워진 것이다.

3. 채널 분열. 이는 셀프서비스와 직원 등 서비스를 제공하는 채널간의 충돌을 의미한다. 문제는 이런 충돌이 고객들의 눈에 뻔히 보인다는 것이다. 고객이 ARS를 통해 계정 번호와 다른 정보를 입력한 후 상담원과 직접 통화할 때, 왜 방금 입력한 정보가 상담원에게는 전달되지 않는 것일까? 종종 고객센터 직원이나 영업 직원들은 셀프서비스를 권하거나 지지하지 않거나 심한 경우에는 비방까지 한다. 이럴 경우, 고객은 셀프서비스가 있다는 사실에 대해 듣지 못하거나 셀프서비스를 이용하려고 할 때 충분한 도움을 받지 못하게 된다. 예를 들어, 한 의료보험 회사의 지점 직원들은 고객이 인터넷을 통해 신청서를 접수하는 것을 적극적으로 말렸다. 인터넷 접수가 많아질수록 자신들의 영업 목표를 달성할 수 없다고 생각했기 때문이다.

이제 정반대의 전략으로 이런 결함 세 가지를 개선하고 올바른 셀프서비스를 정착시키기 위한 방안들을 살펴보자.

1. 고객이 서비스를 통제하고 이용하는 주체가 되게 한다.
2. 이용의 편의성을 고려한 과학적인 원리를 이용하여 효과적인 인터페이스를 설계한다.
3. 채널을 통합하여 고객이 셀프서비스 이용 시 제대로 된 서비스를 받게 한다.

오늘날 신세대 기업들은 이용의 편의성을 제대로 갖춘 셀프서비스로 새로운 시장을 창출하고 있으며, 그들이 활동하는 산업 전반에 영향을 미치고 있다. 가령, 이베이는 특성화된 소규모 소매상과 수입상들이 셀프서비스를 마음껏 이용해 더 큰 시장에 상품을 판매할 수 있게 해 새로운 시장영역을 개척했다. 은행과 같은 전통적인 산업에서도 영국의 퍼스트다이렉트와 미국의 바클레이스 은행은 셀프서비스를 애용하는 고객들을 끌어모으고, 관리 및 유지 비용이 많이 드는 고객들은 다른 경쟁사들이 맡도록 했다. 결론적으로 셀프서비스를 제대로 활용하는 것은 단순히 선택 사항이 아니라 반드시 갖춰야 하는 핵심 전략이다.

2_ 다른 산업에서의 사례

셀프서비스와 서비스 자동화는 다른 산업에서도 많이 활용하고 있다. 그리고 이것은 고객서비스 분야에서도 적용이 가능한 편리성과 선택적 혜택을 보여주고 있다.

1. 혈당 수치 자가 측정

당신은 당뇨병이 건강에 미치는 영향에 대해 많은 것을 이해하거나 알고 있을 것이다. 한 번 당뇨병 진단을 받은 환자는 지속적으로 혈당 수치를 챙겨야 한다. 과거에는 병원이나 의사를 찾아가지 않는 이상 환자 스스로 혈당 수치를 재는 것이 불가능했다. 하지만 오늘날에는 혈당 수치를 측정할 수 있는 디지털 기기가 개발된 덕분에 환자 스스로 혈당 수치를 재고, 그에 따라 스스로 식습관과 생활 습관을 조절하며 필요하면 인슐린도 투입한다. 이뿐 아니라 환자 스스로 의사에게 자신의 상태를 말할 수 있으며, 하루에도 몇 번씩 혈당 수치를 재서 자신의 건강 상태를 확인할 수 있다. 자가 측정이 가능한 기기 덕분에 환자는 의사로부터 어느 정도 독립할 수 있게 된 것이다.

2. 디지털 시대의 오리엔티어링

스칸디나비아에서 처음 소개된 오리엔티어링은 보통 삼림 지역을 무대로 지도와 나침반만 가지고 순차적인 통과 지점을 거쳐 목적지를 찾아가는 야외 스포츠로, 큰 대회의 경우에는 2만 명이 넘는 선수가 참가해 다양한 코스를 돌며 경기를 펼친다. 이때 경기 주최 측은 참가자들이 모든 지점을 정말 통과했는지 일일이 확인하는 어려움을 겪는다. 각 지점에 사람을 세워두는 것은 번거롭기도 하고, 참가자들이 더 쉽게 찾게 되는 부작용도 있다.

그래서 각각의 지점에 펀치를 두고 참가자들에게는 카드를 나누어 주었다. 각각의 지점에 각기 다른 모양의 펀치를 둬 참가자들이 각각의 지점을 찾았을 때, 자신의 카드에 펀치 자국을 내는 시스템을 도입한 것이다. 하지만 주최 측은 여전히 모든 참가자의 카드를 검사해서 참가자가 코스를 제대로 돌았는지 확인하는 작업을 해야만 했다.

디지털 시대는 오리엔티어링에도 혁명을 일으켰다. 이제 참가자들은 작은 디지털 메모리 스틱을 들고 뛴다. 각 지점에서 참가자들은 시간과 장소를 저장하는 시간 측정 장치에 메모리 스틱을 삽입한다. 코스를 다 돌고 나서 참가자들이 메모리 스틱을 반납하면, 주최 측은 소프트웨어를 이용해 저장된 정보를 검사한다. 소프트웨어가 다 알아서 검사해 줘 주최 측은 일일이 펀치 카드를 들여다볼 필요가 없다.

이는 또한 참가자들에게도 반가운 일이다. 각 지점을 통과할 때 펀치를 찍는 시간을 단축할 수 있고, 코스를 다 돌았을 때 그 자리에서 전체 코스를 돈 시간과 각 통과 지점을 통과한 시간 등을 확인할 수 있기 때문이다. 이런 새로운 기술은 주최 측이 더 어려운 코스를 계획하고, 같은 통과 지점을 다양한 코스에 여러 번 활용할 수 있게 해주었다. 시스템 자동화는 이 스포츠에 엄청난 변화를 가져왔고, 참가자와 주최 측에 편리함을 안겨주었다.

3. 원격 검침 시스템

수년 동안 많은 나라에서 가스와 전기 사용량은 계량기가 측정했고, 검침원들은 이 계량기를 정기적으로 검사해 왔다. 하지만 검침 시스템의 자동화가 이런 상황을 바꾸고 있다. 우선 검침원들은 각 가정의 계량 수치 정보를 다운로드하여 중앙 컴퓨터 시스템에 바로 전달한다. 오늘 날 자동화의 수준은 인공위성과 휴대전화 기술의 발달로 한 단계 더 향 상되었다. 원격 검침 시스템은 이제 아메리카 대륙, 유럽, 일본, 그리고 호주 등의 국가에서 사용되고 있으며, 덕분에 사람이 직접 각 가정을 방 문해서 계량기를 검사할 필요가 없어졌다. 이 검침 시스템은 스스로 계 량기 수치를 읽어 중앙 컴퓨터에 그 정보를 전달한다. 그 결과 검침원들 이 돌아다니며 각 가정의 문을 두드릴 필요가 없어서 인건비는 절약되 었고, 이용자는 계량기를 어떻게 읽는지 배울 필요가 없어졌다.

3_ 실패 사례

셀프서비스를 제대로 이해하지 못해 적극적으로 활용하지 않는 사 례를 볼 수 있다. 셀프서비스가 얼마나 홀대받고 있는지, 또 당신의 비 즈니스 상황이 혹시 이런 사례에 해당하는 것은 아닌지 진단해보기 위 해 제어하는 기업, 방치하는 기업, 무능력한 기업, 터무니없는 기업 등 여덟 가지로 나누어 셀프서비스가 제대로 작동하지 않는 경우를 설명 하겠다.

1. 제어하는 기업

셀프서비스를 제어하는 기업은 고객이 직접 이용할 수 있는 채널을 정해주는 경우가 많다. 고객에게 선택권을 주지 않고, 고객의 선호도와 관계없이 기업이 원하는 방향으로 고객을 몰고 가는 것이다. 어떤 신용카드 회사는 신규 고객이나 카드를 재발급받는 고객에게 관행적인 절차를 따르게 했다. 고객들은 카드를 받은 후 개시하기 위해 고객센터에 연락을 해야만 했다. 등기 우편을 통해 카드를 수령하는 것으로 절차가 끝나지 않았던 것이다.

어떤 고객들은 고객센터 대신 간단히 ARS를 통해 카드 등록을 하라고 요청받았다. 이 시스템에 생년월일과 전화번호를 입력하자 본인 확인 절차가 완료되어 카드를 사용할 수 있게 되었다. 이 고객들은 이미 신규 카드 또는 카드 재발급을 신청했을 당시 본인 확인 절차를 거쳤기 때문에 앞에 열거된 이런 관행적인 절차를 반복해서 수행할 필요가 전혀 없었다.

하지만 문제는 여기서 끝나지 않았다. 만약 고객이 상품을 팔기에 적합한 대상이라고 판단되면 은행은 고객을 ARS가 아닌 상담원에게 연결했다. 고객을 넘겨받은 상담원은 카드 개시 절차를 수행한 후, 교차 판매를 시도했다. 우량 고객일수록 교차 판매 대상이 되었다. 이 은행은 중요하지 않은 고객에게는 빠르고 간단하게 신규 카드를 발급했지만, 우량 고객에게는 카드를 받기 위해 번거롭고 복잡한 절차를 거치게 했던 것이다.

2. 방치하는 기업

셀프서비스를 방치하는 기업은 초기에는 셀프서비스를 정립하기 위해 애를 쓰지만, 그 이후에는 정보를 주기적으로 업데이트하지 않아 고객에게 해결 방안을 찾지 못하게 해 '음성 메시지 감옥'에 가둬놓는 상황을 초래한다.

미국의 한 첨단 기술 회사는 자사의 ARS에 인기 있는 상품을 판매하는 소매점 중 고객과 가장 가까운 곳에 있는 지점을 찾을 수 있는 기능을 추가했다. 하지만 나중에 IT 부서의 직원 한 명이 지점 정보가 너무 오래된 자료라고 해서 데이터베이스를 모두 삭제했다. 그런데도 이 회사는 ARS에 가까운 지점 찾기 기능을 계속 유지했다. 이 사실을 알 리 없는 고객들은 계속해서 이 기능을 이용하려 했고, 그때마다 수화기 너머로 침묵이 이어졌다. 고객들은 결국 상담원들에게 문제를 제기했다. 하지만 상담원들은 "이 메뉴가 제대로 작동하지 않는 것 같아요."라는 말을 자주 들었음에도 불구하고 IT 부서에 이 말을 한 번도 전하지 않았고, 불필요한 고객의 요구 사항 반복으로 이어졌다.

한 공기업은 고객이 오래된 메시지, 헷갈리는 메뉴, 그리고 다음 단계로 넘어갈 때마다 시간이 지연되는 것을 방치했다. 예를 들어 고객이 오래된 조직도를 보도록 내버려두는 것은 유효하지 않은 정보를 널리 알리는 것과 같았다. 이 때문에 고객들은 원하는 정보를 찾는 데 많은 시간을 할애할 수밖에 없었고, ARS에서 다음 메뉴로 넘어가거나 상담원과 통화하기 위해 오랫 동안 기다려야만 했다.

기업의 여러 부서가 특정 상품이나 행사에 관한 메뉴를 ARS에 만들어 놓고는 행사가 끝난 후에도 그대로 방치해서 고객을 혼란스럽고 짜증나게 하는 경우도 흔히 볼 수 있다.

3. 무능력한 기업

　무능력한 조직은 고객이 상담 직원에게 많이 물어보는 사항을 웹 사이트를 통해 충분히 해결할 수 있다는 사실조차 모른다. 이런 조직에서 일하는 대부분의 고객서비스 직원과 관리자는 자사의 셀프서비스를 직접 사용해본 경험이 없어 어떻게 작동하는지도 모른다. 회사에서 '인터넷과 셀프서비스를 적극적으로 활용하자!'라는 전략을 세워도 고객과 직접 접촉하는 일선의 상담원들은 셀프서비스에 무지한 경우가 많다. 더구나 어떤 고객서비스 직원들은 위기의식을 느껴 고객에게 셀프서비스가 있다는 사실조차 알려주지 않는다.

　또한 셀프서비스를 제대로 활용하는 방법을 모르는 경우도 많다. 이런 기업은 고객이 아니라 기업에 적합하도록 셀프서비스를 설계하고, 어떤 경우에는 기업과 고객 모두에게 적합하지 않은 셀프서비스를 고안한다. 예를 들면, 한 유명 IT 회사는 핵심 부품을 리콜하는 데 매우 힘든 과정을 거치게 했다. 이 회사는 모든 고객들에게 결함 있는 부품이 판매되었다고 알렸지만, 정작 구매한 부품에 결함이 있는지 없는지를 스스로 찾아내게 했다. 리콜 과정을 처리하기 위한 채널로 웹 사이트를 활용하기로 하고, 고객에게 웹 사이트의 설명을 참고해 부품 번호를 확인하게 한 것이다.

　이것은 비록 기본적인 과정은 제대로 작동했지만, 전체적으로는 문제가 있었다. 이는 곧 이 회사가 웹 사이트를 통한 리콜 과정의 편의성을 시험해보지 않았다는 증거였다. 이 해결책은 부품 번호를 입력하면 시스템이 데이터베이스에서 결함이 있는 것으로 추정되는 부품

번호를 찾아내는 원리였지만, 고객들을 짜증나게 하고, 불필요한 전화 연락을 유발하고, 그에 따른 고객 요청 사안 처리 비용을 증가시키는 등 여러 가지 결점을 드러냈다. 그 결점에는 다음과 같은 것이 포함되었다.

- 리콜 과정이 불분명했다. 부품 번호를 알아야 리콜 목록과 대조하고 확인하여 회수할 수 있는데, 고객이 부품 번호를 보려면 기계에서 해당 부품을 분리해야 한다는 사실을 알려주지 않았다.

- 불필요한 고객의 요구 사항이 생기게 했다. 부품이 분리되기 전까지는 부품 번호를 확인할 수 없었다. 그래서 고객들은 고객센터에 전화를 걸어 어떻게 부품을 분리하는지, 부품을 분리하면 기계가 오작동하는 것은 아닌지를 물어야 했다.

- 무작위 가능성을 초래했다. 고객이 부품을 찾는 데 성공했다면, 확인을 위해 20자리로 된 부품 번호를 웹 사이트에 입력해야만 했다. 하지만 고객이 실제 부품 번호가 아닌 기호를 입력해도 "본 부품에는 이상이 없습니다." 라는 확인 메시지를 보냈다. 이는 고객이 잘못된 부품 번호를 입력해도 해당 부품에 이상이 없다는 메시지를 받을 수 있는 위험을 초래했다.

위의 사례는 결함과 문제를 초기에 잡으려면 셀프서비스 편의성을 반드시 시험해야 한다는 것을 보여준다. 엎친 데 덮친 격으로, 이 무능력한 회사는 리콜과 관련한 문제로 고객센터에 연락할 것이라고 예상되는 고객의 수를 터무니없이 적게 잡아서 콜센터가 마비되게 하는 등 문제를 더 복잡하게 만들었다.

다른 형태의 무능력은 고객이 실패하게 하는 것이다. 많은 음성 인식 기술 적용 사례가 여기에 속한다. 최근까지의 음성 인식 기술은 제한된 단어를 기억하는 소프트웨어에 기반을 둔 시스템으로 오직 제한된 응답만 성공적으로 인식한다. 한 택시 회사의 사례가 이를 잘 보여준다. 이 회사는 택시 예약 시스템을 자동화하기 위해 음성 인식 시스템을 채택했다. 이 시스템은 승객 수나 '예·아니요' 형태의 간단한 질문에 대해서는 큰 문제 없이 작동했다.

그런데 이 음성 인식 시스템의 설계자들은 어리석게도 마지막에 "행선지를 말씀해주십시오."라는 개방형 질문을 추가했다. 이 질문에 대해 고객이 말할 수 있는 행선지는 매우 다양했다. 이 때문에 음성 인식 시스템은 행선지를 찾는 경우보다 못 찾는 경우가 더 많았다. 이 시스템은 '공항'이나 '시내'와 같은 기본적인 행선지를 찾는 데는 큰 문제가 없었지만, 특정 도로명이나 변두리 지역의 명칭, 특정 음식점 같은 행선지는 찾지 못했다. 고객들은 결국 상담원과의 연결을 시도할 수밖에 없었다. 2년 후, 이 택시 회사는 예약에 필요하지 않은 행선지 정보를 시스템에서 삭제했다. 이 회사의 경영진은 자사의 시스템 결함을 깨닫는 데 무려 2년이 걸린 셈이었다.

4. 터무니없는 기업

온라인으로 차를 빌리는 것은 간단해야 한다. 원하는 제조업체와 모델만 고르면 끝나야 한다. 하지만 매번 이렇게 간단하지 않은 것이 현실이다. 몇몇 렌트카 회사는 예약을 마친 고객에게 유아용 카시트와 견인봉 같은 추가 옵션을 연쇄 판매하려고 시도했다. 이는 물론 별 문제가 되지 않았다. 그리고 이론적으로 볼 때, 렌트에 관한 기타 환경을 고객이 설정하도록 하는 것은 좋은 서비스일 수도 있었다.

그러나 옵션이 제시되면 불편 사항이 드러나게 마련이다. 독일에 있는 한 렌트카 회사는 견인봉이나 유아용 카시트는 네 개까지 선택할 수 있었지만, 겨울용 타이어는 세 개까지만 선택할 수 있었다. 셀프서비스 옵션이 제대로 시험되고 검토되지 않았다는 것을 보여주는 사례이며, 터무니없는 이용의 편의성이 무엇인지 잘 보여준다고 하겠다.

5. 이기적인 기업

기업의 필요 사항만 반영하도록 셀프서비스를 설계한 회사는 자사의 웹 사이트나 ARS를 통해 모든 부서와 본부를 공개한다. 이는 고객에게 기업 조직을 모두 노출하는 것일 뿐만 아니라 편리함도 제공하지 못한다.

미국의 한 첨단 기술 회사는 고객이 불편 사항을 접수할 때 '소프트웨어의 문제인지 하드웨어의 문제인지'를 먼저 밝히고, '노트북' 모델명을 입력한 후 상담원과 연결되도록 했다. 하지만 많은 고객들이 소프트웨어의 문제인지 하드웨어의 문제인지 판별하지 못했고, 모델명 또한 모르는 경우가 많았다.

한 대형 은행은 홈페이지에 가능한 한 모든 부서를 나열해서 온라인으로 서비스를 제공하려 했지만, 고객들은 갈피를 잡을 수 없을 만큼 많은 부서 리스트를 접하고는 원하는 요구 사항을 해결하는 데 많은 어려움을 겪었다. 결국 고객들은 서비스 요청을 포기하고 짜증을 내며 수신자 부담 전화번호로 전화를 걸었다. 여기서 놀랍지 않은 사실 하나는 수신자 부담 번호를 찾는 것이 고객이 애초에 해결하려던 요구 사항을 처리할 수 있는 메뉴를 찾는 것 못지않게 어려웠다는 것이다.

6. 채널 전쟁을 벌이는 기업

채널 전쟁을 벌이는 기업들은 고객이 자사의 제품이나 서비스 이용을 어렵게 만들어 고객의 요구 사항에 여러 주체가 책임을 지게 한다. 예를 들어, 한 은행의 웹 사이트에서 온라인으로 상품을 신청하는 것은 지점에 직접 방문하거나 전화를 걸어 신청하는 경우와 전혀 다른 절차로 진행되었다. 고객이 선택한 채널에 따라 은행은 전혀 다른 정보와 신청서를 요구했고, 고객의 요구 사항에 대한 처리 시간도 달랐으며, 서로 다른 형태의 계산서를 제공했다.

더욱이 문제를 악화시킨 것은 이 은행이 서비스 채널을 변경하려는 고객에게 마치 다른 은행의 고객을 상대하는 것처럼 응대했다는 점이다. 각 채널을 관리하는 직원들은 다른 채널에서 어떤 식으로 고객을 응대하고 요구 사항을 처리하는지 몰랐고, 그 누구도 고객에게 다른 채널을 알려주거나 추천하지 않았다.

채널 전쟁의 또 다른 사례는 의료보험 회사에서 찾아볼 수 있다. 개선점을 모색하기 위한 워크숍에서 각 고객센터의 대표자들은 자사의 웹 사이트에 관한 문제를 화이트보드에 빼곡하게 적었다. 그들의 말에

의하면, 웹 사이트가 엉망진창으로 설계되어 있어서 고객들이 고객센터를 찾을 수밖에 없었다고 했다.

그러나 현실은 달랐다. 실제로 웹 사이트를 통해 온라인 서비스를 이용하는 고객들을 조사한 결과, 대체로 서비스에 만족하는 것으로 나타났다. 즉, 고객센터 직원들은 웹 사이트에서 제공하는 서비스에 대해 알지도 못했고, 아예 웹 사이트라는 채널을 달가워하지 않았던 것이다.

900건가량의 전화 상담 내용을 표본으로 추출해서 살펴보니, 고객센터 직원 중에 고객에게 웹 사이트 이용을 권한 사람은 단 한 명도 없었다. 심지어 고객이 인터넷을 통해 훨씬 간단하게 해결할 수 있는 거래에 대해서도 마찬가지였다. 고객센터 직원에게 셀프서비스를 홍보하고 지원하는 것 또한 그들의 임무라는 점을 아무도 알려주지 않은 것이다. 그리고 아무도 이런 행태를 바로잡으려 하지 않았다.

게다가 이 회사의 지점 직원들은 인터넷으로 제공되는 서비스 채널에 대해 무지했을 뿐만 아니라 고객센터 직원들에게 적대감을 가지고 있었다. 그들은 지점을 찾는 고객은 무조건 지점의 고객이며, 이 고객은 지점 외의 다른 어떤 채널도 찾아서는 안 된다는 생각을 가지고 있었다. 직원이 고객에게 응대하는 채널에서는 자동화 서비스 채널을 달가워하지 않았고, 고객에게 자동화 서비스 채널을 알려주지도 않았다.

어떤 경우에는 고객서비스 부서 직원이 웹 사이트에서 고객이 확인한 내용을 볼 수 없는 때도 있었다. 이는 고객이 어떤 서비스를 받고 있었는지 전혀 알지 못하는 사태를 초래했으며, 고객과 고객서비스 직원

사이에 "그 남자 직원이 말하기로는……."이라거나 "저 직원이 말하기로는……."과 같은 언쟁을 불러왔다.

7. 고객의 시간을 낭비하는 기업

최근에 한 기업이 대형 스포츠 행사 티켓을 온라인으로 판매했다. 사람들은 행사 몇 달 전부터 웹 사이트에 가입했고, 행사 개최를 얼마 앞두고 표가 발매되면서 고객들은 이메일로 정보를 안내받았다. 그런데 한 고객이 이메일에 소개된 웹 사이트에서 로그인을 시도했는데, 로그인이 되지 않았다. 또한 웹 사이트의 다른 메뉴들도 제대로 작동하지 않았다. 고객센터 메뉴를 클릭하자 고객센터 전화번호가 나왔다.

그 번호로 전화를 걸어보니 ARS 또한 불편했다. 첫 번째 메뉴에는 선택 항목이 다섯 가지였고, 그중 세 가지 항목에는 각각 하위 항목이 세 가지였다. 이는 고객이 생각보다 많은 사항을 기억해야 한다는 의미였다. 고객이 '표 구매'를 선택하자 "귀하의 상담 내용은 서비스 품질을 위해 녹음됩니다."라는 메시지가 나왔다. 그리고 대기 시간을 포함해 총 90초가 소요되었다.

하지만 고객이 결국 마지막으로 들은 메시지는 "서비스 이용 시간은 오전 8시부터 오후 9시까지입니다. 다음에 다시 전화해주시기 바랍니다."였다. 웹 사이트 어디에도 이런 정보는 없었다. 불편하게 설계된 셀프서비스와 잘못된 채널 통합로 고객이 시간을 낭비한 전형적인 사례다.

8. 판매를 저해하는 기업

대부분의 기업이 자사의 상품이나 서비스를 고객이 쉽게 구매하기를 원하겠지만, 불편하게 설계된 셀프서비스는 고객이 상품을 구매하는 것을 생각보다 어렵게 한다.

최근에 영국의 한 고객은 웹 사이트를 통해 주거용 건물에 대한 보험 가입을 하려다 큰 어려움을 겪었다. 고객은 여러 보험사에서 견적을 받아보고 상품에 가입하려고 했지만, 결국 포기할 수밖에 없었다. 다음은 이 고객이 겪은 문제다.

- 한 사이트에서 열거된 항목 중 두 번째 질문은 "저희 사이트에 대해 어떻게 알게 되셨습니까?" 였고, 답변에 대한 선택 항목으로 총 열다섯 가지가 제시되었다. 이는 고객이 요청 사항을 해결하기도 전에 마케팅 부서의 편의상 필요한 질문을 앞에 배치해 고객의 시간을 뺏은 경우였다. 이 질문은 고객에게 어떤 가치도 주지 않지만, 필수적으로 답변해야 하는 항목으로 지정되어 있었다.

- 한 웹 사이트는 특수 용어를 아무런 설명 없이 열거했고, 고객은 이해할 수 없는 용어로 원하는 보험 범위를 선택해야만 했다.

- 어느 웹 사이트에서는 15분이나 걸리는 고객 정보와 주택에 대한 정보를 모두 입력한 후, 세 번째 화면에서 보험 보장 한도 금액을 입력하게 했다. 최고 한도 금액은 25만 파운드였다. 대부분의 고객들에게 이 한도 금액은 충분하지 않았다. 이는 분명히 '예-아니요' 로 답할 수 없는 중요한 질문이며, 이 사항은 앞부분에 나왔어야 했다. 아니면 최소한 "보험 보장 한도 금액이 25만

파운드 미만인 상품만 인터넷에서 신청하실 수 있습니다." 라는 문구를 명시
했어야 한다.

- 어떤 사이트는 '전화 문의' 메뉴가 있었지만, 전화를 걸면 연결되지 않았다.
또 어떤 사이트는 회사 연락처와 전화번호를 명시했는데, 이 중 영업 시간 외
에 전화를 건 고객들에게 서비스를 제공한 회사는 극소수에 불과했다. 이는
"전화로 문의해주세요. 하지만 저희가 원하는 시간에만 해주시기 바랍니다"
와 같은 의미로 해석할 수 있었다.

- 검색 엔진에 등록된 한 회사의 웹 사이트는 '2분 만에 견적 산출 가능' 이라는
광고 문구를 내걸어 자사의 빠른 견적 산출 과정을 홍보했다. 이 웹 사이트는
정말 광고 문구대로 기본적이고 간단한 정보만 요구해 여러 화면을 거치지
않고 단 3분여 만에 정보 입력을 완료할 수 있었다. 하지만 이 모든 과정을 마
치자마자 "처리되지 않았습니다." 라는 메시지가 떴다. 결국, 모든 과정이 간
단하게 설계되었지만, 고객이 원하는 결과를 제공하지 않았으며, 고객은 시
간만 허비했다.

4_ 성공 사례

다행히 셀프서비스에서 고객에게 많은 선택 사항을 제공하고, 이용
하기에 편리하도록 설계하고, 채널 분열의 부작용을 극복한 사례도 많
다. 이와 관련하여 퍼스트다이렉트, 아마존, 텔스트라, 네이션와이드
빌딩 소사이어티, 그리고 뉴욕 주 차량국의 사례를 살펴보자.

1. 고객이 주체가 되는 퍼스트다이렉트

영국의 주요 다이렉트 은행direct bank, 지점 없이 폰뱅킹, 인터넷뱅킹 및 자동화 시스템을 통해 금융 서비스를 제공하는 은행-옮긴이이자 가장 추천받는 은행인 퍼스트다이렉트는 고객이 서비스를 이용할 때 주체가 되고 싶어 한다는 것을 깨달았다. 그래서 여러 가지 방법으로 고객을 서비스 이용의 주체로 만들었다. 휴대전화로 여러 가지 정보 메시지급여 입금이나 카드 사용 한도 초과 등를 보내는 이 회사에 많은 고객들이 성원을 보냈고, 퍼스트다이렉트는 매월 360만 건에 이르는 SMS를 발송하고 있다.

또한 퍼스트다이렉트는 고객이 자사의 웹 사이트를 활용하도록 적극적으로 권장하고 홍보하며, 웹 사이트의 온라인 서비스를 이용하는 고객이 은행에 전화로 서비스를 요청해도 문제없이 처리한다. 사실 퍼스트다이렉트는 지점이 없는 은행임에도 고객이 웹 사이트와 SMS, 셀프서비스를 통해 서비스를 제공받는 것이 더 편리할 것이라고 판단해 ARS를 제공하지 않는다. 퍼스트다이렉트가 웹 사이트를 통한 온라인 서비스에서 가장 중요하게 생각하는 목표는 고객이 원하는 서비스를 쉽게 찾도록 하는 것이다. 퍼스트다이렉트는 '대출과 예금' 대신 '가진 금액'과 '갚아야 하는 금액' 등 고객 입장에서 쉽게 이해할 수 있는 용어를 사용해 고객이 기꺼이 사용하고 싶은, 고객이 참여할 수 있는 셀프서비스를 만들었다.

2. 아마존의 스마트 디자인, 채널 통합

앞서 언급했듯이, 아마존은 간소화된 고객 연락 사유 코딩 시스템과 스카이라인 보고 시스템을 통해 책임 주체가 불필요한 고객 요구 사항이 생기지 않게 하고, 고객에게 셀프서비스 이용을 권하는 프로그램을 만들게 했다. 셀프서비스에서 가장 성공적인 사례는 아마존이 창립하고 나서 맞은 첫 번째 연휴 기간에 상품을 판매한 후에 나타났다. 매우 드문 일이지만, 고객이 훼손된 책이나 제대로 작동하지 않는 CD를 받으면 아마존은 "걱정하지 마세요. 저희가 새로운 상품으로 다시 배송해드리겠습니다. 기존에 받으신 상품은 폐기하시거나 도서관 같은 곳에 기증하시면 됩니다"라고 답했다. 고객은 묻지도 따지지도 않는 이 정책을 매우 좋아했고, 아마존은 이를 통해 문제가 있는 물품을 회수해서 결함을 확인하고 다시 새 제품을 발송하는 데 드는 비용을 절약할 수 있었다.

하지만 더 비싸고 복잡한 상품에 대해서는 이러한 정책을 취할 수가 없었다. 따라서 책, 음악 CD 및 비디오 외의 상품에 대해서는 고객에게 반송을 요청하고, 새로운 제품으로 교환해주었다. 이런 경우가 발생하는 일은 매우 드물었지만, 이런 상황을 겪은 고객은 고객센터에 전화해서 시간이 소요되는 다음과 같은 번거로운 과정을 거쳐야만 했다.

1. 아마존 고객센터에 전화를 건다.

2. 아마존 고객센터는 고객 확인 절차를 거쳐 교환 제품을 확인한다.

3. 아마존 고객센터는 고객에게 반품 이유를 확인한다. 반품이 승인되면, 상담원은 CRM 시스템에 있는 반품 이유 항목 8~10개 중 하나에 체크한다.

4. 아마존 고객센터는 사내 프린터로 RMA반환 제품 인증서 : return merchandise authorization를 출력한다.

5. 아마존 고객센터의 다른 직원은 RMA를 인쇄해서 봉투에 담아 고객에게 발송한다.

6. 고객은 RMA를 받으면 자신이 받은 제품 패키지에 인증서를 붙여 아마존의 반품 물류센터로 발송한다.

7. 반품된 줄 몰랐던 아마존의 반품 물류센터는 반품을 받으면 자체적으로 문제를 초래한 주체, 즉 제품 결함이 배송업자에 의해 초래되었는지, 제조업체에서 발송할 때부터 생긴 것인지 등을 조사한다.

전체적으로 매우 수동적인 이 과정은 다음 세 가지 면에서 문제점을 보였다. 첫째로 고객을 기다리게 했고, 둘째로 직원의 시간도 소요했으며, 셋째로 반품 물류센터의 운영팀에 미리 정보를 주지 않았다. 새로운 매출을 창출하지 않고 이익을 감소시키는 교환에 대한 고객 연락률이 높아지자 아마존은 서비스 자동화와 셀프서비스 프로젝트로 이 문제를 해결하기로 했다. 이 문제를 해결하기 위해 고객센터, 반품 물류센터, 반품이 가장 많이 발생한 상품 카테고리 관련 부서, 웹 사이트 개발 부서의 직원 대표들이 모여 첫 해에 교환·환불에 관한 CPO를 50퍼센트 줄이자는 원대한 목표를 세웠다. 이는 공격적이면서 흥미진진한 목표였다.

직원 대표들은 문제의 근본 원인과 고객의 반품 사유를 검토하면서 수동적 과정의 세 가지 문제점을 해결할 수 있는 것으로, 웹 사이트 기반의 솔루션을 제시했다. 이 해결책은 첫째로 시간을 절약했고, 둘째로 상담원의 시간도 허비하지 않았으며, 그리고 셋째로 반품 물류센터

에 반품 시기와 사유를 미리 알려주었다. 다음에 제시하는 인터페이스
는 고객이 직접 반품 라벨을 인쇄하고 아마존이 반품을 처리할 수 있
도록 정보를 제공하는 방법을 간단히 설명한 것이다.

- 아마존 반품 절차 안내 -

1. 이 페이지를 인쇄하세요.

2. 반품 라벨을 자르고, 아마존이 사용할 수 있도록 바코드를 분리하세요.

3. 라벨의 왼쪽 상단의 FROM 부분에 고객님의 주소를 적으세요.

4. 반품하시려는 제품을 박스에 잘 포장하고, 분리한 바코드와 원래 받은 배송
장을 박스 안에 넣으세요.

5. 기존 주소와 바코드가 가려지도록 그 위에 라벨을 잘 붙이세요.

6. 박스를 집배원에게 전달하거나 가까운 우체국에 가서 발송하세요. 미국 내에
서 발송하는 경우 우편 요금을 따로 결제하지 않아도 됩니다.

• 환불은 저희가 고객님의 반품 상품을 수령한 날부터 7~14영업일 사이에 처리
됩니다. 환불 처리가 완료되면 저희가 고객님께 환불 처리 내역을 이메일로
발송해드립니다.

온라인을 통한 반품과 다운로드가 가능한 반송 라벨 시스템을 정립
한 후 6개월도 채 지나지 않아 아마존은 계획한 목표를 달성했고, 고객
은 더 쉽게 상품을 반품할 수 있었으며, 상담원과 나머지 운영팀 직원
들도 전보다 수월하게 일할 수 있었다.

3. 텔스트라의 원만한 채널 통합

호주의 통신 전문업체인 텔스트라의 부서 간 상호작용은 고객이 서비스를 이용할 때 주체가 되고 싶어 한다는 사실을 어떻게 자각했는지, 그리고 여러 채널이 협동하여 성공적인 판매 또는 서비스 경험을 어떻게 창출했는지 잘 보여준다(그림 3.1 참조). 이러한 상호작용은 여러 고객서비스 채널에 걸쳐 다음과 같이 제대로 설계되고 통합되는 과정을 필요로 했다.

- 고객은 상품에 대해 알아보기 위해 웹 사이트를 찾았고, 회사는 추가적인 정보를 원하는 고객을 위해 웹 사이트에 고객센터 전화번호를 명시했다.

- 기업은 고객이 전화했을 때 담당 상담원에게 빠르게 연결되도록 음성 인식 시스템을 적용했다.

- 고객센터는 고객이 어떤 사안에 관해 셀프서비스를 이용하고 싶은지를 기억했다. 예를 들어 고객이 우편으로 제품 소개서를 살펴보는 것보다 웹 사이트를 통해 살펴보는 것을 선호한다는 것을 파악하고, 고객의 이메일로 다른 상품들이 함께 소개되는 웹 사이트 주소를 발송했다. 또 상담원은 고객이 원하는 시간, 원하는 사안에 대해 서비스를 요청할 수 있게 했다.

- 고객은 인터넷으로 상품을 비교했다.

- 회사의 시스템은 구매하지 않은 고객을 기억하고, 상담원이 나중에 전화를 걸어 그 고객과 상담할 수 있도록 전화 통화 스케줄을 잡아놓았다.

- 시스템은 전화 판매를 거부하지 않는 고객들에게 전화 판매 부서 직원이 영업할 수 있도록 보조했다.

이는 다양한 고객서비스 채널이 협력하여 고객에게 선택권을 줘 고객과 기업 모두가 원하는 결과를 얻은 성공적인 사례다.

[그림 3.1] 다양한 채널의 원만한 통합 사례: 텔스트라

4. 네이션와이드의 셀프서비스 편의성

몇 년 전, 영국의 주택담보대출 기관인 네이션와이드 빌딩 소사이어티는 고객을 위해 판매 셀프서비스 시스템을 개발하기로 했다. 처음에는 각 지점에 셀프서비스를 위한 터치스크린을 설치했는데, 예상했던 만큼 만족스러운 결과를 얻지 못했다. 고객들은 기계가 추천하는 것을 신뢰하지 못하는 듯했다. 그래서 셀프서비스를 처음부터 다시 설계하기로 하고, 다음번 설계 과정에는 고객을 참여시켰다.

무엇보다도 기계로 구현된 기술에 대한 고객의 두려움을 불식시키는 것이 중요했다. 그래서 네이션와이드는 터치스크린을 책상 안에 고정해서 TV처럼 보이게 설계하고, 키보드나 마우스를 없애 신기술에 약하거나 첨단 기술을 두려워하는 사람들도 거리낌 없이 다가서도록 했다.

신청서 작성 과정을 설계할 때는 몇 주마다 고객에게 연락해 시스템 이용의 편의성에 대한 의견을 들었다. 그리고 "이 방법은 잘 작동할 것 같나요?", "이것을 누르면 어떻게 될 것 같으세요?"와 같은 질문을 던졌다. 이와 함께 지점의 서비스 직원과 똑같은 유니폼을 입고 고객에게 서비스를 제공하는 가상 도우미를 만들었다. 이 가상 도우미는 입력 시간을 초과하거나, 조작하는 데 헤매거나, 도움이 필요할 때 고객을 도와주었다. 또한 이 가상 도우미는 각 단계에서 고객에게 시스템이 지금 어떤 프로세스를 수행하는지 설명해주었다.

시스템 이용의 편의성에 대한 시험은 설계자들에게 어떤 언어를 사용해야 하는지, 고객이 어떤 식으로 시스템을 이용하는지, 어떤 경우에 고객들이 컴퓨터가 제안하는 상품도 받아들이는지를 알려주었다. 설계자들은 고객들이 서비스를 이용하는 주체가 되기를 원한다는 사실을 깨달았다. 일례로, 기업에서 정한 한 가지 상품만 제시할 때보다도 여러 가지 상품을 제시해 고객이 선택할 수 있도록 했을 때 구매할 가능성이 컸다.

실제로 이 판매 셀프서비스 시스템이 각 지점에 배포되었을 때, 고객과 직원들의 반응은 뜨거웠다. 네이션와이드는 이 시스템을 통해 여러 개의 상을 받는 영예를 안았고, 나아가 혁신적이고 사용하기 쉬운 기술을 모든 사람에게 제공하려는 목표를 달성했다. 또한 기존에 시도된 방법들에 비해 더 높은 판매 실적을 올려주었다.

5. 인터넷으로 편하게 방문하는 뉴욕 주 차량국

미국 대부분의 주에서는 면허증을 갱신하거나 새로운 차량 번호판을 발급받기 위해 정기적으로 차량국에 방문해야 한다. 민원을 처리하는 과정은 복잡하기도 하고 시간이 오래 걸려서 차량국 서비스는 민원인의 짜증을 유발하는 것으로 악명 높고, 심야 토크쇼의 단골 풍자 대상이 되어 왔다.

뉴욕 주는 이런 차량국 서비스를 개선하기로 했다. 그중 한 가지 방안으로, 1996년에 뉴욕 차량국 웹 사이트를 개설하여 온라인으로 정보를 제공하고, 고객이 질문이 있을 때는 이메일로 문의하도록 했다. 당시에는 매우 제한된 부분에 대해서만 셀프서비스를 제공해 서비스 수준을 개선하는 데 큰 영향을 미치지는 못했다.

1999년에 온라인으로 요구 사항을 해결할 수 있는 인터넷 차량국 사무소가 처음 개설되자, 하루에 수천 명이 방문하기 시작했다. 뉴욕 주에서 가장 바쁜 차량국 사무소가 요청 사항과 질문 사항을 온라인으로 처리하자 차량국 운영비도 감소했고, 뉴욕 주 운전자들에게 제공하는 서비스의 질도 획기적으로 개선되었다. 2002년에는 뉴욕 주 차량국 웹 사이트에 총 600만 명 이상이 방문을 했고, 민원 신청서 총 370만 부를 다운로드하기에 이르렀다. 이는 곧 운전자 수천 명이 번거롭게 차량국 사무소로 가지 않아도 되었다는 의미였다.

하지만 이런 결과가 우연히 이루어진 것은 아니었다. 뉴욕 주 차량국은 먼저 고객의 행동을 바꾸어야 한다고 파악했다. 그래서 웹 사이트의 온라인 서비스를 이용을 정착시키기 위해 "번거롭게 찾아오지 마세요!'라는 캠페인을 대대적으로 벌였다. 그리고 고객이 웹 사이트에서 셀프서비스를 이용하는 데 문제를 겪지 않도록 도움말 기능을 강화해 고객이 스스로 해결 방안을 배울 수 있도록 기술에도 투자했다. 물론 고객이 직접 직원을 만나 해결해야 하는 사안도 있었지만, 이런 사안조차 일부는 자동화 시스템으로 처리했다. 또한 "인터넷으로 편하게 방문하세요."라는 캠페인을 벌여 고객이 온라인상에서 상세 정보를 입력하면 사무소에 직접 찾아가 문서에 서명하거나 정보를 제공할 필요가 없도록 했다. 그 결과는 다음과 같은 놀라운 결과를 가져왔다.

- 웹 사이트와 지식 기반 데이터베이스를 사용한 고객의 최소 97퍼센트가 자신이 원하는 정보를 찾을 수 있었다.

- 온라인으로 더 많은 고객에게 서비스를 제공하면서 이메일로 들어오는 문의 건수가 80퍼센트가량 감소했다.

- 고객이 온라인 지식 기반 데이터베이스와 웹 사이트를 통해 최신 정보를 쉽게 파악함으로써, 직접 방문하는 고객과 문의 전화가 줄었다.

- 반복적이고 빈번하게 들어오는 문의가 줄면서 차량국 직원들은 직접 개입해서 문제를 해결해야 하는 고객에게 집중할 수 있었다.

5_ 해법

퍼스트다이렉트, 이베이, 그리고 아마존 같은 기업들은 아무것도 없는 상태에서도 고객이 참여하는 셀프서비스를 창조할 수 있다는 통찰력을 가지고 셀프서비스에 대한 그들만의 비즈니스 모델을 정립하고 있다. 셀프서비스는 고객에게 훌륭한 서비스 경험을 선사하는 면에서 그 역할이 점점 중요해지고 있다. 효율적으로 설계된 셀프서비스는 제대로 작동할 수밖에 없으며, 이는 사업에 매우 중요한 요소가 된다.

그렇다면 앞에서 제시한 셀프서비스의 치명적인 결함 세 가지를 어떻게 극복할 수 있을까?

1. 고객이 통제하는 셀프서비스를 창조하라

고객을 서비스 이용의 주체로 만드는 것은 셀프서비스를 성공적으로 정립한 기업과 그렇지 못한 기업 간의 중요한 차이점이라 할 수 있다. 우리는 고객의 한 사람으로서 특정 채널이 더 빠르고 편리하다는 사실을 알고 있지만, 그 채널을 선택하도록 회유당하거나 강요받는 것에는 거부감을 느낀다. 다음의 사례가 이 통제권에 관한 문제를 명확히 보여준다.

의료보험사인 A사와 B사는 모두 고객이 보낸 이메일에 전화로 답변하는 것이 이메일로 답변하는 것보다 효율적이라는 사실을 파악했다. 이메일은 보통 여러 번에 걸친 대화를 유발하고, 메일이 여러 차례 왔다 갔다 하면서 결국 상담원의 시간이 그만큼 소요되기 때문이다. 두 기업 모두 고객에게 보내는 메일에 고객이 전화번호를 입력해 회신할 수 있는 템플릿을 만들었다. A사는 고객의 전화번호를 묻고, 고객에게 전화했다. B사는 고객에게 전화해도 되는지 물어보는 체크박스를 만들고, 고객이 전화를 받기 원하는 시간까지 확인했다.

A사의 상담원이 고객에게 전화했을 때, 고객은 "이메일을 보냈는데 왜 전화를 하는 거죠?"라며 강한 반감을 표시했다. A사의 상담원은 고객을 더 이상 짜증나게 하고 싶지 않아서 재빨리 전화를 끊었다. 이와 반대로 B사의 상담원은 전화 연락을 승인한 고객에게만 전화했다. B사 상담원의 전화를 받은 고객은 환영했고, 전화가 오리라는 것을 예상하고 있었다. 간단한 승인 절차 하나가 고객을 서비스를 이용하는 주체로 만든 것이다.

기업이 통제권을 쥐려고 하는 또 다른 고전적인 예로는 웹 사이트에 고객센터의 전화번호를 숨겨놓는 것이다. 많은 기업들이 '웹 사이트를 이용하는 고객은 오직 웹 사이트만 이용해야 한다'는 전략을 고수하는 듯한데, 이는 고객에 대한 통제권을 쥐려는 것처럼 보인다. 반대로 제대로 된 셀프서비스를 제공하는 기업은 전화번호를 숨기지 않고 눈에 잘 띄는 곳에 표기한다. 의료보험 중개 회사인 아이셀렉트가 바로 이런 기업 중 하나다. 아이셀렉트는 웹 페이지의 눈에 잘 띄는 곳에 전화번호를 표기해 고객이 쉽게 고객센터에 연락할 수 있게 했다. 버진 항공은 한 단계 더 나아가 모든 항공기에 자사의 웹 사이트 주소를 크게 표기해 홍보한다.

미국의 대표적 소매 기업들은 이용하고자 하는 고객서비스 채널을 고객이 직접 선택하게 할 때, 더 좋은 결과를 얻는다는 사실을 이제야 깨달았다. 이들은 고객이 웹 사이트나 점포에서 상품을 둘러보고 다른 채널을 통해 구매하는 것을 반긴다. 고객은 웹 사이트에서 상품을 둘러보고 가게에 직접 방문해 상품을 구입할 수도 있고, 전화를 걸어서 상품에 대한 설명을 듣고 온라인에서 상품을 구입할 수도 있다. 담보 대출과 보험 상품 구매에서도 비슷한 양상을 보인다. 고객은 온라인으로 상품을 검색해 보고, 구매하기 전에 직원과 상담하기를 원한다. 즉, 기업이 통제권을 포기하고 고객에게 선택권을 주는 것은 셀프서비스를 실행하는 데 매우 중요하다.

2. 고객이 이용할 수 있도록 설계하라

셀프서비스의 선도자들은 고객을 위해 해결책을 모색한다는 사실을 인식하고 이에 기반을 둔 시스템을 설계했다. 아마존은 고객을 위해 끊임없이 웹 사이트를 수정·보완하는 대표적인 기업이다. 이는 창립 초기부터 나타난 모습으로, 아마존은 서평과 '이 책을 구매하신 분들은 다음 책들도 구매하셨습니다.'와 같은 기능을 추가해서 고객이 원하는 상품을 원활하게 찾는 서비스를 제공했다. 아마존이 제한 사항을 두거나 웹 사이트를 내부 부서의 필요에 따라 체계화하는 일은 일어나지 않을 것이다.

이처럼 고객을 위해 효과적인 셀프서비스를 설계하는 기업들은 다음의 네 가지를 매우 조심스럽게 실행한다.

1. 고객이 셀프서비스를 이용하려는 목적을 파악한다.

2. 셀프서비스를 이용하려는 고객의 요구 사항과 행동 양식을 이해하고, 이들이 어떤 셀프서비스를 이용할 수 있을지 고민한다.

3. 고객이 쉽게 이용할 수 있는 셀프서비스를 만든다.

4. 고객의 소리에 귀 기울이고 셀프서비스를 지속적으로 발전시킨다.

　고객의 요구를 파악하는 것이 너무 기본적인 사항으로 보여서 어쩌면 모든 셀프서비스 개발자가 그렇게 하고 있다고 생각할 수도 있다. 하지만 정말로 그렇다면 왜 많은 웹 사이트가 고객이 사이트를 찾는 목적을 반영하지 않고 기업의 필요 사항만 반영하겠는가? 우리는 많은 웹 사이트에서 메뉴가 열거된 것만 보아도 그 기업의 조직도를 그려볼 수 있고, 심지어 각 페이지를 왜 설계했는지도 짐작할 수 있다.

　"고객이 무엇을 하기를 원하는가?"라고 자문해보는 기업이 과연 얼마나 될까? 아마존은 고객이 단순히 상품을 구매하는 것만을 원하지는 않는다는 사실을 깨닫고 이 질문의 요지를 이해하기 시작했다. 아마존은 고객이 상품을 구매한 후 특정 날짜, 가령 생일, 기념일 전에 배송되기를 원한다는 사실을 파악했다. 즉, 어떤 고객에게는 배송일이 구매를 좌우하는 매우 중요한 요인이었다. 배송일이 마음에 들지 않으면 상품을 구매하려는 마음까지 바꾸는 등 이 요인은 고객의 구매 경험에 영향을 주었다. 아마존은 예상되는 배송일을 표기한 덕분에 배송 조회에 관한 고객 문의가 현저히 줄어들었다. 이는 아마존이 고객의 진정한 요구 사항을 제대로 이해했다는 점을 보여준다.

　고객의 행동 양식을 이해하고 요구 사항을 면밀하게 파악하는 것도 매우 기본적인 사안이다. 이를 잘 보여주는 사례가 바로 ATM의 설계다. 플로리다은행은 다른 은행들과 비교해 자사 고객의 ATM 사용률이 낮다는 사실에 주목했다. 플로리다은행은 고액의 자산 보유자인 은퇴자들을 공략했고, 이는 다른 은행들보다 주요 고객층의 연령대가 높아지는 결과를 불러왔다. 바로 이 높은 연령대의 고객층에서 ATM 사용률이 낮게 나타난 것이었다.

플로리다은행은 높은 연령대의 고객들을 대상으로 조사를 했다. 그 결과, 비밀번호가 기억나지 않아 카드를 넣은 채 비밀번호를 누르지 못해 ATM에 카드가 '먹힌' 경험 때문에 ATM 사용률이 낮아진 것으로 밝혀졌다. 이들은 원하는 계좌 업무를 수행하지 못하는 것을 포함해 기계에 들어가 버린 카드를 되찾기 위해 다소 창피한 과정을 거치는 것을 싫어했다.

그 후 플로리다은행은 자사 고객에 대한 이해를 바탕으로 ATM을 카드를 긁는 방식으로 교체하기로 했다. 그래서 높은 연령대의 고객들이 카드의 비밀번호를 잊었더라도 다시 카드를 긁어보거나 지점을 방문할 수 있게 했다. 카드를 삼키는 기계는 기업이 통제권을 쥐려는 대표적인 형태로 볼 수 있다. 반대로 카드를 손에 쥐고 있는 고객은 통제권을 쥐고 있는 것이다. 이 간단한 변화는 ATM 사용률을 획기적으로 높였다.

고객이 쉽게 이용하도록 하는 것 또한 셀프서비스 설계에서 절대 간과해서는 안 된다. 이용하기 쉽게 설계한다는 것은 고객의 모든 경험을 고려해 반영한다는 의미다. 항공사 예약에 관한 다음 사례를 보자.

1. 마일리지 카드, 신용카드, 예약 내역, 그리고 필요하다면 탑승객 이름 등 여러 가지 방법으로 고객을 확인한다.

2. 고객을 지원할 수 있는 대비책을 마련한다. 항공사 직원은 셀프서비스를 이용하는 고객이 도움을 청할 때 언제든 도울 수 있도록 항상 대기해야 한다.

3. 여러 가지 상호작용을 기억한다. 효율적으로 설계된 키오스크 인터페이스는 많은 고객이 다른 승객과 함께 예약하고 여행한다는 사실을 인식한다. 따라서 시스템은 같이 예약한 승객이 있는지 검색하고, 승객이 나란히 앉아서 갈 수 있도록 조치해야 한다.

4. 더 신속하고 편리한 과정을 제공한다. 왕복 여행 일정이 짧거나 여러 행선지를 거치는 승객의 경우, 한 번에 예약과 발권을 처리하도록 해 시간을 절약할 수 있게 했다.

5. 셀프서비스 시스템은 직원이 서비스를 제공하는 채널과 비교했을 때 같거나 더 훌륭한 서비스를 제공해야 한다. 고객은 원하는 좌석을 선택하고, 마일리지 사용 여부를 선택할 수 있어야 한다. 원하는 좌석을 직접 고를 수 있다는 점에서 고객은 직원이 서비스를 제공하는 채널을 이용할 때보다 통제권을 쥐고 있다.

6. 적절한 자리 배치로 사용률을 높여야 한다. 많은 공항에서 키오스크는 직원이 서비스를 제공하는 체크인 카운터 앞에 배치되어 있으며, 고객이 큰 짐을 옆에 놓을 수 있는 여유로운 공간과, 핸드백이나 지갑 등을 옆에 놓을 수 있는 공간을 마련하여 기계를 조작할 때 손을 자유롭게 쓸 수 있도록 효과적인 디자인을 적용했다.

7. 모든 고객이 이용할 수 있게 해야 한다. 키오스크는 키보드나 마우스가 없이도 작동이 가능해, 컴퓨터를 다루지 못하는 고객도 쉽게 이용할 수 있다.

항공사는 여기서 멈추지 않고 웹 사이트에서도 체크인 서비스를 제공할 수 있다는 점을 놓치지 않았다. 승객은 이제 집이나 사무실에서 웹 사이트를 통해 체크인하고 공항에 오기 전에 탑승권을 인쇄할 수 있다. 웹 사이트에서도 공항에 있는 키오스크와 같은 선택 사항과 옵션을 제공하고, 나아가 예약한 좌석을 변경할 수도 있다. 이는 고객에게 모든 통제권을 넘겨준 사례로 볼 수 있다. 즉, 항공사는 고객이 공항에 올 것이라는 믿고 고객 스스로 탑승권을 인쇄해서 가져오도록 모든 선택권을 부여한 것이다.

일부 고객은 ARS를 혐오할 정도로 싫어한다. 이는 전혀 놀랍지 않은 일이다. 너무나 많은 기업들이 고객이 몇 가지 옵션까지 기억할 수 있는지, 또는 어느 정도 길이의 메시지를 듣거나 참아낼 수 있는지와 같은 이용의 편의성에 대한 기본 원칙을 무시하고 있기 때문이다. 셀프서비스의 범위와 관련한 부서 간 전쟁에서 법무 부서 또는 마케팅 부서가 승리한 것이다. 예를 들어, 고객이 소프트웨어를 다운로드하기 전에 100페이지에 달하는 사항을 검토하게 하는 것이 법을 준수하는 것일지는 모르지만, 과연 이렇게 해서 얻는 것은 무엇이란 말인가? 누가 100페이지에 달하는 사항을 다 읽겠는가?

표3.1은 고객이 문제를 인식하지 못할 정도로 편리하게 설계된 셀프서비스의 기능이다. 하지만 많은 기업들이 시스템 이용의 편의성을 위한 과학적인 원리를 여전히 인식하지 못하고 있다. 기술로만 더 편리한 셀프서비스를 설계할 수 있는 것도 아니다. 어떠한 셀프서비스 설계에도 적용할 수 있는 인적 요소와 심리학, 그리고 이 분야에 관한 조사 결과에 바탕을 둔 기준과 시험 방법도 필요하다. 또한 셀프서비스 시

[표 3.1] 다양한 채널의 원만한 통합 사례: 텔스트라

이용 편의성 기능	우리가 인식하지 못하는 이유
ARS의 간단한 메뉴	· 고객이 쉽게 선택할 수 있게 하고 고객의 단기 기억 능력을 시험하지 않는다.
ARS와 웹 사이트 메뉴의 통일성(고객의 검색을 돕는 기능이 모두 같은 방식으로 작동한다는 의미)	· 어디에 무엇이 있고 어떤 기능을 하는지 알고 있으면 사이트를 더욱 쉽게 사용할 수 있다.
ARS와 웹 사이트에서 각각 무음과 여백 활용	· 우리는 시간에 쫓기며 결정을 내려야 하거나 빼곡히 들어차 있는 웹 사이트의 콘텐츠에 압도당할 때, 문제가 있다고 인식한다.
고객을 위한 다양한 지원 수준	· ARS는 이용자가 문제를 겪을 때 더 세심한 수준의 지원을 제공할 수 있어야 한다. 웹 사이트도 실수를 저지른 고객이나 문제를 겪는 고객이 정보나 화면을 원상태로 복구할 수 있도록 하는 서비스를 제공해야 한다.
표준화된 검색 기능(ARS의 다시 듣기 메뉴 또는 브레드 크럼(bread crumbs, 주로 웹 페이지 상단에서 현재 페이지로 오기 전에 방문했던 페이지들의 기록을 보여주는 기능)	· 이 기능은 당연히 제공해야 하는 기능이며, 고객이 원하는 상품이나 내용을 쉽게 찾을 수 있도록 도와준다.

스템을 검증하기 위해 어느 단계에서나 고객이 참여할 수 있게 하는 방법도 필요하다. 이런 이용 편의성 테스트는 셀프서비스를 설계하는 과정에서 반드시 필요하며, 설계팀이 예상하지 못한 매우 중요한 요소를 알려주는 역할을 한다.

셀프서비스 설계자들은 이용의 편의성에 관한 원칙을 이해해야 한다. 이는 기업이 먼저 고객의 기준과 언어를 이해해야 한다는 의미다. 예를 들면 고객은 돈을 빌리러 은행을 찾고, 은행에서는 대출 부서가 고객에게 돈을 빌려준다. 고객은 홈 오피스, 즉 재택근무를 위해 컴퓨터와 소프트웨어를 구입하지만, 기업은 고객이 집에 쓸 것인지 사무실에서 쓸 것인지 구분해 주기를 원한다. 이 두 가지 예는 기업이 고객과 같은

시각으로 사안을 바라보지 않는다는 것을 보여준다. 고객이 이용하기에 편리하게 설계된 시스템은 일관성을 유지하고, 고객의 기준과 언어를 사용해 고객이 원하는 것을 쉽게 찾을 수 있게 한다.

다른 '인적 요소' 원칙으로는 고객의 단기 기억까지 고려해야 한다는 것이다. 대부분 사람의 단기 기억 범위는 보통 30초 정도여서, ARS의 메뉴 항목이 30초 이상 열거되면 고객은 앞에서 들은 내용을 잊어버리거나 혼란스러워 한다. 고객이 기억할 수 있는 항목 수에 관한 원칙도 있다(부록 B의 '7±2의 법칙 참조). 어떤 기업들은 ARS의 메뉴를 3~4개로 한정해 이 법칙을 이해한 듯 보이지만, 각각의 메뉴에 또 하위 메뉴를 두고 있다. 예를 들어 시스템이 "부서 A, 부서 B, 부서 C는 1번을 누르세요."라고 지시하면 고객은 세 개 부서의 이름과 메뉴 번호까지 총 네 가지 항목을 기억해야 한다.

고객들은 기업들이 여러 고객서비스 채널에서 정립된 실질적인 기준들을 잘 따라야 한다고 생각한다. 예를 들어, 0번을 누르면 상담원에게 바로 연결되어야 하는 것이다. 웹 사이트에서는 단순히 뒤로 가기 또는 앞으로 가기 버튼을 클릭해서 웹 페이지들을 검색하지 않고, 앞서 방문한 웹 페이지 기록을 보여주는 브레드 크럼을 적용하는 사례를 꼽을 수 있다. 이용의 편의성을 고려한 설계는 스티브 크룩의《상식이 통하는 웹 사이트가 성공한다Don't Make Me Think》에서 제시된 아이디어와 일맥상통한다. 다른 말로 표현하자면, 제대로 설계된 시스템은 고객이 어떤 메뉴를 클릭해도 되는지 아닌지 고민할 필요가 없고, 가장 자주 사용되는 링크를 잘 보이게 표시하며, 웹 사이트의 기본 구조와 체계는 꼭 필요한 경우가 아니면 변경하지 말아야 한다.

이는 고객서비스에 적용할 수 있는 인적 요소 원칙의 몇 가지 사례다. 또한 언제 어디에서나 통하는 황금률이 있다. '잘 모르겠으면 고객에게 물어보라'는 것이다. 고객에게 물었을 때 또는 고객을 이용 주체로 놓았을 때 고객이 들려주는 의견은 놀라울 것이다. 셀프서비스 설계자들은 사실 이런 과정을 거치기만 해도 놀라운 사실을 많이 발견할 수 있다. IT를 비롯한 기타 셀프서비스 설계자들은 종종 실행 단계에 너무 가까이 가 있곤 한다. 기술을 너무 잘 알고 있어서 보통사람들이 기술에 대해 이해하는 수준을 망각하고, 설계자로서 고객이 사용하기 어려운 것이 무엇인지 인식하지 못하는 것이다.

3. 고객의 행동 변화를 관리하기 위해 채널을 통합하라

고객들은 고객서비스 채널이 협력해 서비스를 제공하고 일관성을 유지해야 한다는 것을 당연하게 여긴다. 그런데 기업은 기존 채널의 역할을 고려하지 않은 채 새로운 채널을 배치하기도 한다. 심지어 고객이 고객센터 직원보다 웹 사이트에서 어떤 상품이 판매되는지 더 잘 아는 경우도 있다. 또 많은 고객센터 직원이 ARS에서 어떤 메뉴를 제공하는지 잘 모르며, 고객센터에 한 번도 가보지 않은 지점 직원도 많다.

어느 의료보험사의 고객센터 직원은 고객의 모든 문제에 제대로 답해줄 수 있는 채널은 자신들밖에 없다고 생각했다. 예를 들면, 고객센터 직원은 왜 지점 직원들이 통화하면서 메모해둔 고객의 요구 사항을 전부 해결하지 않는지 이해하지 못했다. 반대로 지점 직원들은 고객센터 직원이 속기 형태로 적은 고객의 의견을 이해하지 못했다. 고객서비스 채널 간의 이런 장벽은 매우 흔하게 볼 수 있다.

셀프서비스 채널을 설계할 때 가장 중요한 것은 바로 '다른 채널의 역할'을 고려하는 것이다. 지원 채널들은 고객을 지원하고 상품을 홍보하고 고객을 다른 부서에 연결해주기 위해 존재하는가? 그렇다면 그들이 역할을 효과적으로 수행하기 위해서는 어떤 지원이 필요한가? 현재 고객센터 직원이 제공하는 고객서비스 채널은 셀프서비스 채널을 효과적으로 홍보하고 셀프서비스 채널과 원활히 협력할 때까지 성과를 평가하는 과정을 거쳐야 한다.

[그림 3.2] 기존 채널의 역할과 개선 과정

하지만 고객센터 직원이 제공하는 서비스 채널을 이런 과정으로 이끌기 위해서는 과정의 모든 단계에서 계획을 수립하고 실천하려는 노력이 필요하다. 예를 들면 셀프서비스가 어떻게 작동하는지 교육하고, 셀프서비스를 홍보하기 위한 적절한 인센티브도 제공해야 한다. 그리고 셀프서비스를 얼마나 잘 홍보하고 지원하는지 지속적으로 지켜봐야 한다. 고객센터 직원들이 셀프서비스에 어떤 반응을 보일지 충분히 예상하고 적절히 관리해야 하는 것이다. 이처럼 셀프서비스나 새로운 채널을 성공적으로 실행하려면, 반드시 기존 채널의 역할을 고려하고 기존 채널이 그 역할을 효과적으로 수행할 수 있도록 적절한 시스템과 정보를 제공해야 한다.

다음에 소개하는 사례 몇 가지가 이를 잘 보여준다. 인터넷뱅킹 초기에 은행은 지점과 고객센터 직원들에게 인터넷뱅킹 가입자 유치를 영업 실적으로 인정해주면서 인센티브를 제공했다. 하지만 도를 넘어선 경우가 나타나기 시작했다. 한 은행에서는 지점 직원들이 인터넷뱅킹 가입 유치와 주택담보대출 실적에 대해 똑같은 보상을 받았다. 당시 은행의 인터넷뱅킹 신규 가입률은 연간 50퍼센트의 성장세를 보였다. 하지만 은행은 인터넷뱅킹에 가입한 고객 중 다수가 실제로는 인터넷뱅킹을 이용하지 않는다는 사실을 알게 되었고, 심지어 일부 고객은 인터넷 자체를 사용하지 않았다. 이는 보상 체계와 채널의 역할이 셀프서비스 전략에 맞게 실행되지 않았음을 보여준다.

아마존은 고객에게 셀프서비스의 기능과 이용법을 알려주는 것을 고객 상담원의 한 가지 역할로 명시했다. 한때 아마존 고객센터에는 다음과 같은 문구가 붙어져 있기도 했다.

"오늘 고객을 교육하셨나요?"

아마존은 자사의 셀프서비스 기능을 홍보하고, 고객에게 온라인으로 상품을 주문하는 기쁨을 경험하게 하거나 주문·배송 상황을 온라인으로 확인하는 선택권이 있다는 사실을 알리는 것을 고객센터 상담원의 주요 임무로 고지했다. 해리 포터 시리즈 최신판이 출간되는 토요일마다 주문한 책을 언제 받을 수 있는지 전화나 이메일로 문의하는 고객이 크게 늘어나면, 아마존의 상담 직원들은 고객들에게 다음과 같이 말했다.

"고객님, 온라인으로도 예상되는 배송일을 확인하실 수 있는 거 알고 계신가요? 배송 상황은 실시간으로 업데이트되어 고객님께서 주문한 상품이 언제 배송될지 정확하게 아실 수 있습니다."

아마존은 계절에 따라 판매량에 변화가 큰 기업으로, 수익의 상당 부분이 11~12월에 발생한다. 매출이 정점에 오르는 이 시기에도 아마존은 직원들에게 고객을 교육할 것을 권했다. 이렇게 정신없이 바쁠 때 고객에 대한 교육을 잠시 접어두는 것이 언뜻 더 쉬운 해결책으로 보였지만, 아마존은 오히려 이 시기가 고객에게 셀프서비스를 교육하기에 가장 적합하다고 생각했다.

직원의 행동 변화를 관리하는 것은 여간 어려운 일이 아니다. 고객의 행동 변화를 이끌어 내는 것은 그보다 훨씬 어렵다. 기업이 셀프서비스를 더 활성화하려는 것은 매우 복잡한 과제일 수 있다. 많은 기업들이 '만들면 알아서 찾아온다'라는 식의 접근이 더 높은 이용률로 이어진다고 생각하지만, 애석하게도 셀프서비스 채널에 대한 설계와 홍보에 충분히 투자하지 않아 엄청난 실패 사례가 발생함을 쉽게 찾아볼 수 있다.

그렇다면 어떻게 해야 고객이 셀프서비스를 이용할까? 우리는 고객이 셀프서비스를 이용하도록 유도하는 데 필요한 기술을 설명하기 위해 '고객 변화 관리Customer change management'라는 용어를 만들었다. 오늘날 기업들은 직원들이 새로운 과정과 기술을 사용하도록 교육하는 데 많은 투자를 하고 있다. 많은 커뮤니케이션과 교육과 지원 없이 새로운 시스템을 실행하는 것은 매우 어려운 일이다. 새로운 시스템보다 새로운 서비스를 정립하는 데 더 많은 투자를 해야 하지만, 많은 기업들이 서비스 정립에는 충분한 투자를 하지 않고 있다.

직원들은 특정 시스템과 과정만 이용할 수 있지만, 고객은 정작 여러 서비스 채널을 이용할 수 있는 많은 선택권을 가지고 있다. 고객의 행동 양식을 변화시키려면 고객이 셀프서비스를 이용할 수 있는지, 셀프서비스를 이용하기를 원하는지 생각해보아야 한다.

여기서 인센티브, 벌금, 그리고 가용성은 고객 변화 관리에 매우 중요한 장치다. 예를 들어 인터넷으로만 제공되는 저렴한 항공 요금은 고객이 온라인으로 항공권을 구매하는 것을 장려하는 인센티브다. 은행은 수수료와 상품 설계를 이용해 고객이 지점과 고객센터를 찾는 횟수를 줄이고자 했고, 지점과 고객센터를 방문했을 때 감수해야 하는 긴 대기 시간이 고객에게 셀프서비스를 이용하는 계기를 제공했다. 물론 이런 인센티브만으로 고객이 셀프서비스를 이용할 리는 없다. 이 밖에도 홍보와 인지도, 고객이 쉽게 사용할 수 있는 기술을 동반해야 한다.

고객이 셀프서비스를 계속 사용하느냐 마느냐는 고객서비스 경험과 밀접하게 관련이 있다. 공항에 설치된 키오스크는 고객이 통제할 수 있는 간단하고 빠른 서비스를 제공한다. 그러나 고장난 키오스크가 많거나, 고객이 사용하기에 어렵게 설계되었거나, 키오스크 앞에 서 있는 줄이 길다면, 고객은 다시 직원이 서비스를 제공하는 카운터로 발길을 돌릴 것이다. 아울러 셀프서비스를 사용하려던 마음이 순식간에 사라져버릴 것이다.

그런 의미에서 보았을 때, 뉴욕 주 차량국의 성공 사례는 고객에게 어떤 종류의 셀프서비스를 제공할 수 있으며, 고객이 효율적으로 고안되고 설계되고 적절한 요소를 고려한 셀프서비스를 얼마나 좋아하는지 잘 보여준다. 뉴욕 주 차량국은 고객에게 셀프서비스 시스템 홍보가 새로운 행동 양식을 이끌어내는 데 얼마나 중요한지 깨달았다. "번거롭게 찾아오지 마세요"라고 캠페인을 벌인 것처럼, 뉴욕 주 차량국은 셀프서비스가 고객에게 어떤 혜택을 제공할 수 있는지 알고 있었다. 또한 뉴욕 주 차량국은 홍보에 얼마나 노력이 필요한지도 보여주었다. 앞에서 언급했다시피 '만들면 알아서 찾아온다'는 식의 접근법은 대부분 실망스러운 결과로 이어진다. 직원들이 제공하는 서비스 채널에서 셀프서비스를 효과적으로 홍보하고 지원한다면 더 많은 것을 이룰 수 있을 것이다.

6_ 요약

온라인 쇼핑몰, 인터넷 뱅킹, ATM의 사례로 보았을 때, 제대로 설계된 셀프서비스는 고객의 사랑을 받는다는 것을 알 수 있다. 그리기 위해서는 먼저 고객에게 선택권을 주어야 한다. 기업이 통제권을 쥐고 있으면 원하는 결과를 절대 얻을 수 없다. 그리고 고객이 쉽게 이용할 수 있는 셀프서비스를 만들기 위해 고객의 도움을 얻어 부단히 노력해야 한다. 마지막으로, 셀프서비스 채널이 기존의 고객서비스 채널과 통합되고, 다른 모든 채널이 셀프서비스 채널을 홍보하고 지원하는지 지속적으로 확인해야 한다. 다음은 셀프서비스를 설계하는 쉽게 참고할 수 있는 해야 할 일과 하지 말아야 할 일을 정리한 것이다.

[표 3.2] 셀프서비스 설계 시 해야할 일과 하지 말아야 할 일

해야할 일	하지 말아야 할 일
· 셀프서비스가 어떻게 작동하는지에 대해 기존 고객서비스 채널의 직원들을 교육한다.	· 직원보다 고객이 셀프서비스에 대해 더 많은 것을 알고 있다.
· 고객에게 통제권을 준다.	· 고객을 구속해 기업이 원하는 방향으로 행동하게 한다.
· 고객 변화 관리에 투자한다.	· '만들면 알아서 찾아온다' 라는 접근법이 성과를 낼 것이라고 예상한다.
· 고객의 언어를 사용하고, 고객의 시각에서 설계한다.	· 고객의 요구 사항을 생각하지 않은 채 기업의 언어를 사용하여 기업이 원하는 방향으로 설계한다.
· 인센티브를 제공한다.	· 직원이 직접 서비스를 제공하는 채널을 이용하는 것을 번거롭게 만든다.
· 이용 편의성을 위한 과학적인 원리를 셀프서비스 설계에 적용한다.	· 기술, 마케팅, 그리고 법률 부서에 셀프서비스를 만드는 과정의 전권을 부여한다.
· 서비스의 끝단, 즉 고객의 입장에서부터 모든 것을 시작하고, 이 점을 지속적으로 기억한다.	· 채널의 고립을 유발하는 지름길을 택한다.

셀프서비스를 통해 큰 가치를 얻는 기업은 직원들이 서비스 채널에서 아무런 서비스를 제공하지 않아도 되는 가장 좋은 방법이 셀프서비스라는 점을 인식해 앞에서 제시한 사항을 잘 실천한다. 이런 기업은 고객이 언제 어떻게 셀프서비스를 이용할지 스스로 선택하며, 고객이 사용하기에 편리하고, 고객에게 통제권을 주는 셀프서비스를 만들기 위해 설계와 이용의 편의성에 대한 원칙을 따른다. 또한 직원이 직

접 서비스를 제공하는 채널이든 자동화된 채널이든 상관없이 모든 영업 및 서비스 채널이 협력해 고객의 행동을 어떻게 변화시킬지 고민한다. 이런 원칙을 잘 따른 기업들은 좋은 결과를 얻고, 그렇지 않은 기업들은 넘어야 할 장벽이 더 높아지고 있다.

7_설문 조사

고객이 참여할 수 있는 셀프서비스에 관한 부록 A의 질문들에 답하고, 기본적인 서비스에서 더 나은 서비스, 그리고 최고의 서비스로 나아가는 과정에서 당신의 기업이 어디에 있는지 진단하라.

고객이 참여할 수 있는 셀프서비스를 만들어라

그랜드 하얏트 샌프란시스코에서 즐겁게 보내셨기를 바랍니다. 현재 강한 바람이 불어 고객님의 방에서 삐걱거리는 소리가 들릴 수 있습니다. 이는 빌딩이 강한 바람에 버티느라 나는 소리이니 양해 바랍니다.
- 체크인한 고객의 방에 놓여 있는 카드에서-

능동적인
기술서비스
본부
별자리 운세를 보니 오늘은 물고기 자리가 서비스가 필요하군。생일이 2월 20일과 3월 20일 사이인 모든 고객에게전화하도록 해야겠어……。

1_ 원칙

우리는 가치-방해 요인 매트릭스를 이용하여 고객이 기업에 연락하는 이유를 네 가지로 분류한 과정을 설명하면서 불필요한 고객의 요구 사항을 완전히 없애고(2장) 성공적인 셀프서비스 프로그램을 설계했다(3장). '최고의 서비스는 서비스가 필요 없는 것이다'라는 개념을 현실에 적용할 수 있는 세 번째 강력한 방법이 있다. 바로 고객이 기업에 연락할 사안이 있으면, 기업에서 미리 능동적으로 이 사안을 알리는 것이다.

능동적인 자세를 취하는 것은 성공적인 마케팅을 불러오는 동시에 "와, 기억하고 계셨네요."라거나 "나를 정말 생각해주는데 다른 곳과 거래할 이유가 있나?"라는 반응을 이끌어 기업에 중요한 가치를 안겨준다. 기대하지 않았던 긍정적인 서비스를 경험한 고객이 다른 곳에 가서 쇼핑을 하거나 다른 사업 제안을 받아들이는 일은 매우 드물다. 능동적인 서비스는 또한 고객이 지연된 비행 시간이나 주문 내역 확인 등을 확인하기 위해 연락하는 일을 줄여준다.

능동적인 서비스는 다양한 목표를 달성하기 위해 고객에게 연락하는 노력이 필요하며, 이 중 가장 중요한 목표는 고객이 연락할 필요가 없게 하는 것이다. 능동적인 서비스를 제공하는 것은 다음의 네 가지 방법으로 실행할 수 있다.

1. 업무의 진행 과정을 고객에게 알려준다. 가령, 복잡한 주문 건 또는 상품 준비 기간이 오래 걸리는 제품의 예상 배송일, 배송한 제품의 접수 내역, 정전 시 복

구되기까지의 예상 시간, 보험금 청구 또는 대출 신청 진행 상황 업데이트 등

2. 능동적으로 고객의 기대를 관리한다. 가령, 응답률이 낮을 경우 고객의 불만 사항을 사후에 물어보지 않고 미리 확인하는 것, 항공편 재예약이 취소된 고객이 기업에 연락할 필요가 없도록 재예약 취소 건이나 비행 시간 지연 상황 등을 미리 확인하고 알려주는 것 등

3. 고객에게 필요한 사항을 예측한다. 가령, 바이러스 경보나 백신 업데이트 정보를 고객의 컴퓨터로 바로 전송하는 것, 컴퓨터 실행 능력 모니터링, 고객이 요청한 가격과 시간에 주식을 매도했을 때 매도 내역을 고객의 순이익 정보와 함께 알려주는 안내 메시지 전송 등

4. 새롭거나 가치 있는 정보로 고객에게 감동을 선사한다. 가령, 고객의 최근 이용 내역을 바탕으로 고객이 평소의 이용 패턴과 맞지 않는 요금제를 사용하고 있다는 점을 알려주고, 가장 적합한 추천 요금제를 제시한 후 '연쇄 판매' 등 능동적인 고객 유지 캠페인을 시도하는 것. USAA도 고객 중심 전략의 일환으로 연쇄 판매를 적용한다. 회장인 로버트 G. 데이비스는 "우리는 고객이 큰 관심을 보이지 않는 제품과 서비스를 판매하기보다는 고객 각자가 무엇을 원하는지 이해하고 가장 적합한 해결책을 제시하려고 노력한다. 고객과 계속해서 이런 유대 관계를 이어간다면, 이는 분명히 우리를 다른 보험사와 구별하는 요인이 될 것이다."라고 말했다. 실제로 USAA의 상담원은 고객에게 너무 많은 보험 상품에 가입했다고 알려준 후 비용을 줄일 수 있는 대체 상품을 권했다.

이렇게 고객에게 능동적인 서비스를 제공하는 것은 고객 만족도를 향상시키고, 고객과 기업이 비용을 확실히 절약할 수 있다는 점에서

서로 이득이 된다. 고객의 요구나 불만이 발생할 수 있는 사안에 대해 미리 고객에게 전화해서 알리는 것이 사후에 고객의 전화에 대응하는 것보다 훨씬 능동적인 방법인 것이다.

그렇다면 기업은 어떻게 해야 대응적인 자세를 능동적인 자세로 바꿀 수 있을까? 우선 능동적인 자세를 취할 때 얻는 이득을 설명하고, 능동적인 서비스를 제공하기 위해 갖추어야 할 역량에 대해 살펴보자. 그런 다음에 어떻게 고객과의 관계, 서비스, 영업에서 능동적인 자세를 취할 수 있는지 알아볼 것이다.

2_ 다른 산업에서의 사례들

1. 독일의 아우토반

능동적인 경고 메시지의 성공 사례는 독일 전역을 가로지르는 고속도로인 아우토반에서 1974년부터 나타났다. 라디오 방송국은 자동차에 장착된 라디오에 교통정보를 보내 운전자의 전방에서 일어난 사고나 교통 체증을 알렸다. 이 메시지를 들은 운전자는 아우토반을 벗어나 지방도로로 가거나, 다른 고속도로로 갈아타거나, 속도를 늦출 준비를 할 수 있었다. 오늘날에는 GPS 시스템에서 실시간으로 교통 정보를 제공해 도로 사정을 알려주고 있다.

2. 누수 탐지

미국 캘리포니아의 레이켐에서 발명한 누수 탐지 시스템인 트레이스틱은 능동적인 모니터링과 보고의 가치를 잘 보여준다. 기름이나 물이 관에서 누출되면 따로 분리해서 수리하는 데 엄청난 비용이 들 뿐만 아니라, 경우에 따라서는 치명적인 환경오염을 일으켜 인간과 동물의 삶을 위협하는 결과를 가져온다. 이에 대한 해결책을 제공하는 트레이스틱는, 극히 소량이라도 누수의 기미가 보이면 바로 탐지하여 중앙 센터에 보고한다. 그러면 센터에서는 문제가 커지기 전에 파이프를 수리하는 복구팀을 파견한다. 이 기업이 최근 발표한 온라인 홍보 자료에는 이런 과정이 실려 있다.

"트레이스틱은 지난 20년 동안 상업, 공업, 환경 산업 분야에서 가장 믿을 수 있고 정확한 누수 탐지 시스템을 제공해 왔습니다. 누수 탐지 시스템인 트레이스틱은 한 번 설치하면 회수되기 전까지 지속적으로 작동하며, 누수를 가장 초기 단계에 감지해 경고 메시지를 보냅니다. 시스템은 작동 기간 내내 미세한 누수라도 바로 탐지하고 누수 지점을 정확하게 알려줍니다. 누수 감지 시스템만큼 정확하게 작동해야 하는 시스템은 여러 산업을 통틀어 거의 없으며, 특히 상하 수도관과 같이 중요한 시스템과 장비를 보호하는 시스템은 극소수입니다."

3. 건강과 개인 안전 관리

건강과 개인 안전 관리 분야에서도 능동성에 대한 사례를 많이 찾아볼 수 있다. 이 중 많은 부분이 우리가 어릴 때부터 배운 것으로, '길을 건너기 전에는 꼭 양쪽을 모두 살피고 건넌다'와 같이 굳이 의식적으로 기억하지 않아도 되는 것들이다. 그밖에 자외선 차단이나 안전띠 착용,

에어백 장착과 같이 이미 일상생활에 깊숙이 자리 잡은 사례도 있다. 그 밖에 흡연과 음주운전의 위험 및 나쁜 습관에 대한 경고 메시지 등 능동적인 안전 관리 실행 방안은 많은 나라에서 사망·부상률을 낮췄다.

1980년대 들어 햇빛에 노출되는 것과 피부암이 관련이 있다는 사실이 밝혀졌다. 그전까지 호주에서는 일광욕을 즐기는 사람이나 서퍼의 구릿빛 피부를 흔히 볼 수 있었다. 호주 암 협회와 관련 정부 기관들은 뜨거운 태양 아래 장기간 노출되었을 때의 위험을 모든 국민에게 인식시켜야 하는 과제에 직면하게 되었다. 이를 위해 국가적으로 진행한 "입고, 바르고, 쓰자!"라는 캠페인은 기억하기도 쉽고 실행하기도 간단하다는 점에서 매우 훌륭했다. 이 메시지는 남녀노소 누구나 매우 간단하게 '셔츠를 입고, 자외선 차단제를 바르고, 모자를 쓰자'는 의미였다.

이 캠페인은 엄청난 영향을 미쳤다. 최근 호주 해변에서는 모자를 쓰고, 자외선 차단제를 바르며, 수영과 서핑을 즐기는 데 지장이 없는 가벼운 나일론 재질의 수영복을 입은 어린아이들을 쉽게 볼 수 있다. 이 캠페인을 시작한 지 20년이 지난 지금은 TV에서 '입고, 바르고, 쓰자!'라는 캠페인을 보기 어렵지만, 이 메시지는 사람들에게 깊이 인식되어 널리 실천되고 있다.

4. 외출 제한 메시지

우리는 날씨를 통제할 수 없지만, 악천후가 예상될 때 능동적인 정보 전달로 직원들이나 학생들에게 주의를 줄 수는 있다. 최근 휴대전화 문자메시지는 이런 경고 메시지를 전달하기에 이상적인 도구로 전 세계적에서 활용되고 있다.

2007년 1월, 눈보라가 오스틴에 있는 텍사스 주립대학을 휩쓸고 지나가기 전날, 학교 관리자들은 학생과 교직원 6만 7천명에게 "내일은 외출을 삼가세요."라는 긴급 메시지를 발송했다. 학생들은 바로 휴대전화와 이메일을 통해 해당 메시지를 받았고, 건물 관리자들도 호출기를 통해 해당 메시지를 받았다. 그리고 다음날, 캠퍼스는 텅 비었고 악천후와 관련된 사고는 단 한 건도 발생하지 않았다.

3_ 실패 사례

능동적인 알림 서비스와 커뮤니케이션이 가져오는 이득과 반대로 대응적인 자세가 가져오는 손실에 대해 충분히 생각하지 않는 기업이 많다. 그 결과 터무니없는 실수를 저지른 기업들의 사례를 살펴보자.

1. 항공기 지연

비행기가 몇 시간 연착되거나 결항하면, 항공사들은 종종 제시간을 맞추기 위해 엄청난 교통 체증을 뚫고 공항에 도착해 뒤늦게 소식을 듣고 화가 난 고객들을 상대하느라 곤욕을 치른다. 기술이 발전해서 능동적인 서비스가 가능해졌기 때문에 이제는 비행기 연착이나 결항과 관련해 더는 변명의 여지가 없어졌다. 항공사는 비행기가 예정보다 몇 시간 연착될 것이고, 해당 승객이 누구인지도 알고 있으며, 승객에게 연착 사실을 미리 알릴 수도 있다. 하지만 대부분의 항공사는 이런 조치를 추가적인 비용으로 생각한다. 하지만 커뮤니케이션의 부재로 인한 비용이 능동적인 알림 서비스를 제공하는 데 드는 비용보다 훨씬 크다는 사실을 염두에 두어야 할 것이다.

2. 리콜

얼마 전까지만 해도 많은 컴퓨터 회사가 고객들에게 노트북 컴퓨터 배터리의 리콜을 실시한다고 공표했다. 표면적으로 보면 고객이 문제를 겪기 전에 예방하는 능동적인 실행 방안 같았지만, 이 회사들이 사용한 메커니즘은 사실 능동적인 서비스와는 거리가 멀었다.

한 제조업체는 고객에게 자신이 구매한 배터리에 결함이 있는지 확인하려면 웹 사이트를 참조하거나 고객센터에 전화하라고 알렸다. 이 회사는 어떤 라인에서 생산된 배터리에 결함이 있는지 알고 있었으며, 문제가 될 만한 제품의 일련번호도 대략 알고 있었지만, 놀랍게도 어떤 고객이 결함이 있는 배터리를 구매했는지는 알지 못했다.

그래서 배터리 교체를 고객이 판단하게 했다. 이 조치로 해당 기업에는 비난이 쏟아졌다. 많은 고객이 아예 확인하지 않았고, 직접 확인한 고객들도 확인 절차를 잘못 수행하기 일쑤였다. 애초에 문제가 있는 부분에서 생산된 배터리를 구매한 고객들에게 연락했다면 이와 다른 결과를 낳았을 것이다.

3. 결함 대처법

모토로라의 휴대전화 레이저RAZR는 미국과 여러 지역에서 한때 최고의 베스트셀러였다. 그런데 일부 기기의 내부에 먼지가 들어가면 액정 화면이 뿌옇게 흐려지는 현상이 나타났다. 이런 문제가 발생한 후, 레이저를 판매한 미국의 이동통신 회사 두 곳은 능동적 서비스와 대응적 서비스를 대조적으로 보여주었다. AT&T 와이어리스는 결함이 있는 휴대전화를 구매한 고객들에게 다음과 같은 메시지를 전달했다.

"고객님의 휴대전화에 결함이 있을 수 있습니다. 가까운 저희 대리점으로 가지고 오십시오. 확인해보고 필요하다면 새 전화기로 교체해 드리겠습니다!"

반면에 B사는 어느 고객이 결함이 있는 휴대전화를 구매했는지 알고 있었지만, AT&T 와이어리스와는 정반대의 전략을 취했다. 고객들에게 이 사실을 알리지 않았고, 상황을 두고 보다가 문제가 생기면 그때 처리하기로 했다. 아마도 결함을 가진 휴대전화를 구매한 고객의 데이터가 없었거나, 문제가 생기면 처리하자는 생각이었을 것이다.

분명한 것은 이유가 무엇이었든 간에 B사의 조치는 최고의 서비스와는 거리가 멀었다는 것이다. 고객은 갑자기 오작동이나 난감한 상황을 겪기보다는 미리 잠재적인 문제가 있다는 사실을 알고 해결 방안을 모색하는 것을 선호한다. AT&T 와이어리스의 해결 방식은 만점짜리였지만, B사는 문제해결 방식에 대해 다시 한 번 생각해보아야 할 것이다.

4_ 성공 사례

능동적인 경고 시스템을 적용해 고객의 연락 건수를 줄이고, 수익도 증가시킨 훌륭한 사례도 많다. 아마존, 알래스카 항공, 퓨젓사운드에너지, XM 라디오, 퍼스트다이렉트, 메디뱅크프라이빗, 그리고 AOL 프랑스의 사례를 차례대로 살펴보자.

1. 아마존: 고객에게 필요한 정보를 모두 알린다

아마존의 능동적인 서비스 중에 가장 잘 알려진 것은 아마도 주문 확인과 배송 확인 서비스일 것이다. 아마존은 창립한지 얼마 지나지 않아 주문 확인 서비스를 제공했다. 온라인으로 주문한 고객들이 초조한 마음에 주문 처리 내역을 문의하는 전화를 걸거나 이메일을 보냈기 때문이다. 이는 전자상거래가 막 자리를 잡기 시작하던 때의 일로, 당시에는 고객이 온라인으로 구매한 뒤 배송이 제대로 될지, 구매한 제품이 제때 도착할지 의구심을 가지고 있었다.

주문 확인 시스템을 정립한 후 아마존은 모든 상품 카테고리에 대해 고객의 문의 건수를 거의 0까지 줄였으며, 이제는 모든 온라인 쇼핑몰이 아마존의 방식을 따라 주문 확인 메시지를 발송하고 있다. 전자상거래가 안정화되어 고객들이 점차 한 번에 여러 개의 상품을 주문하는 일이 늘면서 주문 한 건당 배송이 여러 건인 경우가 많아져 배송 확인 절차는 갈수록 복잡해졌다. 하지만 시간이 지남에 따라 배송 확인 서비스는 더욱 정확해졌고, 그 결과 아마존의 고객 문의 건수는 더욱 줄어들었다.

아마존은 또한 고객과의 약속을 이행할 수 없을 경우를 대비해 이메일 발송 서비스를 시작했다. 이는 아마존이 어떠한 이유에서건 고객이 요청한 시간에 상품을 배송하지 못할 경우, 이 사실을 미리 고객에게 알리고, 고객이 아마존의 이메일 계정에 접속해 주문 상품 전체나 일부를 취소할 수 있게 하는 시스템이었다. 이 메시지를 접한 아마존 고객들은 대부분 깜짝 놀랐고, 어떤 경우에는 다음과 같이 긍정적인 답변을 보내기도 했다.

"괜찮아요. 이 상품은 2주 후에 있을 우리 아들의 생일 선물로 구입한 것입니다. 그러니까 배송할 수 있을 때 보내주세요. 감사합니다."

2. 알래스카 항공: 연착되고 있지만 목적지까지 모셔다 드리겠습니다

시애틀에 기반을 둔 알래스카 항공은 항공기 지연이나 결항을 알려주는 능동적인 알림 메시지 발송 서비스의 개척자다. 알래스카 항공은 지연 또는 결항을 알리는 메시지를 발송하면서 고객이 필요하다면 예약 센터와 통화할 수 있게 했다. 알래스카 항공의 영업 및 고객서비스 담당 부사장인 스티브 자비스에 따르면, "능동적인 서비스를 제공하는 것은 곧 고객을 생각한다는 의미다."라며 일정이 지연되거나 결항하면 항공사는 고객에게 자동 알림 메시지를 보냈고, 경우에 따라서는 탑승 가능한 다음 항공편을 예약해주었다.

이에 대해 스티브 자비스는 이렇게 말했다.

"우리는 고객의 시간이 소중하다는 사실을 잘 알고 있습니다. 그래서 항공 스케줄에 변화가 생기면 최대한 빨리 고객에게 이 사실을 알리고, 고객이 원한다면 예약센터와 바로 통화할 수 있도록 관련 조치를 취하고 있습니다."

그 결과, 알래스카 항공은 고객 신뢰도 조사에서 높은 점수를 받았을 뿐만 아니라 운영 비용을 줄이고, 서비스 수준도 개선되었다. 이것이야말로 진정한 윈-윈-윈이라 할 수 있다.

3. 퓨젯사운드에너지: 폭풍우를 견뎌내다

최근에 시애틀과 그 주변 지역을 덮친 얼음 폭풍과 관련해 두 공공서비스회사가 상반되는 서비스를 선보였다. 지난 10여 년 동안 능동적인 알림 서비스를 제공해온 퓨젯사운드에너지는 고객들에게 서비스 복구 상황 및 지역이나 거리의 실시간 상황, 혹한으로 발생한 정전 사태에 어떻게 대응해야 하는지 알려주었다. 이와 대조적으로 다른 회사는 과거에 악천후로 비슷한 경험을 한 적이 있고, 또 옆 동네의 공공서비스회사가 능동적인 서비스를 제공하고 있음에도 불구하고 아무런 사전 알림 서비스를 제공하지 않았다. 그 결과, 이 기업은 격분한 주민과 규제 당국의 압력을 받게 되었다.

퓨젯사운드에너지의 고객서비스 통합 기술 부서의 전 책임자였던 웨스 피트먼Wes Pitman은 이렇게 말했다.

"고객은 '폭풍우를 견뎌내기' 위해, 필요한 생활 대비책을 마련하기 위해 어떠한 정보라도 알기를 원한다. 엄청난 폭풍우 속에서 정전 복구 작업을 하는 것은 여간 복잡한 일이 아니다. 따라서 고객 개개인에게 세부적인 정보를 제공하는 것도 매번 가능한 것은 아니다. 그러나 ARS를 통해 고객에게 확인된 정보, 특히 주변 지역의 정보를 알린다면, 고객이 상담원과 통화하기 위해 대기하는 시간을 최대한 줄일 수 있다. 고객에게 답변을 주기 위해 ARS에 실시간으로 업데이트해야 할 사항들은 정전이 일어났다는 사실, 정전이 일어난 범위, 정전이 일어난 이유, 그리고 전기가 복구되는 데 예상되는 소요 시간 등이다. 이렇게 정전과 관련된 일반적인 고객의 요구 사항은 자동화 서비스가 처리하게 하면서 상담원은 악천후 시에 걸려올 수 있는 응급 전화에 재빨리 대응할 수 있도록 했다."

4. XM: 잠시 장애를 일으킨 것이며, 서비스를 중단한 것은 아닙니다

방송이나 기술 서비스 장애 시, 가입자들은 큰 불편을 겪는다. 예상치 못하게 서비스 접속이 안 되면 서비스를 해지하거나, 서비스 제공업체에 질문 세례를 퍼붓거나, 아니면 단순히 현재 서비스가 제대로 제공되지 않고 있다는 사실을 알리면서 전화통을 마비시킨다. XM 라디오의 서비스 장애 사태는 능동적인 알림 기능으로 고객의 동요를 가라앉히는 동시에 가입자들에게 최근 정보를 알려주는 것이 얼마나 효과적인지를 보여준다.

미국의 위성 라디오 방송국인 XM은 매달 수신료를 받으면서 광고가 없는 음악, 뉴스, 스포츠, 논평 방송 채널을 150개 이상 제공한다. 그런데 2007년 초에 시스템에 장애가 발생했다. 이 회사에서는 모든 가입자에게 이메일 메시지를 세 차례나 보내 시스템 장애가 일어난 사실과 서비스 복구 예상 소요 시간을 알렸고, 서비스 복구 사실도 통지했다. 이 회사는 계획대로 메시지를 발송하여 서비스 장애를 알고 있다는 것을 알리고, 고객에게 관련 정보를 공지해 큰 문제 없이 이 사태를 넘길 수 있었다.

5. 퍼스트다이렉트: 정확한 계좌 잔고를 알려드립니다

퍼스트다이렉트도 다른 은행들처럼 거의 매달 계좌 잔고를 확인하는 고객들의 전화를 받았다. 이 고객들은 아마도 대출 이자나 거액의 납입금을 내기에 충분한 현금이 계좌에 있는지 확인 차 전화를 했을 것이다. 퍼스트다이렉트는 이런 고객들에게 기발하고 간단한 해결책을 제시하기로 하고, 이후 고객들에게 휴대전화 문자메시지를 통해 정기적으로, 또는 특정 한도액이 넘었을 경우에 계좌 잔고를 알려주는 서비스를 이용할 수 있음을 알렸다. 그러자 무려 360만 명에 이르는 고객이 이 서비스를 선택했다.

미국의 한 은행은 같은 문제에 대해 다른 능동적인 방식으로 대처했다. 이 은행은 분석 기술을 이용해 정기적으로 잔고를 확인하기 위해 전화를 거는 고객들을 가려냈다. 그리고 이를 토대로 이 고객들이 고객센터에 전화하면 시스템이 고객의 전화번호를 인식해 ARS 메뉴로 넘어가기 전에 잔고를 먼저 알려주었다. 이는 고객을 끌어들이는 셀프서비스인 동시에 능동적인 알림 서비스의 사례로 볼 수 있다.

6. 메디뱅크프라이빗: 능동적인 서비스는 투자할 가치가 있다

의료보험은 고객 입장에서 보면 돈이 아까운 상품이다. 건강에 아무 문제가 없거나 어떠한 치료도 받지 않았다면 일 년 내내 보험료를 내고도 아무런 혜택을 받지 못하기 때문이다. 호주의 대형 의료보험사인 메디뱅크프라이빗에서는 지난 10개월 동안 한 번도 기업에 연락하지 않은 고객은 다른 보험사의 더 저렴한 보험 상품으로 바꾸려고 하거나 아예 개인 의료보험 상품을 해지하려고 하는 것으로 간주해 먼저 연락을 취했다.

그리고 전화상으로 고객이 적절한 보험 상품에 가입하고 있는지 확인했다. 이 과정을 거쳐 어떤 고객은 기존 수준의 보장 범위를 유지했고, 개인 보험을 해지하려던 고객들은 보장 범위가 낮은 대신 보험료가 저렴한 상품으로 바꾸었다. 이렇게 연락을 받은 고객들은 이탈률과 해약률이 훨씬 낮아 고객 이탈을 방지하기 위한 능동적인 연락이 매우 가치 있다는 점을 증명했다. 메디뱅크의 직판 및 서비스 부서 책임자던 틸롯슨은 고객에게 먼저 연락하는 능동적인 서비스는 투자할 만한 가치가 있다고 이렇게 말한다.

"고객은 일 년 내내 우리 상품이 제공하는 혜택을 받지 못할 수도 있다. 그럴 때 우리 전화를 받은 고객은 시간을 내서 고객에게 조언하고 서비스를 제공하는 것에 대해 매우 고마워한다. 우리는 이런 능동적인 서비스가 고객의 이탈을 막고 고객이 우리 상품과 서비스를 더욱 이해하는 데 도움을 준다는 것을 증명했다."

7. AOL 프랑스: 저희 모뎀을 무료로 드리겠습니다

초고속 인터넷은 최근 몇 년 사이에 많은 나라, 특히 프랑스에서 붐을 일으켰다. 프랑스에서 남들보다 발 빠르게 초고속 인터넷을 설치한 사람들은 인터넷을 편하고 빠르게 이용할 수 있었다. 한 고객은 다음과 같은 상황이 벌어지기 전까지는 자신의 ISP인터넷 제공업체에 만족하고 있었다. 어느 날, 이 고객은 3일 동안 인터넷이 접속되지 않자 서비스센터에 연락했다. 20분을 기다린 끝에 겨우 상담원과 통화했는데, 이후 이 고객은 한 달 동안 6~7번가량 전화를 해야만 했다. 한번은 상담원과 통화하면서 한 달간 인터넷이 연결되지 않았다고 하자 이런 답변이 돌아왔다.

"네, 고객님, 이해합니다. 하지만, 고객님도 아시다시피 5년 전만 해도 아무도 인터넷을 이용하지 않았고 아무런 문제도 없었죠. 그러니 조금 더 인터넷 없이 생활하셔도 큰 문제가 되지 않을 거라고 생각합니다."

이는 고객센터가 아무런 통제권도 갖지 못한 채 매일 쏟아지는 성난 고객의 전화 수백 건을 응대만 하는 안타까운 현실을 보여주는 사례다. 이 대답을 들은 고객은 인터넷을 해지하겠다고 했다. 그런데 바로 다음 날, 이 회사의 고객유지팀이 전화를 걸어서 인터넷 서비스를 해지하지 말라고 설득하며 일주일 안에 문제를 해결하겠다고 약속했다. 고객은 ISP를 바꾸려면 몇 가지 사안을 해결해야 하는 수고를 감수해야 한다고 생각해 한 번 더 기회를 주기로 마음먹었다. 하지만 문제는 끝내 해결되지 않았고, 고객은 결국 이 회사의 인터넷 서비스를 해지했다.

고객은 새로운 ISP를 찾아본 끝에 이번에는 AOL 프랑스를 선택했다. 그리고 기존에 쓰던 모뎀이 있었으므로 모뎀을 제공하지 않는 서비스를 신청했다. 이틀 후, 고객은 인터넷에 연결할 수 있는 아이디와 비밀번호가 포함된 신규 가입 패키지를 받았다. 정보를 입력했는데, 인터넷 연결이 되지 않았다. 고객은 AOL 프랑스의 고객센터에 전화해 상담원에게 문제를 설명했다. 상담원의 말대로 인터넷 연결을 재차 시도해도 연결이 되지 않았다. 상담원이 절차를 두세 가지 바꿔 계속 실행해 봤지만, 여전히 인터넷은 연결되지 않았다. 그러자 상담원이 이렇게 말했다.

"죄송합니다, 고객님. 제가 계속 시도해봤는데 연결이 안 되네요. 제 생각에는 고객님께서 사용하시는 모뎀이 저희 서비스와 맞지 않는 것 같습니다. 하지만 고객님께서는 저희 모뎀을 대여하지 않고 기존의 모뎀을 사용하기를 원하신다는 것을 알고 있습니다. 저희 모뎀을 무료로 보내드릴 테니 교체해서 사용하시기 바랍니다. 이틀 안으로 저희 모뎀을 받아보실 수 있으실 겁니다. 어떠신가요, 고객님?"

이는 능동적인 서비스를 보여주는 아주 훌륭한 사례다. 분명히 AOL 프랑스의 고객센터 직원은 문제에 대한 통제권을 쥐고 이를 해결할 권한도 가지고 있었던 것이다. 이틀 후에 이 고객은 새로운 모뎀을 받았고, 모뎀을 설치하자 바로 인터넷이 연결되었다. 이 사례에서 AOL이 부담한 비용은 모뎀 값이었지만, 이런 조치를 통해 긴 상담 시간이 소요되는 기술 문제에 관한 고객의 문의를 얼마나 많이 피할 수 있었겠는가? 중요한 점은 이런 능동적인 서비스로 고객을 얻었다는 것이다. 이는 능동적인 서비스로 고객을 얻을 수 있다는 사실을 보여주는 좋은 사례다.

5_ 해법

능동적인 서비스를 제공하기 위해서는 다음과 같은 방법을 이용할 수 있다. 이 네 가지 방법을 차례로 설명하겠다.

1. 능동적인 서비스를 제공할 수 있는 능력을 키워라

일처리가 지연되어 초조한 고객은 전화를 하거나 이메일을 보내는 등의 방법으로 불만을 토로할 것이다. 따라서 기업은 고객의 불편 사항을 유발할 수 있는 잠재적인 원인 가운데 어떤 것이 가장 중요하고 먼저 처리되어야 하는지 파악해야 한다. 능동적인 서비스를 제공하는 것이 진정으로 가치 있는 일인지는 다음의 세 가지 변수를 확인함으로써 판단할 수 있다.

1. 능동적인 서비스로 사전에 막을 수 있었던 고객의 요구 사항 처리에 소요된 비용
2. 능동적인 서비스로 고객에게 놀라움을 선사하여 얻은 수익과 고객을 유지하여 얻은 이익
3. 능동적인 알림 서비스를 실행하는 데 소요되는 비용

이 변수들을 계산하는 것은 쉬워 보이지만, 사실 그리 간단치는 않다. 고객에게 먼저 연락하는 능동적인 서비스로 고객의 요구 사항을 몇 퍼센트나 줄일 수 있을지 파악하기란 매우 어려운 일이기 때문이다. 하지만 시간이 지나고 경험이 쌓이면 이런 변화가 일어나는 비율을 예측할 수 있다. 이는 충분히 줄일 수 있다고 여겨지는 고객의 요구 사항과 고객을 상대하는 부서를 대상으로 실험하기에 이상적인 주제다.

수익 창출 효과는 고객의 요구 사항이 줄어든 것을 측정하는 것보다 계산하기가 더 어렵다. 하지만 기업에서 비용을 산출할 때 이용하는

방식만으로도 충분히 능동적인 서비스의 효과를 측정할 수 있다. 수익과 관련한 문제는 고객 유지 또는 대체 상품 판매를 위해 취한 연락과 같이 수익 창출에 초점을 둔 연락 건에서는 더 중요한 사안일 것이다. 성공한 기업들은 이와 관련하여 고객 유지 모델을 사용하기도 했다.

호주의 대형 통신사인 텔스트라는 휴대전화 이용 고객의 요금제 사용 행태를 관찰한다. 그리고 가입한 요금제에서 정한 통화량보다 훨씬 많이 통화하거나 적게 통화하는 고객에게는 상담원이 연락해서 고객들의 생활양식과 휴대전화 이용 패턴에 적합한 요금제를 추천한다. 이런 서비스 방식이 자사의 수익을 감소시키는 이해할 수 없는 행동으로 여겨지겠지만, 요금제에서 정한 통화량보다 많이 쓰거나 적게 쓰는 고객에게 아무런 조치도 하지 않는 것이 오히려 수익을 감소시키는 일이다.

월 요금제에서 정한 통화량보다 현저히 적게 통화하는 고객은 언젠가는 과도한 요금을 내고 있다는 사실을 알고 저렴한 요금제를 제공하는 다른 통신사로 옮겨갈 가능성이 크다. 반면 요금제에서 정한 통화량보다 많이 통화하는 고객은 초과 통화량에 대한 요금을 계속 물다가 더 매력적인 요금제를 제공하는 통신사로 옮겨갈 수도 있다. 여러 차례의 실험 결과, 텔스트라의 추천에 따라 새로운 요금제로 바꾼 고객들은 서비스에 더 만족하고 더 높은 충성도를 보였다. 이처럼 능동적인 서비스를 제공받은 고객들은 요금제에서 정한 양보다 많이 혹은 적게 통화하는데도 통신회사에서 아무런 연락을 받지 않은 고객들보다 이탈률이 현저히 낮았다. 이렇게 텔스트라는 능동적인 서비스 제공 전략이 곧 수익으로 이어짐을 증명한다.

고객에게 연락하는 데 소요되는 비용을 산출하는 것도 중요한 부분을 차지한다. 이메일과 SMS 발송에는 비용이 별로 들지 않는다. 반면에 우편은 비용과 시간 모두 더 많이 소요된다. 따라서 우편은 긴급한 상황이나 급한 사안에는 활용하기에 유용하지 않다. 고객에게 전화를 하거나 고객을 직접 방문하는 것 또한 많은 비용이 소요된다. 능동적인 알림 서비스가 가져올 수 있는 효과를 파악하려면, 먼저 능동적으로 연락해서 고객이 나중에 고객센터에 연락할 일이 전혀 혹은 거의 없게 하는 방법의 효과와 이득에 대해 파악해야 한다.

때로는 고객이 필요로 하는 것을 알아서 판단해 바로 실행할 필요도 있다. 한 방화벽 소프트웨어 제공업체는 고객의 동의나 조치 없이도 소프트웨어 스스로 업데이트를 하고, 한 바이러스 검사 프로그램 제공업체는 고객의 PC에 최신 바이러스 프로그램만 깔면 리스트를 자동으로 업데이트한다. 이는 백그라운드식의 능동적인 알림 서비스의 사례다.

또 한 가지 본받을 만한 사례는 IT 기술 서비스의 권위자인 아이비 미도스의 방법이다. 아이비 미도스는 능동적인 서비스의 사례를 제시하면서 문제가 발생하기 전까지 기다리지 않고 능동적인 서비스를 제공하는 직원 지원 프로그램에 대한 명확한 목표를 제시했다. 그는 능동적인 서비스의 모범 사례로 HP의 네트워크 모니터링 프로그램을 언급했는데, 이는 스스로 토너량을 확인하고, 토너나 카트리지 교체가 필요하면, 고객서비스 직원을 보내거나 새로운 토너를 주문해 주는 프로그램이다.

이에 대해 아이비 미토스는 "국제적인 기술 서비스 조직 가운데 능동적인 서비스를 제공하는 곳은 소수에 불과하다. 많은 기업들이 능동적인 서비스에 소요되는 비용을 안타깝게도 간접비로 여기기 때문이다. 하지만 기업은 직원이 일일이 나서서 문제를 해결하는 데 소요되는 숨겨진 비용, 직원이 문제를 해결하러 갔을 때 다른 많은 문제를 해결할 기회를 놓친 대가, 그리고 고객이 기업에 연락하는 사안 중 15~20퍼센트는 능동적인 서비스를 제공했더라면 충분히 사전에 없앨 수 있는 부분이라는 사실에 대해서는 까맣게 잊고 있다"라고 말했다. 6장에서도 언급하겠지만, 아이비 미도스는 문제를 해결하는 데 궁극적인 역할을 담당하는 부서가 고객서비스 부서와 함께 문제를 해결하기 위해서는 문제 해결에 소요된 비용을 문제를 유발한 기술 부서에 부과해야 한다고 주장한다.

능동적인 서비스를 하기 위해 반드시 갖추어야 할 중요한 능력이 두 가지 있다. 첫째는 2장에서 설명한 가치-방해 요인 매트릭스를 포함하여 언제 능동적인 서비스를 제공할지를 판단하는 분석 능력이며, 둘째는 능동적인 알림 메시지를 전송하는 장치다.

능동적인 알림 서비스를 언제 사용해야 적절한지를 판단하는 데는 여러 해 동안 소프트웨어 프로그래밍 버그를 제거하기 위해서 사용한 과정을 사례로 들 수 있다. ITIL(Information Technology Infrastructure Library, IT 서비스를 관리하고 품질을 향상시키는 데 필요한 가이드 문서집-옮긴이)은 기업들이 우선순위를 어디에 두어야 하는지를 이해하는 데 도움을 주며, 고객서비스에 쉽게 적용할 수 있다. ITIL은 설계자가 우선순위와 긴급한 사안을 판별하는 기준을 정의할 수 있게 해주며, 모든 부서가 고객의 참여를 토대로 고안한 고객의 언어를 사용하도록 도와준다. 그림 4.1은 이 과정을 실행 방안으로 표현해 간단하게 보여준 것이다.

[그림 4.1] 우선순위 매트릭스와 우선순위에 상응하는 서비스 수준

문제 해결과 관련한 서비스수준협약(SLA)

우선 순위	문제를 인정하고 인력을 배정하는 데 소요되는 시간	문제를 해결하고 문제를 해결했는지 확인하는 데 소요되는 시간
1	10분	하루
2	1시간	3일
3	3시간	일주
4	8시간	이주
5	24시간	삼주

영향-긴급성 매트릭스는 다섯 단계의 우선순위로 구성되며, 각기 우선순위에 서비스 수준을 제시한다. 그림 4.1에 소개된 시스템이나 ITIL에 기반을 둔 비슷한 시스템 또는 이보다 간단하게 높음 - 중간 - 낮음 정도로 우선순위를 표시한 시스템을 이용하면, 고객 이탈을 막고 능동적인 서비스를 정립할 수 있을 것이다.

다음으로 갖추어야 할 중요한 것은 능동적인 알림 서비스를 정립하는 능력이다. 대부분의 기업은 고객의 집이나 사무실 전화번호를 알고 있어서 우편이나 전화로 연락을 취할 수 있다. 하지만 이보다 저렴하고 빠른 방법이 있다. 이메일을 보내거나 휴대전화로 전화하거나 문자 메시지를 보내는 방법이다. 최근 들어 기업들은 이제서야 이런 정보를 수집하거나 저장하고 있다.

온라인뱅킹에서 고객의 이메일 주소를 수집하는 것은 자연스러운 일이다. 하지만 몇몇 산업에서는 스팸메일 방지 법규 때문에 고객의 동의 없이 이메일 보내는 것을 주저한다. 여기서 능동적인 서비스를 제공한다는 것은, 고객의 동의 하에 선호 사항이나 정보를 수집해 활용하는 것을 말한다. 이는 신규 고객을 유치할 때, 특정 매체를 통해 메시지를 보내도 되는지, 어떤 사안으로 메시지 받기를 원하는지 등을 파악하기 위해서다. 하지만 고객들은 자신의 이메일 주소나 휴대전화 번호가 부적절한 곳에 사용되지 않는다는 사실을 확인하고 싶어 한다.

지금까지 왜 능동적인 알림 서비스를 제공하는 것이 가치 있는 일이며, 이를 가능하게 하는 방법에는 어떤 것이 있는지 알아보았다. 이제 능동적인 서비스를 언제 제공할 것인지 살펴볼 차례다.

2. 능동적인 알림 서비스를 제공할 계기를 찾아라

우선순위를 정하고 고객과 능동적으로 소통하는 능력을 길렀다면, 이제 능동적인 알림 서비스를 제공할 계기를 찾아야 한다. 그러려면 앞서 언급했듯이 고객의 사전 동의를 얻는 것이 무엇보다 중요하다.

고객이 어떤 매체로 메시지를 받기 원하는지 확인해야 하며, 원하는 방식을 순서대로 구체화하면 이상적이다. 또한 고객이 메시지 수신을 원하지 않으면 언제든 중단해야 한다. 그렇다면, 적절한 계기는 어디에서 찾을 수 있을까? 표 4.1을 보자.

[표 4.1] 능동적인 서비스를 제공할 계기

계기	사례
예상치 못한 문제 또는 고장 (예상 밖의 일)	· 연착된 항공편 알림 · 상품 리콜 공고, 정전 또는 단수 공고
업무 처리 과정에 대한 고객의 기대치 관리	· 온라인 지원서를 다운로드하는 데 걸리는 시간 · 보험금을 청구하기 위해 거쳐야 하는 단계 · 주문 및 배송 진행 상황, 케이블 TV 설치 과정 · 주택담보대출 신청과 승인 절차
고객이 가장 관심을 두는 사안 고려	· 신용카드와 관련한 예외적인 행동 　예1: 평소 사용 지역이 아닌 다른 곳에서 사용한 카드 내역, 사용 한도에 가까워지거나 추가 비용을 유발할 수 있는 상황 　예2: 들면 추가 요금을 유발하게 될 인터넷 사용량, 요금제에 명시된 정해진 통화량을 초과한 휴대전화 통화량 · 보험금 청구 한도 금액에 가까운 보험금을 청구한 의료보험 가입자
필수적으로 실행해야 하는 사항을 상기시키는 것	· 자동차 구매 고객에게 A/S 기간이 만료되었다는 사실을 알림 · 제품의 보증 기간을 지속적으로 알려주고 구매 제품의 보증 기간이 만료된 고객에게 알림 메시지 전송
고객 유지	· 약정 기간이 만료되기 전 서비스 연장 여부 확인 · 현저히 많거나 현저히 적은 제품 사용률 알림 · 고객이 회사의 서비스를 해지하지 않을 적절한 요금제 알림
고객이 과거에 회사에 연락한 이유와 고객의 행동 양식	· 고객이 회사에 연락하는 것은 잔고를 확인하기 위해서라는 사실을 파악
고객에게 통제권을 주는 방식으로 정보를 제공	· 능동적인 잔액 알림 서비스

각각의 계기에는 세심한 분석이 필요하다. 어느 과정, 어떤 이유가 능동적인 서비스를 합리화하는지 판단하려면 다음의 사항들을 진단

해야 한다.

1. 기업에 접수되는 고객의 요구 사항 건수와 이를 처리하는 데 소요되는 비용(고객 연락 사유가 분명하게 파악되었는가? 그 이유는 고객의 문의 건수가 많은 사항인가?)
2. 이런저런 이유로 연락하는 고객의 비율(고객의 99.9퍼센트가 현재의 대응 방식의 서비스에 만족한다면, 능동적인 서비스를 제공할 가치가 있는가?)
3. 능동적인 서비스로 높아진 정확도와 메시지 전달 성공률. 예를 들면 아마존은 고객이 주문 내역을 명시한 자신들의 이메일을 읽을 것이라는 사실을 알고 있다. 만약 기업이 똑같은 사안으로 고객에게 연락한다면, 전화는 이메일보다 메시지 전달 성공률이 낮을 것이다.
4. ML 방법론에서 설명한 고객과 기업이 느끼는 중요함과 긴급함의 정도
5. 서비스 가능한 고객 지원 채널 및 각 채널의 고객서비스 성공률

이런 계기들을 고려해 기업은 능동적인 알림 서비스가 얼마나 필요한지 판단해야 한다. 아마존은 자사가 제공하는 각기 다른 거래에서 여러 가지 능동적인 알림 서비스를 파악했다. 기업이 능동적인 서비스 제공을 고려할 만한 계기는 매우 많다. 복잡한 서비스 과정 몇 가지를 살펴보고, 이 과정들을 어떻게 처리해야 하는지 알아보자.

3. 능동적인 알림 서비스를 포함해 문제에 책임지고 관여하라

몇 년 전 〈하버드 비즈니스 리뷰〉에 게재된 기사 '고객 주문 건에 대

해 책임지기'에서 샤피로, 랭건, 그리고 스비오클라는 역할이 불분명한 많은 부서가 서로 얽혀 업무 처리를 지연시키고 있다고 언급했다. 그리고 그 결과, 고객은 거래 진행 상황 정보나 운영 정보를 한참을 기다려야만 알 수 있다는 것에 기업 임원들이 관심을 기울이지 않고 있다고 역설했다. 우리는 다음의 여섯 단계로 이 개념을 고객서비스에 적용해보았다.

이를 통해 기업들은 각 단계가 서비스 과정의 어느 단계에 해당하고, 누가 각 단계를 실행해야 하는지 파악할 수 있을 것이다. 이는 문제에 책임을 지는 과정으로, 고객의 문제를 처리하는 데 필요한 모든 단계에 걸쳐서 고객이 제기한 문제와 기업이 처리한 사안을 모두 살펴 누가 언제 무엇을 하는지 확인하는 것이다. 이 접근법은 보험금 청구, 대출 신청, 여권 신청, 공공서비스나 방송 시설 연결 신청 등의 복잡한 과정에도 적용할 수 있다.

[그림 4.2] 고객 주문 건에 대해 책임지는 여섯 단계

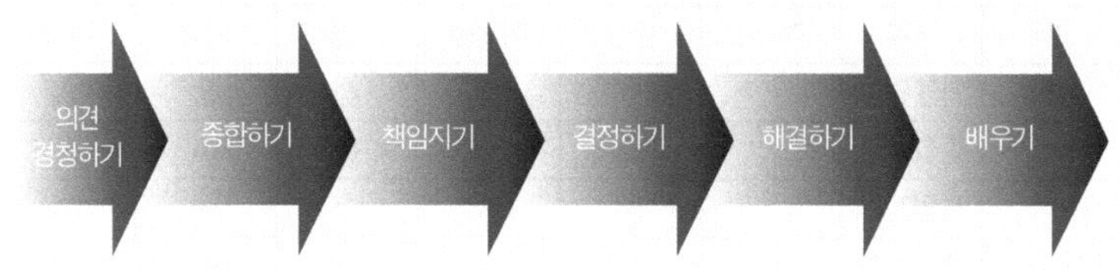

이 개념은 서비스 과정을 이해하는 데뿐 아니라 어느 시점에 능동적인 서비스가 필요한지(정보를 얻거나 정보를 제공하는 행위), 능동적인 서비스가 제공되어야 하는 업무 처리 지연 상황이나 예외 사항에 어떤 것

들이 있는지 파악하는 데도 필요하다. 예를 들어 고객이 신용카드 신청서가 처리되는 데 일주일 정도 걸릴 것이라고 예상했는데 실제로는 신청서 처리가 더 늦어진다면, 직원은 신청서를 낸 고객에게 이 사실을 알려주어야 할까? 보험금 청구 건과 같이 민감한 사안이라면 우리의 대답은 당연히 '그렇다'이다. 고객에게 처리 과정이 지연되고 있다는 사실을 알려 기대치를 조정함으로써 벌 수 있는 시간과 고객의 호감도는 어느 정도나 될까? 아마 엄청날 것이다. 고객에게 미리 알려주면 고객은 더 관대해진다. 모르는 것이 결코 약이 아니다.

기업이 제대로 문제에 책임지고 관여하지 않는다면, 문제 처리에 관한 역할과 책임이 올바르게 설정되지 않아 고객은 기업과의 거래에서 방치될 수밖에 없다. 우선 각 부서의 역할을 나열하고 비교하기 위해 책임, 실행, 자문, 그리고 정보 전달이라는 'RACI 체계'를 이용하여 나타낸 표의 '변화 전' 그림을 살펴보자.

[표 4.2] RACI(변화전)

● 책임　● 실행　● 자문　● 정보를 전달받음　○ 역할 없음

고객	단계	고객서비스	운영	마케팅	개발	영업	경영진
자문	의견 경청	책임	책임	실행	자문	자문	자문
	종합하기	책임	책임	실행	자문	자문	자문
	책임지기		실행	실행	자문	자문	자문
	결정하기		○	실행	자문	자문	자문
정보	해결하기	○	○	정보	자문	자문	자문
	배우기			○	자문	자문	자문

이 분석 결과는 몇 가지 큰 문제점을 시사한다. 첫째로 과정 초기에 책임이 중복으로 나타난다. 더 심각한 점은 고객서비스 부서와 고객이

계속 아무런 정보도 전달받지 못하다가 마지막 단계에서 마케팅 부서가 해결책을 제시할 때 비로소 알게 된다는 것이다. 이 과정에서는 경영진과 고객서비스 부서가 개입하지 않아 아무런 교훈도 얻을 수 없다. 이는 불필요한 고객 요구 사항이 생기게 하는 지름길이 된다.

다음 표는 이와는 완전히 다른 그림을 보여준다. 각 단계에서 올바른 관계자들이 개입하고 정보 전달 과정에서 고객을 소외시키지 않는 최고의 능동적인 서비스 과정을 보여준다.

[표 4.3] RACI(변화 후)

● 책임　● 실행　● 자문　● 정보를 전달받음　○ 역할 없음

고객	단계	고객서비스	운영	마케팅	개발	영업	경영진
실행	의견 경청	책임	책임	책임	정보를 전달받음	자문	정보를 전달받음
	종합하기	역할 없음	책임	자문	정보를 전달받음	자문	자문
정보를 전달받음	책임지기	정보를 전달받음	정보를 전달받음	책임	자문	자문	정보를 전달받음
정보를 전달받음	결정하기	정보를 전달받음	정보를 전달받음	책임	자문	자문	정보를 전달받음
정보를 전달받음	해결하기	정보를 전달받음	책임	책임	역할 없음	자문	정보를 전달받음
실행	배우기	책임	정보를 전달받음	책임	정보를 전달받음	정보를 전달받음	정보를 전달받음

RACI 체계는 복잡한 과정들의 각 단계에 적용할 수 있다. 주택담보 대출 신청을 예로 들면, RACI 체계는 신용 평가와 자산 평가와 같은 중요한 단계에 적용할 수 있다.

영업과 고객 유지 입장에서 보면 문제는 조금 달라진다. 능동적인 서비스는 업무 처리 과정보다는 고객의 지식과 관계에 의해 더 영향을 받는다. 쇼사나 주보프의 '폭 깊은 지원'이라는 개념은, 중요하거나 긴급한 상황에서 고객에게 능동적인 서비스를 제공하는 것이 중요하다는 것을 보여준다. 데니스 폼브라이언트는 이 개념을 다음과 같이 설

명했다.

"주보프에 의하면, 영업 부분만 따로 놓고 볼 때 우리는 다음 번에도 고객이 구매하게 하려면 무엇을 해야 하는지 자문해야 한다. 고객과의 관계 안에 서비스가 녹아들게 해야지, 관계 밖에서 따로 떼어 내서 생각하면 안 된다. 고객과의 관계와 서비스, 이 두 가지를 함께 생각하는 것이 기업과 고객 관계를 형성하는 기본이며, 이것이 바로 주보프가 말하는 '폭 깊은 지원'이다. 이는 우리가 지향해야 할 새로운 패러다임이다. 가장 바람직한 서비스는 기업이 고객을 잘 파악하여 고객이 무엇을 원하는지 예측하고, 적절하고 능동적인 서비스 방안을 미리 마련하는 것이다. 폭 깊은 지원은 비용을 유발한다. 이 비용은 공급업체가 제품을 판매해서 얻는 수익금에서 제하거나 그렇지 않으면 비용 지불에 관한 별도의 협의가 이루어져야 한다. 제대로만 한다면, 수익을 창출하는 고객센터를 만드는 과정은 매우 간단해진다. 이로써 고객의 신뢰를 얻고, 고객과의 관계를 오랫동안 유지하겠다는 다짐을 보여줄 수 있다."

성공 사례에서 살펴보았듯이, 몇몇 기업은 이미 제품 사용 단계에서 위의 방법을 실천하고 있으며, 고객과의 관계가 지니는 가치와 고객의 태도와 관련한 지식을 바탕으로 언제 능동적인 알림 서비스가 필요한지를 판단한다.

4. 의사소통을 확실히 하라

표 4.3,과 4.4에서 볼 수 있듯이, 경영진은 문제가 해결되는 동안 고객

에게 문제를 숨겨서는 안 된다. 그리고 능동적인 알림 서비스를 제공받은 고객이 실망감을 표시할 수 있다는 사실을 예상하고, 바로 또 다른 거래를 할 수 있는 기회를 마련해야 한다. 예를 들면 다음과 같다.

- 항공사가 휴대전화로 승객이 예약한 항공편이 결항됨을 알리고 같은 행선지로 가는 다음 항공편을 예약해 놓았다는 사실을 통보하는 경우, 항공사는 고객에게 "만약 다음 항공편 예약을 원하시면 1이라고 말씀하시거나 1번을 누르십시오. 만약 승인을 원하지 않으시고 예약 상담 직원과 통화하고 싶으시면, 0이라고 말씀하시거나 0번을 누르십시오." 라고 알려주어야 한다. 만약 고객이 3시간 늦게 도착하는 경우에 회의 시간을 맞출 수가 없어 0이라고 응답한다면, 해당 승객을 상담원과의 통화 대기 순서 앞쪽에 두어야 한다. 그리고 승객을 응대하는 상담원은 항공편 예약을 취소하거나 다른 날짜에 다시 예약을 해줄 수 있어야 한다.

- 온라인 소매점이 고객에게 상품의 배송 정보를 이메일로 알릴 때, 이메일에는 반드시 고객이 웹 사이트를 재방문해서 다른 상품을 구입할 수 있도록 웹 사이트를 링크해야 한다.

- 증권사에서 고객에게 자동 응답 메시지로 고객이 예약 매도를 신청한 주식이 정상적으로 거래된 사실을 알릴 때, 추가 수익을 창출하기 위해 다음과 같은 메시지를 함께 전달해야 한다. "고객님의 자산을 효과적으로 분배하거나 재투자를 의논하시기 위해 저희 투자 전문 직원과 상담하기를 원하십니까?"

능동적인 연락은 일방적인 것이 아니다. 따라서 기업은 고객이 어떻게 반응할 것인가를 항상 염두에 두고 준비해야 한다. 어떤 고객은 알림 이메일을 그냥 지울 것이고, 어떤 고객은 답장에 고마움을 표시할 수도 있으며, 어떤 고객은 다시 답변을 요구하는 이메일을 보낼 수도 있다. 어떤 경우든 고객에게 먼저 연락했을 때, 여러 가지 반응과 답변이 올 수 있다는 사실을 기억하고 반드시 적절한 준비를 해야 할 것이다.

6_ 요약

고객에게 능동적인 서비스를 제공하기 위해서는 다음의 세 가지를 반드시 실천해야 한다.

1. 가치-방해 요인 매트릭스(2장 참조)나 영향-긴급성 매트릭스(그림 4.1)를 이용해 고객의 요구 사항이 생기도록 하는 사안들을 파악해야 한다.
2. 중요한 생활 사이클이나 수익과 관련한 고객의 요구 사항을 분류하고, 고객이 통제권을 더 행사해야 하는 부분을 파악해야 한다. 아울러 문제에 책임을 지고 해결 과정에 개입해 서비스 과정의 중요한 단계를 하나하나 살펴보고 능동적인 서비스를 제공해야 하는 이유를 파악해야 한다.
3. 고객이 원하는, 그리고 미리 준비된 매체를 통해 적절한 해결책을 도출하고, 고객과 확실히 의사소통해야 한다.

능동적인 서비스를 제공함으로써 누릴 수 있는 혜택으로는 영업률 향상, 불만을 터뜨리는 고객 감소, 직원의 업무 만족도 상승, 비용 감소

등 무수히 많다. 그렇게 본다면, 능동적인 서비스를 제공할 계기를 찾고, 고객과 확실히 의사소통하기 위해 들인 노력은 결코 헛된 것이 아니다.

캐나다 우체국의 대표이자 최고경영자인 모야 그린은 우리가 추천하는 능동적인 서비스의 접근법을 다음과 같이 묘사했다.

"고객서비스와 관련해 당신 회사의 주문은 무엇입니까? 우리에게는 고객을 위해 열심히 일해야 한다는 매우 중요한 사명감이 있습니다. 우리는 현실에 안주할 수 없습니다. 우리는 시장에 당연히 존재해야 한다는 생각으로 이미 이루어놓은 것들에 안주할 수 없습니다. 그리고 그렇게 하지 않겠습니다. 우리의 주문은 '고객의 기대에 지속적으로 부응하려면 능동적으로 노력해야 한다는 사실을 반드시 숙지하자'입니다."

7_ 설문 조사

능동적인 서비스와 관련해 부록 A의 질문들에 답하고, 기본적인 서비스에서 더 나은 서비스, 그리고 최고의 서비스로 나아가는 과정에서 당신의 기업이 어느 곳에 있는지 진단하라.

5장

고객이 쉽게
연락할 수 있게 하라

왜 내야수에게 공을 던지지 않았느냐고 물어보자, 스즈키 이치로는 "내야수를 보고 던질 시간적 여유가 없었다. 베이스가 어디에 있는지 보지 않고도 알 수 있기 때문에 공을 잡자마자 바로 베이스로 던진 것이다."라고 밝혔다.
-J. 히키(Hickey), "이치로, 매리너스 구장을 들끓게 하다"
〈시애틀 포스트-인텔리전서〉, 2003년 5월 21일자 기사 중에서

KUDELKA.
지금 자신에게 일어나는 일을 전에도 경험한 적이 있는 것 같다고 느끼시면 1번을 누르십시오.
삑!!
지금 자신에게 일어나는 일을 전에도 경험한 적이 있는 것 같다고 느끼시면 2번을 누르십시오.
삑!!
지금 자신에게 일어나는 일을 전에도 경험한 적이 있는 것 같다고 느끼시면 1번을 누르십시오.
삑!!
ARS의 블랙홀

1_ 원칙

당신이 잠재 고객일 때와 실제 고객이 되었을 때, 기업의 태도가 변하는 것을 보면 놀랍지 않은가? 당신이 잠재 고객일 때, 기업은 마케팅이나 특별 행사, 제품과 서비스를 파는 과정에서 당신의 주의를 끌기 위해 모든 것을 한다. 그리고 마케팅 부서는 밤낮 가리지 않고 고객을 위해 대기한다고 믿게 만든다. 하지만 이런 기교에 넘어가 막상 계약을 체결하고 나면, 이야기는 달라진다.

그러면 당신은 제품이나 서비스의 이용에 관해 도와줄 사람을 찾아 헤매게 된다. 끝도 없는 대기 줄에서 마냥 기다리거나 백화점 맨 꼭대기 층 어딘가에 숨겨진 반품 처리 부서를 찾아 돌아다녀야 한다. 몇몇 기업은 당신이 자사의 제품이나 서비스를 구매하기를 원하지만, 당신을 더 이상 고객으로 만나고 싶어 하지 않는 모순적인 모습을 보이기도 한다.

더 심각한 경우, 경쟁력 없는 기업들은 고객이 되려는 시도조차 어렵게 만들기도 한다. 예를 들어 어떤 백화점들은 고객의 문의를 받거나, 고객의 돈을 받을 직원이 충분하지 않을 정도로 그 수를 줄이기도 한다. 약간의 비용을 줄이기 위해 매출이 줄줄 새어나가게 내버려두는 것은 정말 황당한 일이 아닐 수 없다.

어떤 자료를 보면, 제품이나 서비스에 불만을 느낀 고객 열 명 중에 단 한 명만이 기업에 불만을 제기한다고 한다. 불만을 표시하지 않은 나머지 고객 90퍼센트가 느낀 불편함에 대한 의견이야말로 현재, 그리고 미래의 고객 유치를 위해 귀 기울여야 할 보석 같은 이야기일 수 있는 것이다. 더욱이 침묵하는 다수의 고객들은 자신이 겪었던 형편없는 서비스에 대해 주변 사람에게 말할 것이 분명하며, 그 소문이 인터넷의 블로그나 다른 매체를 통해 확산되면 현재 고객뿐 아니라 잠재 고객에게도 막대한 영향을 줄 수 있다.

그러므로 기업은 애초에 고객의 요구 사항이 생기기 전에 큰 변화를 불러올 중대한 조치를 취해야 한다. 이 조치들은 처음에는 많은 고객이 연락하는 상황을 초래해 자칫 잘못된 방향으로 가는 것처럼 보일 수도 있다. 여기에는 과거에는 담을 쌓고 지냈던 고객들의 의견에 통로를 활짝 열어 그들이 자신들의 의견을 쉽고 자유롭게 전달할 수 있도록 하는 방안도 포함된다.

앞으로 논의하겠지만, 불행히도 많은 기업들은 연락 절차를 매우 까다롭게 만들어 놓은 탓에 고객이 진정으로 원하고 필요로 하는 것을 듣지 않고 외면해 왔다. 또한 일부 기업들은 고객의 요구 사항을 무시하면서까지 문제를 덮어 왔다. 그리고 고객들은 이런 기업에 해결 법을 요구하는 대신 스스로 해결 방법을 찾거나 거래를 중단하는 방법을 선택했다. 이렇게 고객이 서비스를 요청하는 것을 어렵게 하는 것은 매우 위험한 일임에 분명하다.

고객이 연락하기가 어려우면, 무엇이 그들을 화나게 하는지, 제품이나 서비스의 어떤 면에 불만이 있는지, 그들이 무엇을 좋아하고 무엇을 싫어하는지, 무엇 때문에 그들이 더 많이 구매하거나 구매를 꺼리는지 알 수 없다. 어떤 기업들은 고객이 연락하는 방법과 시기를 철저히 통제해 어떤 위험도 감수할 준비가 된 것처럼 보인다.

이들은 이런 통제가 위험한 상황을 초래할 수 있다는 것을 인식하지 못한다. 고객들이 쉽게 연락하지 못하도록 하는 것은 고객과의 관계를 단절하고, 기업의 운영 상황을 제대로 파악하지 못하게 하는 사고를 조장하기 때문에 자멸의 지름길이 된다. 고객은 제품이 어떻게 작동하는지, 직원들이 어떻게 행동하는지, 경쟁자는 어떤지 등 다양한 정보를 알려주는 소중한 눈과 귀다.

이 장에서는 고객과 소통의 장을 넓히고, 고객이 쉽게 연락할 수 있게 함으로써 기업이 어떤 혜택을 누릴 수 있는지 살펴볼 것이다. 먼저 고객이 더 원활하게 의견을 전달할 수 있게 하는 세 가지의 '성숙도 단계'를 알아보자.

1. 소통의 문을 마련하라. 고객들과 소통하는 데 필요한 기본적인 장치들을 마련하라.

2. 소통의 문을 열어라. 단순히 고객이 연락하는 것을 넘어 무엇을 말하는지 분석하고, 요구 사항이 생기지 않도록 고객과 적극적으로 소통하는 것을 권장해야 한다. 여기에서 기본적인 전제는 고객의 요구 사항이 생기지 않도록 하려면 고객과 더욱 적극적으로 소통해야 한다는 것이다.

3. 소통의 문을 통해 고객의 의견을 받아들여라. 먼저 기업은 고객의 입장에서 고객과의 소통 시스템을 다지고 정립해야 한다. 이를 통해 소통 시스템이 성숙 단계에 이르면, 고객이 다양한 상황에서 연락할 것을 고려해 연락 방식에 대해 고민하고, 더 많은 선택권을 줘야 한다.

2_ 다른 산업에서의 사례들

1. 위키마니아

소통의 문을 만들고 여는 대표적인 사례로는 웹 2.0의 총아인 위키피디아의 콘텐츠 개발 엔진을 들 수 있다. 위키피디아는 누구든 참여할 수 있고, 다른 사람이 작성한 내용을 쉽게 편집할 수 있어 내용을 완벽에 가깝게 만드는 공동의 작업 과정이라 할 수 있다. 280여 개의 언어로 제공되는 위키피디아 사이트는 3천만여 개의 문서들(2014년 5월 기준)로 넘쳐난다.

위키피디아는 시의적절성, 통용성, 그리고 관련 정보들을 보여주는 링크 덕분에 검색 엔진의 검색 결과 중 첫 번째 항목으로 나오며, 어느 온라인 백과사전보다도 많이 이용되고 있다. 과거에 백과사전은 핵심 전문가 집단에 의해 많은 시간과 비용을 들여 책의 형태로 발간되었지만, 얼마 지나지 않아 구식이 되기 일쑤였다. 또한 최신 정보를 업데이트하기도 쉽지 않았다.

그에 비해 웹 사이트는 훨씬 발전적이었다. 인터넷에서는 전문가들이 집필한 백과사전뿐 아니라 마이크로소프트의 엔카르타와 같이 소프트웨어 기업에서 만든 멀티미디어 백과사전도 제공했다. 그 이후에 오픈소스 소프트웨어가 개발되면서 누구나 편집할 수 있는 위키피디아와 번외편 격인 위키트래블www.wikitravel.org, 그리고 전 세계의 수많은 전문가와 아마추어가 함께 참여해 모든 동식물의 연대기를 보여주는 생물대백과사전www.eol.org 이 탄생했다.

위키마니아가 만들어낸 현상 중 가장 주목할 만한 것으로는 내용의 입력과 편집에 평등사상을 적용한 것을 들 수 있다. 예를 들어 세계적으로 유명한 스테인드글라스 건축 전문가가 프랑스 고딕 성당에 관한 글을 올리면, 사진 찍기가 취미인 네티즌이 글을 수정하고 자신이 찍은 사진과 함께 관련 설명을 올릴 수 있다. 그리고 또 다른 네티즌은 글을 올린 전문가와 다른 관점에서 서술한 글을 올려 반박을 할 수도 있다. 이는 모두 실시간으로 진행되며, 이 내용은 모든 사람이 볼 수 있다.

또한 위키디피아는 동일한 형식과 구조로 내용을 제시한다. 예를 들면 위키백과는 영화배우의 전기나 록 음악가의 음악 목록을 같은 형식으로 제시하고, 위키트래블은 도시나 유명 여행지에 관한 내용을 기본적인 10개 항목, 즉 설명, 입국, 교통편, 볼거리, 할거리, 통화, 환전 및 쇼핑, 먹을 곳, 마실 곳, 숙박, 출국이라는 동일한 구조로 소개한다. 위키디피아의 세계에서는 누구나 의견을 개진할 수 있고, 모든 의견이 받아들여지기 때문에 많은 사람이 검증한, 필요에 따라서는 실시간으로 업데이트된 최신 정보를 누릴 수 있다.

2. 새로운 도시 개발 계획 과정, 샤레트

세계의 많은 나라에서 도시 개발 계획이 매우 비밀스럽게 진행되고 있다. 비록 정부의 도시 계획과에서는 계획을 공표한 후 몇몇 지역 관계자들을 참여시키지만, 컨설팅에 참여하는 것은 아니다. 여기에 참석한 지역 관계자들이 계획을 검토하거나 대안이나 이의를 제기하는 것을 모든 사람이 만족하는 계획을 도출하는 과정으로 여기기보다는 계획을 실행하는 데 걸림돌로 여길 뿐이다. 종종 이런 도시 계획이 언론에 노출되면 지방의회나 도시 계획과는 지역 관계자들의 비난에 맞서 자신들의 계획이 더욱 타당해 보이도록 방어에 치중한다.

하지만 새로운 도시 개발 계획 체계인 '샤레트charrette, 각 분야 전문가의 도움으로 문제를 논의하는 집단 토론회-옮긴이'는 지역 관계자들과 소통하는 개념으로서, 시민들의 의견을 억누르거나 맞서는 대신 새로운 도시 개발 계획을 수립하는 데 시민들의 의견을 듣고 반영한다. 샤레트는 보통 4일 동안 진행되는데, 도시 설계와 계획에 대한 의견 개진과 검토를 거쳐 지역 주민의 의견을 반영한다.

샤레트는 우리가 지지하는 철학과 비슷한 점이 많다. 고객이 쉽게 연락할 수 있게 하면, 고객은 유용한 정보를 더 많이 알려줄 것이다. 그리고 이를 위한 올바른 과정을 정립한다면, 고객의 의견 개진과 요구 사항은 기업의 성과 향상에 도움을 줄 것이다.

3. "당신의 자녀가 어디 있는지 알고 있나요?"

1960년대와 1970년대에 미국의 TV에서는 "당신의 자녀가 어디 있는지 알고 있나요?"라고 묻는 공익 광고를 자주 볼 수 있었다. 그런데 최근에는 부모들이 청소년인 자녀 운전자와 자동차의 위치를 쉽게 파악할 수 있는 새로운 기술이 등장했다. GPS위성항법장치에 기반한 틴슈어런스Teensurance라는 이 시스템은 실시간 도로 상황 안내, 안전 진단 등을 지원하며, GPS에 내장된 세이프티 비콘TM 안전보호 시스템은 자녀가 타고 있는 자동차에 부모가 신호를 전달하게 해 준다.

또한 여기에는 어린 운전자들이 사고를 피하고, 교통체중에서 벗어나게 해 주는 기능들인 속도 알림 서비스, 실시간 위치 확인 서비스, 안전 운전 지역 알리미, 원격 문 열림 장치, 도난 차량 회수 지원 서비스, 도착과 출발 상황 알리미, 통행금지 시간 알림 장치 등도 있다. 이를 통해 수집된 정보들은 부모의 PC에 실시간으로 전송되어 청소년인 자녀 운전자가 부모에게 전화를 걸어 "아빠, 제가 지금 어디에 있는 거예요?"라고 묻거나, 도로 표지판을 보는 것보다 정확하게 현재 위치를 알 수 있다.

3_ 실패 사례

안타깝게도 우리 주위에는 고객을 짜증나게 하고, '쉽게 연락할 수 있게 하라'와 반대되는 실패 사례가 너무나 많다. 어떤 기업은 작동하지 않는 고객서비스 채널을 제공하기도 하고, 어떤 기업은 고객이 이메일과 문자메세지로 의견을 전달하고 싶지 않을 것이라고 일방적으로 판단해 이런 고객서비스 채널을 제공하지 않는 경우도 있다. 그림 5.1에 나온 것처럼, 여러 해에 걸쳐 실행된 이 조사 결과는 고객서비스 채널이 얼마나 쉽게 차단되고 작동하지 않을 수 있는지를 제대로 보여준다. 이와 관련해서 의식적인 무능함과 무의식적인 무능함으로 나누어 실패 사례를 살펴보겠다.

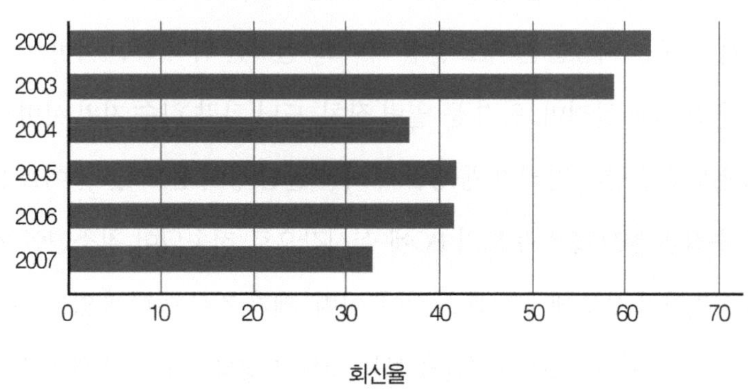

출처: 컴퓨팅 테크놀로지산업협회, 〈베이스라인〉에서 인용, 2007년 6월

1. 의식적인 무능함

의식적으로 무능력하게 행동하는 기업은 비용을 아끼거나 더 편하게 사업하기 위해, 또는 성과 측정 시스템에서 더 좋은 평가를 받으려는 의도로 고객이 쉽게 연락할 수 없는 서비스 시스템을 설계한다. 이들은 시스템을 재정립하거나 외부 자원을 추가할 때, 매출이 가장 많이 일어나는 시기에 이런 태도를 보이는데, 이는 어떤 변명으로도 정당화되거나 용납될 수 없다. 의식적으로 무능함을 행사하는 태도는 크게 전화 채널 막기와 고객이 해결 방안을 찾을 수 없는 고객서비스 채널로 나누어 설명할 수 있다.

1) 전화 채널 막기

전화 채널 막기는 고의로 소통 채널을 차단하거나 채널을 이용할 수 있는 고객의 수를 제한하는 것을 말한다. 최근에 미국의 한 항공사는 조직을 확장하고 고객서비스 제공 범위를 확대하면서 고객이 수신자 부담으로 전화했을 때, "지금은 통화량이 많아 상담원 연결이 어렵습니다. 잠시 후에 다시 걸어주십시오."라는 메시지로 계속 맞이했다. 놀랍게도 온라인 예약을 위해 웹 사이트를 방문하라거나 예약 확인 등 항공사에서 일반적으로 제공하는 기타 메뉴도 없었고, 상담원이 다시 전화할 수 있도록 전화번호를 남기라는 메시지 또한 없었다.

의식적인 무능함을 드러내는 또 다른 예로는 한 기업의 고객서비스 직원이 서비스 목표를 달성하기 위해 고객의 요구 사항이 들어오는 채널을 아예 차단했던 것을 들 수 있다. 이 기업은 다른 기업들처럼 고객의 전화를 20초 내에 얼마나 많이 받는지를 측정했다. 목표는 '80-20'이었다. 이는 고객에게 걸려온 전화 연락의 80퍼센트를 20초 안에 받아야 한다는 의미로, 서비스 평가의 핵심 기준으로 자주 사용된다.

고객서비스 직원은 이러한 평가 기준을 이용해 자신의 성과를 조작했다. 통화량을 제한해 고객의 요구 사항 전달 통로를 막은 것이다. 이렇게 하면 고객은 전화를 해도 통화 대기음밖에 들을 수 없다. 통화 대기 중인 고객의 수는 측정 기준에 전혀 반영되지 않으므로, 고객서비스 직원은 실제 고객 연락 건수보다 적은 건수의 전화만 받고도 목표치를 달성할 수 있었다. 그 결과, 고객서비스 직원은 자신이 지정한 시간에 통화 가능한 전화 라인을 열어놓고, 그 시간 내에 걸려온 전화만 받아도 서비스 수준 목표를 달성하게 되었다. 경영진에게는 모든 것이 제대로 돌아가는 듯 보였겠지만, 고객들은 통화 대기음을 듣고 언제 다시 전화를 걸어야 할지 고민하거나 전화 통화를 포기했다.

2) 고객이 해결 방안을 찾을 수 없는 고객서비스 채널

의식적으로 무능함을 행사하는 두 번째 형태는 많은 기업에서 일어나는 채널 간 전쟁에서 비롯된다. 예를 들어 IT 부서 직원이 설계한 웹 사이트는 고객이 오직 웹 사이트만 이용하도록 강요한다. 한 대형 통신사는 고객이 셀프서비스를 이용하겠다고 한 번 선택하면, 그 후 상담원과의 전화 통화를 위해 웹 사이트에서 고객센터의 전화번호를 찾아도 검색 실패라는 메시지나 잘못된 정보가 뜬다. 이것은 "고객님이 웹 사이트를 이용하기로 선택하셨다면, 웹 사이트를 통해서만 문제를 해결하시기 바랍니다!'라는 의도로 보인다. 또 다른 사례로는 ARS가 상담원과의 통화를 제공하지 않는 데서 비롯된다. 셀프서비스는 복잡하게 설계될 필요가 없는데도 불구하고, ARS가 상담원과 쉽게 연락하지 못하게 하여 고객을 막다른 골목에 몰아 넣는다.

2. 무의식적인 무능함

앞에 제시된 사례들은 극단적인 사례로 비춰지겠지만, 결코 그렇지 않다. 이런 상황들은 의식적이고 계획적으로 고객의 연락을 받지 않으려는 데서 비롯된 결과다. 그런데 의식적으로 계획하지 않았음도 불구하고 고객이 쉽게 연락하지 못하는 경우도 있다. 무의식적으로 무능함을 드러내는 것은 자사의 부적절한 마케팅이나 고객서비스 시스템 또는 웹 사이트 때문에 고객이 쉽게 연락할 수 없다는 사실을 깨닫지 못하는 경우다. 엄청난 옵션, 정책 방패, 필요한 순간에 제공되지 않는 서비스, 고객의 시간이 아닌 기업의 시간으로 대변되는 네 가지 사례를 살펴보자.

1) 엄청난 옵션

한 IT 회사는 고객에게 많은 서비스를 제공하기 위해 노력했다. 그 일례로, 천여 개가 넘는 회사 전화번호를 알려주며 도를 넘는 수준의 고객서비스 옵션을 제시했다. 이것은 표면적으로는 고객에게 선택권을 주는 것처럼 보였지만, 선택을 할 수 없게 만드는 것이었다. 시스템이나 장비를 어떻게 사용할지 물어보기 위해 어느 부서에 문의해야 할지 선택하게 했지만, 답을 얻을 수 있는 곳을 찾기가 어려웠다. 이런 경우 답을 줄 수 있는 곳을 한 번에 찾을 확률이 얼마나 되겠는가?

고객들이 어느 곳에 연락해야 할지 찾기가 어렵다고 불평하자 이 회사는 비로소 문제를 깨달았다. 그에 대한 대책으로 엄청난 수의 메뉴를 제시하는 ARS를 만들어 고객이 원하는 부서를 검색할 수 있게 했고, 모든 고객이 복잡한 ARS를 거쳐야만 연락할 수 있게 했다. 상담원과 통화하기 위해 고객은 평균 5분 동안 ARS 메뉴를 듣고 자신이 원하는 서비스 옵션을 선택해야 했다.

고객들은 서비스 받는 것을 포기하거나, 담당 상담원이 아닌 관련 부서의 직원에게 연결을 취했다. 이런 상황은 형편없는 고객서비스 경험으로 이어졌고, 관련 부서로 전화를 돌리는 데 허비한 에너지와 시간 때문에 더 많은 업무를 초래했으며, 고객의 불만을 유발했다. 그 결과 고객들은 이 회사의 상품을 구매하지 않았고, 이는 곧 눈에 띄는 성장률 감소로 이어졌다. 이 해결책은 또한 얼마나 많은 고객이 무엇 때문에 기업에 연락하는지 파악하는 것을 어렵게 했다. 고객이 선택한 옵션은 그들의 요구 사항을 반영하는 선택이 아니라 그저 누군가와 연결하기 위해 선택이었던 것이다.

2) 정책 방패

무의식적으로 행사하는 무능함의 두 번째 형태는 고객에게 제공하는 옵션들이 얼마나 제한적인지를 깨닫지 못하는 것과 관련이 있다. 한 케이블 TV 회사의 사례를 살펴보자. 하루는 고객이 고장난 셋톱박스 때문에 고객센터 상담원에게 전화해서 설명서에 소개된 절차를 이미 실행해보았다고 말했다. 그러고 나서 셋톱박스를 이미 여러 차례 껐다가 켜보았지만 여전히 작동하지 않는다고 전했다. 다음은 고객과 상담원 간에 오간 대화 내용이다.

상담원: 죄송합니다. 고객님께서는 지금 저와 함께 전화상으로 그 설명서에 나
온 절차를 다시 실행하셔야 합니다.
고　객: 벌써 설명서에 나온 대로 실행해봤어요.
상담원: 네, 죄송합니다. 그래도 다시 한 번만 실행을 부탁드립니다.
고　객: 다 했어요. 그래도 마찬가진데 이제 어떻게 하죠?
상담원: 음, 저희가 고객님 댁으로 기사님을 파견해서 무슨 문제가 있는지 확인
해야 할 것 같습니다.
고　객: 좋아요.언제 올 수 있죠?

상담원: 내일 어떠세요?

고　　객: 좋아요. 하지만 오전 일찍, 아니면 오후 늦게나 가능해요. 그 외의 시간에
　　　　는 집에 아무도 없어요.

상담원: 음, 오전 9시에서 12시 사이나 오후 2시에서 5시 사이에 가능합니다.

고　　객: 그러면 오전 내내 아니면 오후 내내 기다리라는 말이에요? 왜 아침 9시
　　　　나 오후 4시에는 안 됩니까?

상담원: 정확한 시간을 말씀드리기는 어렵습니다. 오후 9시에서 12시 사이, 오후
　　　　2시에서 5시 사이. 원래 이렇게 시간을 정해드립니다.

고　　객: 그러면 좀 곤란한데요.

고객은 짜증이 나기 시작했고 책임자와 통화하려고 했지만 실패했다. 상담원과
더 통화한 후, 고객은 더 완강하게 말했다.

고　　객: 그럼 고치지 않겠다고 하면 어떻게 하실 건가요? 아, 정말 짜증나는군
　　　　요. 당신 회사 제품을 더는 사용하고 싶지 않네요.

상담원: 음, 죄송합니다. 그러시다면 저희가 셋톱박스를 수거해야 합니다."

고　　객: 그렇게 하시죠. 셋톱박스를 회수하러 사람을 보낸다면, 오전 9시에서 12
　　　　시 사이나 오후 2시에서 5시 사이에 오세요.

상담원: 죄송합니다. 회수하러 가는 시간은 저희가 고객님께 알려드리겠습니다.

고　　객: 아니요. 내가 오전 9시부터 12시 사이에 또는 오후 2시부터 5시 사이에
　　　　언제 집에 있을지 모르니까 회수하러 오는 직원은 집 앞에서 비를 맞으
　　　　면서 기다리고 있어야 할 거예요.

이 대화는 결국 고객이 고객센터 책임자와 통화하면서 일단락되었

고, 고객센터 책임자는 책임지고 오전 일찍 셋톱박스를 고칠 직원을 보내겠다고 했다. 이 사례에서 고객은 이 회사가 자신을 대한 방법 그대로 되받아쳐 고객서비스가 얼마나 형편없는지 똑똑히 보여주었다.

3) 필요한 순간에 제공되지 않는 서비스

우리는 미래에 무슨 일이 일어날 때를 대비해 보험에 가입한다. 따라서 보험 회사에서 가장 중요한 고객 접점은 바로 가입자가 보험료 청구를 신청할 때이며, 가입자는 이때 비로소 그동안 냈던 보험료가 제값을 하는지 판단하게 된다. 만약 보험료를 청구했는데 제대로 처리되지 않는다면, 고객은 보험사를 바꾸려 할 것이다. 보험사는 고객의 요구 사항을 만족시키는 한편 고객이 청구한 보상금이 비용 중에 가장 큰 항목이라는 점을 염두에 두어야 한다. 보험사에서는 보통 사업 관리와 고객서비스에 드는 비용이 전체의 10퍼센트를 차지하고, 보험 보상금으로 나가는 비용이 전체의 90퍼센트를 차지하기 때문이다.

다음의 사례에서 보험사는 고의적으로 고객에게 형편없는 서비스를 제공하려고 하지는 않았지만, 결과적으로 고객을 안타까운 상황에 처하게 만들었다.

- 보험사는 고객센터인 텔레클레임을 통해 고객이 보험금을 청구하도록 했다. 보험금 청구 신청을 받았을 때, 해당 업무를 처리하는 부서로 넘기는 연결 채널 역할을 맡기려는 의도에서였다.
- 그러나 이것은 결과적으로 고객이 쉽게 연락하지 못하는 요소로 작용했다.

보험금 청구 건을 접수하는 것은 매우 간단해서 텔레클레임에서 쉽게 처리할 수 있었다. 하지만 그 후 고객의 요구 사항을 처리하는 데서 문제가 생겼다. 고객이 보험금 청구 건이 처리되었는지, 또는 다음 과정은 언제 실행되는지 물었을 때, 텔레클레임은 거의 답을 하지 못했다.

• 어떤 경우에는 보험금 청구 건을 처리하는 팀에 일이 밀려서 각각의 청구 건을 제때 처리하지 못할 때가 있었다. 이는 더 큰 문제를 초래했다. 처리 과정에 걸리는 시간이 길어질수록 더 많은 고객이 전화해서 진행 과정을 확인했고, 텔레클레임 직원들은 고객이 원하는 답을 거의 주지 못했다. 사태가 점점 악화되어 고객이 텔레클레임에 전화해서 상담원과 통화하기 위해 기다리는 시간이 몇 초가 아닌 몇 분으로 늘어났다. 어떤 고객은 상담원과 통화하려고 알람시계를 새벽 3시에 맞춰놓았다고 말했다.

무의식적으로 무능함을 행사한 이와 같은 사례는 고객의 요구 사항을 처리할 수 없는 채널로 제한한 데 원인이 있다. 고객의 보험금 청구 건에 대해 문의를 받는 곳을 한 부서로 한정한 방법은 적절해 보였지만, 고객의 요구 사항을 접수하는 채널을 제한하면서 결국 고객이 요구 사항을 해결하지 못한 결과를 초래했던 것이다. 그런데 정작 보험금 청구 건 처리 또는 지급 등 근본적인 문제를 초래한 부서는 고객에게 불편을 초래한 것에 대해 전혀 불평을 받지 않았다. 이 사례는 고객이 쉽게 연락하지 못하게 했을 뿐만 아니라 고객의 요구 사항도 제대로 처리하지 못한 것을 단적으로 잘 보여주고 있다.

4) 고객의 시간이 아닌 기업의 시간

무의식적인 무능함의 또 다른 형태는 앞서 정책 방패에서 제시되었던 고객과 상담원의 대화처럼, 고객서비스를 제공하는 시간이 고객이 원하는 시간과 맞지 않을 때 발생한다. 다음은 그와 관련된 한 경매 사이트의 예다.

한 유명한 경매 사이트의 주요 판매자들은 가장 많은 응찰자가 참여할 수 있는 일요일 밤에 경매를 마감하는 것이 가장 많은 이득을 얻을 수 있는 방법이라고 결론지었다. 경매는 일반적으로 마감 한 시간에서 두 시간 전에 상품에 대한 문의가 가장 많이 들어온다. 이 시간에 가장 많은 입찰자가 상품 설명에 나와 있는 가격 및 특징 등에 대해 이메일로 질문을 하는 것이다.

하지만 정작 많은 판매자들은 이런 고객들을 매우 짜증스럽게 생각했다. 경매 마감 시간이 임박한 상황에서 고객들의 이런 행동은 사실 충분히 예상이 가능했다. 우왕좌왕하는 혼란스러운 분위기에서 고객들은 상품 설명뿐 아니라 경매 절차 및 대금 지급 방법에 대한 설명을 일일이 읽어볼 시간이 없기 때문이었다.

일요일 밤에 마감되는 많은 경매 건을 보면서 당신은 판매자가 경매 마감 직전에 쏟아지는 많은 질문을 해결하기 위해 연장 근무를 하는 특별 지원 인력을 배치했을 것이라고 생각할 것이다. 하지만 이런 필요성을 인식한 판매자는 10퍼센트도 되지 않았다. 고객 지원을 일요일 저녁에 집중적으로 해야 했지만, 판매자들은 주중 오전 9시부터 오후 5시까지만 근무했다. 즉, 고객들의 연락이 몰리는 일요일 저녁에 소통의 문을 활짝 열어야 했지만, 판매자들은 고객의 의견을 듣지도 처리하지도 못한 채 그대로 흘려보냈다. 판매자들은 마감 시간이 임박했을 때 들어오는 질문들을 처리할 때 사업을 더욱 활성화할 수 있다는 사실을 모르고 있었다!

3_ 성공 사례

고객이 쉽게 연락할 수 있게 하는 기업은 그 실천 방법 또한 쉽게 만든다. 이런 기업들을 살펴보면, 그 방법이 너무도 당연해 보여서 누구나 그 방법을 명확하게 이해할 것처럼 보이지만, 사실 이런 기업은 소수에 불과하다. 성공 사례로 USAA, 애플, 아이셀렉트, 버진 항공, 뱅크 오브아메리카, 그리고 아마존을 차례대로 살펴보자.

1. USAA: 아무 번호나 고르세요

미국 보험사 중에 가장 성공을 거둔 기업으로 USAA를 꼽는다. USAA가 성공한 이유 중 하나는 고객이 쉽게 연락할 수 있도록 한 것에 있었다. 그림 5.2는 USAA 웹 사이트의 고객센터 화면이다. USAA는 고객센터의 전화번호를 쉽게 찾아볼 수 있도록 한 것은 물론이거니와 신용카드나 기업 보험과 같이 특수한 상품을 제공하는 외부업체와 자사의 고객센터를 연결해 USAA 회원이 다른 기업과 거래를 하면서도 계속해서 USAA와 거래하는 것처럼 느끼게 했다.

[그림 5.2] USAA 고객센터 웹 페이지

Banking Services

1-800-531-USAA(8722)
(1-800-531-USAA(8722) in San Antonio)
Monday - Friday, 7:30 a.m. - 10 p.m. CT
Saturday, 9 a.m. - 6 p.m. CT

Lobby Hours
(210-498-7979 in San Antonio, Texas)
Monday - Friday, 8:30 a.m. - 5 p.m. CT
Saturday, 8:30 a.m. - 1 p.m. CT

Drive Thru Hours
(210-498-7979 in San Antonio, Texas)
Monday - Friday, 7 a.m. - 6 p.m. CT
Saturday, 8:30 a.m. - 1 p.m. CT

Mailing Address
USAA Federal Savings Bank
10750 McDermott Freeway
San Antonio, TX 78288-9876

ABA/Transit Routing Number: 314074269

2. 애플: 설명이 필요 없는 천재

애플은 컴퓨터, 아이팟, 아이폰 등의 제품에서 볼 수 있듯이, 상품 사용과 디자인뿐 아니라 고객이 쉽게 연락하게 하는 면에서도 성공을 거뒀다. 전 세계적으로 빠르게 퍼져 나가고 있는 애플 스토어는 애플의 웹 사이트가 제시한 다음과 같은 약속을 충실히 이행한다.

"혁신적이고, 접근하기 쉽고, 어느 곳과 비교해도 다르게 설계된 곳. 애플 스토어는 맥과 아이팟의 모든 것을 배울 수 있는 최고의 장소입니다. 어떤 제품이 자신과 가장 잘 맞을지 고민하시나요? 맥 전문가에게 맡겨보세요. 맥을 설정하는 데 도움이 필요하거나 아이팟을 최대한 잘 활용하고 싶으신가요? 지니어스 바에서 일대일 서비스와 상담을 받아보세요. 초보자와 애플 제품에 익숙한 사람들을 위한 무료 워크숍도 언제든지 가능합니다. 애플 스토어에 오신 것을 환영합니다."

다른 많은 기업들은 실패한 반면, 애플은 애플 스토어를 열어 성공적으로 운영했다. 이는 스티브 잡스가 다음과 같은 신념이 깃든 고객서비스 경험을 선사했기에 가능했다.

"스티브 잡스는 그저 제품을 구경하려고 온 사람들도 실제 고객으로 바꿀 수 있는 분위기를 조성하기 위해 노력했다. 그리고 상품을 판매하고 나서도 고객이 오랫동안 소중히 보살핌을 받고 있다고 느끼게 만들었다."

3. 아이셀렉트: 웹 사이트 어디에나 명시된 고객센터 전화번호

빠르게 성장 중인 호주 의료보험 중개회사인 아이셀렉트iSelect의 사업 모델은 '의료보험은 매우 복잡하기 때문에 고객과 잠재 고객이 여러 회사에서 내거는 조건과 혜택을 비교하기가 매우 어렵다'는 생각을 바탕으로 한다. 아이셀렉트는 고객과 잠재 고객들이 온라인으로 상품을 조사하고 비교하며, 여러 회사의 웹 사이트를 돌아다니면서 정보를 확인하는 데 많은 시간을 할애한다는 사실을 알아냈다. 또 고객이 쉽게 연락할 수 있도록 하는 것은 곧 고객이 직원과 쉽게 통화할 수 있도록 해야 한다는 의미라고 판단해 웹 사이트의 모든 페이지에 고객센터의 전화번호를 크게 표시해 놓았다. 즉, 전화번호를 숨기거나 고객이 전화번호를 찾아 헤매게 하지 않고 적극적으로 고객의 전화를 기다린 것이다.

이와 대조적으로 아이셀렉트에서 판매하는 의료 관련 펀드 상품을 만든 많은 기업들은 자사의 웹 사이트에 고객센터의 전화번호를 표시하는 데 훨씬 소극적인 모습을 보였다. 그들은 다음과 같은 사고방식을 가지고 있는 듯했다.

"글쎄요, 고객님께서는 저희가 제공하는 셀프서비스를 이용하고 계신 것 같은데요, 저희는 비싼 인건비가 들어가는 고객센터로 고객님을 모시고 싶지 않습니다."

이런 방어적인 태도는 고객과 보험사 공급자 사이에서 중개 역할을 하는 아이셀렉트와 같은 기업들에게 기회를 열어주는 셈이었다. 역으로 보험사는 고객서비스에 소요되는 비용은 크게 의식해 아이셀렉트와 같은 기업에 더 큰 금액의 판매 수수료를 떼어주고 있다.

4. 버진 항공: 저희 전화번호 보이시죠?

버진 항공은 전 세계적으로 저가 항공 시장에서 경쟁하고 있다. 이 회사는 셀프서비스 영업으로 직원이 직접 고객에게 응대하는 채널에 소요되는 비용을 줄여 경쟁력을 유지할 수 있었다. 이제 많은 고객들은 저렴하게 구입하려면 웹 사이트에서 항공권을 예약해야 한다고 생각한다. 버진 항공은 고객의 이런 행동을 선호했고, 자사의 웹 사이트에서 간단하고 쉬운 예약 절차를 제공했다. 그리고 고객의 정보를 저장했다가 그 고객이 다시 웹 사이트를 방문하면 기존 정보를 불러와 자사를 자주 이용하는 고객이 더욱 빠르게 예약을 진행할 수 있는 서비스를 제공했다.

하지만 버진 항공은 고객을 셀프서비스에만 묶어두지는 않았다. 웹 사이트의 모든 화면에 고객센터의 전화번호를 명시하고, 고객이 집이나 사무실에서 탑승권을 인쇄할 때 고객센터의 전화번호가 탑승권에 함께 인쇄되게 해서 언제든 쉽게 고객센터를 찾을 수 있게 했다. 또한 자사의 항공기를 이용해서 고객이 쉽게 연락할 수 있게 했다. 즉, 비행기 내부의 곳곳에 웹 사이트 주소를 크고 선명한 글씨로 나타낸 것이다. 저비용 사업 모델은 대개 고객이 쉽게 연락하는 데 제한을 두는데, 버진 항공은 오히려 소통의 문을 여는 접근법을 적용했던 것이다.

5. 뱅크오브아메리카: 고객님, 어디 가셨어요?

가끔 기업들은 고객이 쉽게 연락할 수 있도록 하는 데 추가적인 노력을 쏟아 부어 우리를 놀라게 한다. 이메일을 통해 우리에게 전달된 뱅크오브아메리카에서 일어난 사건을 보자.

"오늘 아침에 저는 다른 상담원에게 연결되는 동안 기다려야 했지만, 시간이 없어서 전화를 끊었어요. 잠시 후에 처음에 통화했던 상담원이 전화해서 전화가 끊긴 것에 대해 사과하고, 저를 다시 대기 순서에 넣어줬어요. 모든 회사가 이렇게 하지는 않을 거예요. 하지만 은행이라는 점을 생각해보면 충분히 이해가 가요. 은행은 항상 '고객을 소중히 모시는 태도'를 강조하고 목표로 하잖아요."

6. 아마존: 열린 서비스 채널

아마존은 고객의 연락 경로에 제한을 두지 않는다. 고객은 여러 가지 셀프 도우미 시스템을 사용할 수 있으며, 문의 사항이 있을 때는 언제나 이메일로 질문할 수 있다. 또한 아마존은 고객이 문의 사항에 대해 전화로 답변을 받는 범위를 넓혀가고 있다. 이런 기능은 웹을 기반으로 한 전화를 바탕으로 고객에게 서비스하기 위해 개발되었다. 고객에게 답신 전화를 하는 아마존 상담원은 고객이 무슨 이유로 웹 사이트를 방문했는지 알고 있으며, 고객이 왜 연락했는지도 파악하고 있다. 이것은 고객과 아마존의 관계를 개선해줄 뿐만 아니라 문제 처리에 걸리는 시간도 줄여준다.

하지만 그런 아마존도 고객이 쉽게 연락할 수 있도록 하기까지 많은 문제를 겪었다. 한동안 아마존은 셀프서비스, FAQ자주 하는 질문, 이메일을 통한 빠르고 완벽한 응답의 장점을 고수해 고객이 고객센터의 전화번호를 찾는 것을 어렵게 했었다. 고객센터의 전화번호는 변경된 적도 없었고, 구글을 포함한 다른 검색 엔진에서도 바로 확인할 수 있었지만, 주문 처리 내역에 이상한 점을 발견한 고객이 아마존의 웹 사이트에서 고객센터의 전화번호를 찾으려고 하면 쉽게 찾을 수가 없어 고객을 매우 짜증나게 했다.

아마존은 연휴 기간을 준비하면서 여러 차례에 걸쳐 영국의 고객들에게 크리스마스 전에 배송받기를 원한다면 늦어도 18일까지는 주문을 해야 한다고 알려주었다. 그러나 웹 사이트에 나온 메시지들은 뒤죽박죽이었다. 어떤 상품에는 보통 때와 같이 24시간 안에 배송될 것이라고 쓰여 있는가 하면, 화면 위쪽에 뜬 메시지는 모든 상품에 대해 크리스마스 이전 배송을 보장할 수 없다고 명시되어 있었다. 웹 사이트에 소개된 이메일로 질문을 보낸 후 다음과 같은 자동 응답 메일이 오자 아마존의 고객들은 더욱 혼란스러워졌다.

"만약 고객님께서 위에 나와 있는 링크들을 다 참고하신 후에도 도움이 필요하시다면, 온라인 도움 가이드에 나와 있는 고객센터 정보를 참고하시기 바랍니다."

다행히 아마존은 그 이후 고객의 의견에 귀를 기울여 시스템의 메시지들을 통일했고, 고객이 쉽게 고객센터의 전화번호를 찾을 수 있도록 사이트를 개선했다.

4_ 해법

고객이 쉽게 연락할 수 있도록 해야 하는 주된 이유는 바로 비즈니스를 하려면 고객의 소리에 반드시 귀를 기울여야 하기 때문이다. 7장에서 다시 한 번 논하겠지만, 고객은 무엇이 제대로 작동하지 않고, 무엇을 고쳐야 하는지, 그리고 무엇을 원하는지 말해주고 싶어 한다. 고객이 제기하는 문제를 그냥 덮는 것은 고객을 짜증나게 해 경쟁사에 내주는 것과 같다.

시스템을 정립했다면, 고객이 이것을 쉽게 이용할 수 있도록 하는 것도 매우 중요하다. 기업은 전화로 고객에게 제공하는 모든 추가 옵션에 대해 질문하고, 지점에서 고객이 줄을 설지 말지를 고민하게 하는 것이 과연 타당한 일인지를 생각해 보아야 한다. 끊임없이 고객의 입장에서 생각해야 하는 것이다. 당신은 고객으로서 어떤 대접을 받고 싶은가? 어떤 옵션이 제공되었으면 좋겠는가? 옵션이 아예 제공되지도 않는다면 어떻겠는가? 나중에 자세히 살펴보겠지만, 기업은 고객이 쉽게 연락할 수 있는 방안에 대해 면밀히 검토할 필요가 있다.

놀라운 사실은 고객이 쉬운 연락 체계를 매우 좋아하며, 이는 고객서비스 직원의 업무도 덜어준다는 것이다. 전화를 했을 때 대기하지 않고 상담원과 바로 통화한다거나 웹 사이트에서 한두 번의 클릭만으로 자신이 원하는 정보를 찾는, 놀랍고도 기분 좋은 경험을 한다면, 고객은 아주 빡빡하게 굴지 않을 것이다. 반면에 웹 사이트에서 고객센터의 전화번호를 찾느라 5분이나 이리저리 헤매거나, 잘못 설계된 ARS가나 음성 인식 시스템에서 원하는 메뉴를 찾기 위해 2분을 허비한 후 상담원과 통화하기 위해 60초를 기다린다면, 고객은 상담원과 통화할 시점에 이미 기분이 나빠져 있을 것이다.

따라서 자사의 시스템을 고객 연락 체계의 윗단계에 올려놓으려면 무엇이 필요한지 판단하는 것은 매우 중요하다. 기초를 먼저 다져야 할지 소통의 문을 열 준비를 해야 할지 소통의 문을 이미 열었는지 각각의 상황을 살펴보고, 당신의 회사가 어느 단계에 있는지 진단해보라. 어떤 기업이든 이 단계를 동시에 거칠 수도 있다는 것을 명심하라.

1. 1단계: 기초 다지기

고객이 쉽게 연락할 수 있도록 하기 위해 첫 번째로 해야 일은 기초를 다지는 것이다. 만약 소통의 문이 망가졌거나 사용할 수 없다면, 제 기능을 못하는 이 문을 고객에게 제공하는 것은 아무 의미도 없다. 따라서 이 단계에서 가장 중요한 것은 고객이 원하는 소통 채널이 항상 제대로 작동하도록 해야 한다는 것이다. 예를 들어 고객이 생각하는 합리적인 시간에 고객의 이메일에 회신해 줄 직원이나 기술이 없다면, 고객에게 바로바로 이메일을 보내라고 지시하는 것은 아무 의미도 없는 일이 된다.

다음과 같은 기초 요소들을 통해 서비스 시스템이 고객의 요구 사항을 충족하는지 확인해 보자.

1. 고객의 요구 사항을 어떻게 처리할 것인가?

2. 고객의 요구 사항을 언제 처리할 것인가?

3. 고객의 요구 사항을 처리해서 무엇을 얻을 수 있는가?

이 요소들에 대해 판단을 내리려면 우선 고객과 고객의 요구 사항을 이해해야 한다. 어떤 기업들은 직접적인 경쟁사를 대상으로 벤치마킹을 하지만, 이런 벤치마킹은 종종 맹인이 맹인을 안내하는 꼴이 되곤 한다. 그래서 우리는 다음의 두 가지 접근법을 제시한다.

첫째, 최근에 이루어진 고객의 서비스 경험을 벤치마킹한다. 즉, 당신의 고객이 최근에 다른 기업에서 겪었던 서비스 경험을 분석하고, 자사의 서비스가 그에 상응하거나 뛰어넘도록 해야 한다. 둘째, 고객이 어떤 서비스 채널을 원하는지, 그리고 언제, 얼마나 빨리, 어떤 사항에 대해 서비스를 요구할지 기대 수준을 조사한다.

우리는 기업의 경영진들에게 고객이 무엇을 원하는지 물어보는 단편적인 대비책보다는 앞서 설명한 이 두 가지 방법을 실행할 것을 추천한다. 일반적인 직원들은 많은 경우 고객을 제대로 대변하지 않기 때문이다. 하지만 기업의 경영진들은 고객의 행동과 필요 사항을 이해하지 못하는 경우가 많다. 다음의 실험을 보면 그 차이를 확실히 알 수 있다. 고객에게 서비스의 속도, 가격, 기술적인 면, 고객 응대 프로그램 같은 고전적인 항목들의 중요도를 평가하게 한 다음, 기업의 경영진들에게 같은 항목에 대해 고객의 관점에서 평가하도록 해보라. 대개 엄청난 차이를 보인다.

[그림 5.3] 위키피디아

1) 고객의 요구 사항을 어떻게 처리할 것인가?

‘어떻게’에 대한 질문은 ‘고객은 어떤 언어로 기업과 소통하기를 원하는가?’, ‘고객은 어떤 서비스 채널을 이용하기를 원하는가?’와 같이 복잡한 문제로 이어진다. 몇몇 기업들은 ARS와 웹 사이트를 여러 언어로 제공하면서 이 문제를 훌륭하게 해결하고 있다.

북아메리카 지역의 거의 모든 고객센터에서는 고객에게 어떤 언어로 서비스를 제공받길 원하는지 질문하는 것을 기본 지침으로 여긴다.

캐나다와 같은 몇몇 나라에서는 최소한 2개 이상의 언어로 서비스를 제공해야 한다는 법적 기준까지 있다. 전 세계인의 협업으로 이루어지는 위키피디아는 앞의 그림에서 보는 것처럼 첫 페이지에 독자들과 편집자들을 위해 매우 훌륭한 창을 제공한다.

채널은 지속적으로 변화하므로 올바른 채널을 제공하는 것은 고객에게 사용 언어에 대한 선택권을 부여하는 것보다 어려운 일이다. 예를 들면 휴대전화 기술은 일부 국가에서 짧은 기간에 성숙 단계에 진입했고, 몇몇 기업들은 이런 시장 상황에 미처 대비하지 못했다. 많은 아시아 국가에서 문자메시지는 신세대가 많이 사용하는 소통 시스템이지만, 고객서비스나 영업 채널로 사용하는 기업은 소수에 불과하다. 또한 90퍼센트가 넘는 호주 국민이 휴대전화 서비스를 이용하지만, 오직 한 은행만이 문자메시지로 고객의 잔고를 알려주는 서비스 옵션을 제공하고 있다. 퍼스트다이렉트와 에그의 사례에서 볼 수 있듯이 이런 면에서 영국과 유럽의 상황은 조금 나은 편이다.

이메일 사용은 그동안 많은 기업에서 문제가 되었고, 소통 방식의 변화를 가져왔다. 이메일이라는 연락 채널은 고객의 전화를 받고 어떻게 응대해야 하는지에 대해 모든 기본 체계를 정립한 기업들의 룰을 완전히 바꾸어 놓았다. 비록 정형화된 양식에 부분적으로 내용을 추가해서 보내는 이메일이라 해도, 우편물을 보내던 시절만큼 글쓰기 능력이 매우 중요해졌다. 글에 나타난 어조는 전화로 고객을 대하는 어투와 다르게 느껴지기 때문이다. 따라서 고객의 이메일에 회신하는 데는 고객에게서 걸려온 전화를 처리하는 것과는 다른 능력과 방법이 요구된다.

새로운 기술이 등장할 때마다 이용자들이 받아들이는 속도는 점점 빨라지고 있다. 이에 따라 고객을 교육하는 것도 더 신속하게 이루어지고, 장치와 시스템에 드는 비용도 점차 낮아지고 있다. 컴퓨터는 타자기보다 빠른 속도로 보급되었고, 휴대전화는 컴퓨터보다 빠르게 퍼져나갔다. 다음에 예상되는 새로운 기술은 시각 기능이 포함된 휴대전화일 것이며, 곧 음성 전화가 영상 전화로 대체되는 날이 올 것이다. 이런 급속한 변화는 기업에게 올바른 소통의 문을 열고 있는지 지속적으로 자문하게 만든다. 자칫 잘못하다가는 이미 과거의 것이 된 '구닥다리 소통의 문'에 갇혀, 고객들은 다른 곳으로 뺏길 수도 있기 때문이다!

'어떻게'라는 질문은 특정 시스템을 얼마나 쉽게 사용할 수 있느냐에 적용되어야 한다. 이것에 대해서는 3장에서 셀프서비스를 설명하며 이미 논한 바 있다. 기본 개념은 어떤 시스템이든 고객이 최대한 쉽게 연락할 수 있도록 하는 것이다. 이를 위해서는 고객이 거쳐야 하는 모든 메뉴와 눌러야 하는 모든 버튼의 존재나 필요성에 대해 질문하는 자세가 필요하다.

한 공기업의 고객서비스 본부에 새로 부임한 부사장은 그의 팀에 ARS가 어떻게 작동하는지 설명해보라고 했다. 다음 날, 팀원들은 ARS의 복잡한 작동 경로가 그려진 순서도가 두 벽면을 채우고 있는 방으로 부사장을 안내했다. 기술팀이 순서도에 대해 설명하자 부사장이 물었다.

"그러니까 고객을 관련 부서에 연결하기 위해서 이 모든 것을 다 한단 말입니까?"

그의 질문에 기술팀 직원들은 고개를 저으며 모든 고객은 결국 한 부서에 연결된다고 했다. 고객이 ARS를 이용할 때 그처럼 복잡한 단계를 거쳐야 하는 것은 오로지 보고의 필요성 때문이었다. 이런 상황에 필요한 기본적인 개념 중 하나는 고객과 소통하는 데 불필요하게 복잡한 과정을 없애고, 고객이 쉽게 연락할 수 있도록 하는 것이다.

2) 고객의 요구 사항이 처리되는 시점은 언제인가?

'언제'라는 질문은 두 가지 면에서 소통이라는 문의 기본 구조를 형성한다. 첫째는 영업 시간이다. 기업은 고객이 언제 서비스를 원하고, 언제 서비스가 필요한지를 생각해보아야 한다. 매우 기본적인 사안이라 따로 언급할 필요조차 없어 보이지만, 고객의 필요에 맞지 않는 영업 시간을 고집하는 기업이 의외로 많다. 이는 모든 고객과 모든 종류의 요구에 대해 하루 24시간 내내 지원 가능해야 한다는 의미가 아니다.

그러나 고객이 정규 근무 시간 외에 자사의 상품을 구매하거나 이용한다면, 그 시간에 고객을 지원할 방법을 고민해보아야 할 것이다. 우리는 앞서 실패 사례에서 일요일 저녁에 마감되는 경매에 많은 사람이 몰리는데도 온라인 판매자가 정규 근무 시간 외에는 고객서비스를 제공하지 않는 것을 보았다. 반면에 어떤 판매자들은 정규 근무 시간 외에도 서비스를 제공했고, 한 판매자는 직원들을 화요일에 쉬게 하는 대신 일요일 저녁에 교대로 고객서비스를 제공하는 수완을 발휘했다.

우리는 택시를 통해 이런 서비스를 제공하는 사례도 발견했다. 한 택시 기사는 항상 야간 근무를 했고, 그의 택시 안에는 개인용 휴대전화와 업무용 휴대전화, 그리고 헤드셋이 설치되어 있었다. 이 택시 기사는 이것들을 활용해 음악 메시지를 송신하는 회사에서 야간 주문을 받고 있었다. 이 회사는 많은 고객들이 밤에 파티장이나 바에서 술을 한잔 하면서 음악 메시지를 보낸다는 사실을 깨달았다. 하지만 ARS를 통해서는 고객에게 원활한 서비스를 제공할 수 없고, 야간 근무를 하는 정규 직원을 고용하는 것은 경제적이지 않다고 판단했다. 그래서 밤에 접수되는 음악 메시지 송신 주문은 야간 근무를 하는 택시 기사가 접수하게 했던 것이다.

둘째는 '얼마나 빨리?'에 대한 것으로, 이는 고객의 기대와 요구 사항을 이해하는 것과 밀접한 관계가 있다. 하지만 안타깝게도 많은 기업들이 이 문제를 심각하게 여기지 않는다. 전화벨이 울린 지 20초 내에 받아야 하고, 고객 전화의 80퍼센트를 처리해야 한다는 개념이 지배적이다. 많은 기업의 경영진들은 이런 속도를 고객서비스 측정의 유일한 기준처럼 생각한다. 이는 서비스 채널, 과정, 그리고 요구 사항에 따라 고객이 기다려줄 수 있는 시간이 다르다는 것을 인식하지 못하기 때문이다. 최근 한 기업의 조사 결과에 따르면, 대부분의 고객은 대기 시간이 120초가 넘으면 전화를 끊는 것으로 나타났다.

최고의 서비스는 고객을 긴 시간 동안 기다리게 하는 것과는 거리가 멀다. 우리가 여기에서 말하고 싶은 것은 고객의 요구 사항에 따라 사업의 우선순위가 정해져야 한다는 것이다. 어떤 전화나 이메일은 매우 긴급한 사안으로 빨리 처리될 필요가 있다. 그런가 하면 조금 더 기다려도 되는 것도 있다. 여기서 정말 어려운 일은 고객의 요구 사항의 차이를 이해하고 자사의 서비스 채널을 그에 맞추어 제공하는 것이다.

이에 대해 아마존은 고객의 이메일을 6~7가지 항목으로 뚜렷이 구분했다. 이에 따라 어떤 사안에는 실시간으로 빨리 회신하고, 또 다른 사안에 대해서는 24시간을 넘기지 않는 선에서 회신한다. 또한 씨티은행에서는 고객서비스 상담원이 전화를 한 신용카드 고객에게 얼마나 기다릴 수 있는지 물어보고, 고객이 답한 대기 가능 시간을 저장한다. 그리고 다음번에 그 고객이 다시 고객센터에 전화하면, 대기 가능 시간을 시스템이 자동으로 인식해 그 시간 안에 상담원에게 연결한다.

앞서 설명한 온라인 경매 사이트는 판매자들에게 24시간 내에 회신을 하라는 기준을 적용했다. 이에 따라 판매자들은 모든 이메일에 대해 보편적으로 통용되는 기준과 같이 24시간 안에 응답했다. 하지만 이는 고객의 요구 사항에 따라 배정된 시간이 아니다. 경매에 참여하려는 잠재 고객의 요구나 질문은 매우 긴급한 것일 수도 있기 때문에 적어도 몇 분 또는 몇 초 안에 회신해야 한다. 반면에 상품을 주문하고 대금 지급 방법을 질문한 고객은 24시간 안에만 회신해도 만족할 것이다. 훌륭한 서비스를 제공하기 위한 기초를 다지려면 고객들의 이런 필요 사항을 제대로 파악하고 고객과, 고객의 요구 사항에 따라 적절히 대응하는 운영 방안을 수립해야 한다.

3) 고객의 요구 사항을 처리해서 무엇을 달성할 수 있는가?

기업에서 고려해야 할 마지막 기초 요소는 고객이 고객서비스 시스템과 채널에서 어떤 서비스와 결과를 기대하는가다. 이를 제대로 이해하지 못하면 고객서비스 채널은 완전히 실효성을 잃어 문제가 눈덩이처럼 커질 수 있다.

한 대규모 컴퓨터 제조업체는 애플 스토어와 경쟁하기 위해 시험적으로 소매점을 설립했다. 하지만 애플과 달리 이 소매점에서는 어떤 애프터서비스나 기술에 관한 서비스도 제공하지 않았고, 고객이 새로운 컴퓨터나 하드웨어를 수리받거나 업그레이드할 수도 없었다. 이 소매점은 수익을 창출하지 못했고, 결국 몇 달을 못 가 문을 닫았다.

애플이 똑같은 서비스를 제공했다고 상상해 보자. 휴가를 떠나기 전에 애플 스토어에 들렀을 때, 아이팟을 수리받지 못하거나 새로운 휴대용 컴퓨터의 충전기를 사지 못한다면 고객은 어떤 반응을 보이겠는가? 따라서 각각의 고객서비스 채널은 고객의 기대치에 부응하는 서비스를 제공해야 한다.

또한 각각의 고객서비스 채널이 담당하는 역할을 명확하게 정의하여 이를 고객에게 알리고, 직원들이 어떤 방식으로 일해야 하는지까지 알려줘야 한다. 예를 들어 직원과 일대일로 통화할 수 있는 전화번호라고 홍보했는데, 정작 ARS로 연결된다면, 고객은 짜증이 날 것이다. 하지만 처음부터 어느 채널에 연결되는지 제대로 알려준다면 고객의 기대치는 적절히 조정될 것이다. 이는 단지 고객이 서비스를 이용해서 무엇을 달성할 수 있는지를 알려야 한다는 말이 아니다. 기업은 고객이 무엇을 달성하기를 원하는지 이해해야 한다.

다음의 사례는 고객이 어떤 방식으로 소통하기를 원하는지 이해하지 못했을 때 일어날 수 있는 위험을 보여준다. 미국의 한 신생 저가 항공사는 자사의 웹 사이트에서 모든 항공권 예약을 할 수 있다고 대대적으로 광고했다. 상담원에게 고객을 연결하는 것이 큰 거래를 성사시키는 데 매우 효과적이라는 증거가 많았는데도 이 회사는 고객을 웹 사이트 채널로만 받아 들였다. 과연 이 전략이 성공을 거둘 수 있었을까.

2. 2단계: 소통의 문 열기

문을 열어야 한다는 것은 고객의 요구 사항을 원활히 수용해야 한다는 의미다. 다음은 고객이 요구 사항을 전달하지 못하게 하는 행동 양식들이다.

[표 5.1] 고객의 연락을 억제하는 행동 양식

체계	연락을 억제하는 행동 양식
웹 사이트	· 전화번호가 명시되어 있지 않다
고객센터	· 상담원과 연결되는 메뉴가 없거나 장려되지 않는다. · 0번을 누르거나 "상담원"이라고 말하는 기본적인 상담원 통화 서비스 메뉴가 제공되지 않는다.
자동 이메일	· 자동 회신 시스템이 고객의 이메일에 일괄적으로 회신 메일을 보내면서 고객센터와 같은 다른 서비스 체계에 대한 정보를 알려주지 않는다.
지점 영업	· 직원들은 판매나 거래와 관련하여 고객이 다른 서비스채널을 이용하도록 권하지 않는다.
청구서와 우편물	· 회사는 유지 비용이 저렴한 일부 서비스 체계만 홍보한다.
고객이 만든 블로그	· 회사의 홍보 또는 법무 부서에서 블로그를 폐쇄시킨다.
모든 서비스 채널	· 회사는 고객의 요구 사항을 회신하거나 무시할 것으로 구분한다.

어떤 기업은 변화의 필요성을 느끼지 못할 수도 있다. 이들은 고객의 요구 사항을 처리하는 데 드는 비용을 걱정하거나 고객이 많은 비용이

드는 서비스 시스템을 이용할까 봐 걱정할 수도 있다. 그리고 소통의 문을 열었을 때, 쏟아질 고객 연락 건수를 두려워하는지도 모른다.

그러나 소통의 문을 열지 않은 결과는 더 심각한 결과를 초래한다. 여기서 다시 한 번 모든 고객의 요구 사항을 한 채널로만 받으려 했던 텔레클레임의 사례를 살펴보자. 이에 대해 이 회사의 경영진은 문제를 유발한 책임자로 고객서비스 부서를 지목했다. 고객서비스 부서의 서비스 수준이 항상 낮게 보고되자 책임자를 불러서 상황을 설명하게 했다.

하지만 정작 이들이 해야 했던 것은 고객과의 소통의 문을 여는 것이었다. 고객이 상담원에게 설명하는 사안을 하나하나 듣고 고객이 왜 연락하는지 심각하게 생각해보았다면, 경영진은 고객을 실망시키는 문제의 근본 원인을 찾아낼 수 있었을 것이다. 하지만 경영진은 낮은 고객 만족도와 텔레클레임 고객이 상담원과의 통화를 위해 기다린 시간을 연결 지어 생각하는 잘못된 방법을 선택했다. 본질적으로 증상만 살피고 병은 무시한 꼴이었다.

만약 소통의 문이 조금 더 활짝 열려 고객이 무엇을 원하고 어떤 서비스를 받고 싶어 하는지 파악하고 분류할 수 있었다면, 경영진은 더 명확하고 포괄적인 실행 방안을 고안할 수 있었을 것이다. 밀린 업무와 보험금 청구 건을 처리하는 부서의 업무 처리 속도에 대한 잘못된 기대치가 바로 근본적인 문제를 유발했던 것이다. 만약 요구 사항을 처리하는 부서와 통화를 하지 못했던 고객의 연락 건수만 제대로 파악했다면, 정작 어느 부서에 직원이 더 필요한지를 파악할 수 있었을 것이다. 좁은 소통의 문과 고객이 연락하는 이유를 집중적으로 생각하지 않은 것이 문제를 해결하지 못하는 결과를 초래했던 것이다.

고객과의 소통의 문을 여는 방법은 단기적 처방으로, 더 많은 직원을 투입하고 고객센터에 더 많은 투자를 해야 한다는 의미일 수도 있지만, 2장에서 말한 것처럼 최고의 서비스를 제공하기 위한 과정에서 이를 통해 수집된 사안과 정보는 장기적으로 큰 도움을 준다. 보험 회사의 경우 소통의 문을 크게 열어놓았다면, 보험금 청구 건의 처리 과정에서 어디에 병목 현상이 생겼는지 파악할 수 있을 것이다. 그리고 고객의 요구 사항을 우선적으로 처리하는 부서를 도와줄 특공대를 투입한다면, 고객의 연락 건수를 줄이고, 고객의 요구 사항을 처리하기 위해 일시적으로 고객센터의 인력을 늘릴 필요도 없을 것이다.

그렇다면 문을 여는 데 필요한 것은 무엇일까?

1) 고객이 요구 사항을 적극적으로 전달할 수 있게 하라

이 말은 고객이 언제, 어디서, 어떤 방식으로든 필요에 따라 연락할 수 있게 해야 한다는 것을 의미한다. 그리고 이것은 고객을 초대하는 형태를 띤 마케팅과 미디어 활용은 물론 고객에게 알리는 모든 행위까지 포함한다. 이제까지 고객의 행동을 통제하려고 시도해온 기업이라면 사고방식을 바꿔야 한다. 또한 이것은 고객을 대하는 직원들이 더 많은 고객들의 요구 사항을 접수하거나 고객이 서비스 채널이나 의견을 수렴할 수 있는 시스템을 이용하기 편하게 느끼고, 셀프서비스 채널을 포함한 모든 옵션을 기꺼이 고객에게 설명할 수 있어야 한다는 것을 전제로 한다.

물론 많은 기업들은 이를 당연히 실천해야 하는 것으로 생각한다. 예를 들면, 공공요금 청구서에는 웹 사이트 주소와 연락이 가능한 전화번호가 명시되어 있다. 하지만 기업들은 변화를 겪는 와중에는 이 원칙을 지키는 것에 부담을 느낀다. 여기에서 변화란 상품이나 서비스를 교체하거나 웹 사이트를 개편하는 것을 의미하며, 이런 변화를 겪는 조직은 지원 자원에 대한 헛점을 드러내게 마련이다. 하지만 아이러니하게도 이 때가 바로 고객의 연락이 가장 중요해지는 순간이기도 하다.

한 국제 은행은 본사 고객의 계좌와 환노출장래의 예상하지 못한 환율변동으로 인하여 기업이 보유하고 있는 외화 표시 순자산의 가치나 현금흐름의 순가치가 변동될 수 있는 불확실성-옮긴이을 관리하기 위해 재무 부서에서 새로운 서비스 플랫폼을 개발하기로 했다. 그 결과 탄생한 것이 중요 고객들을 위해 고안한 셀프서비스 뱅킹 시스템이었다.

하지만 이 은행은 곧 짧은 시간 내에 완벽한 서비스 플랫폼을 설계한다는 것이 불가능하다는 것을 알게 되었다. 길고 복잡한 설계와 개발 사이클을 예상한 이 은행은 고객들이 새로운 서비스 플랫폼을 이용하면서 조금씩 개선해 나가는 방법을 연구했다. 이에 따라 이 은행은 고객의 의견을 듣는 과정을 포함해 다음과 같은 새로운 시스템을 정립했다.

- 웹 기반의 신청서 작성 시스템은 고객이 어느 페이지에서나 신청서의 특정 부분에 대해 의견을 전달할 수 있는 기능을 포함한다.

- 의견 버튼을 클릭하면 체계적으로 설계된 설문 조사가 나온다. 설문 조사에서 고객은 의견을 전달할 주제를 선택하고, 해당하는 내용을 클릭할 수 있으며, 이는 고객이 기업에 의견을 전달하는 데 드는 수고를 최대한 줄여준다.
- 고객의 의견이 접수된 각 사안은 문제의 원인을 제공한 관련 부서로 보고한다.

이 은행은 접수된 고객의 의견을 바탕으로 무엇을 어떻게 수정하고, 문제 해결의 우선순위를 어떻게 정할지를 결정했다. 고객 평가의 빈도와 각 사안에 대한 의견은 고객에게 무엇이 얼마나 중요한지를 알려주었다. 이 은행은 먼저 고객의 관점과 회사의 관점이 매우 다르다는 사실에 놀랐다. 회사가 우선순위에 둔 기능과 문제는 알고 보니 고객에게는 별로 중요하지 않은 사안이었고, 반대로 그렇지 않다고 생각했던 사안들이 중요한 것으로 나타났다.

이렇게 해서 이 은행은 새로운 플랫폼을 시행하고 수정하고 개선할 수 있었다. 고객의 의견을 듣는 과정에서 고객이 지속적으로 결함을 수정함으로써 고객 이탈의 위험성은 점차 줄어들었고, 시간이 흐르면서 이 은행은 고객들과 점차 공생 관계를 형성해갔다. 고객들은 이 은행이 자신들의 의견에 즉각적으로 반응하고, 자신들의 관심사에 관심을 기울이며, 자신들이 좋아하는 서비스 플랫폼을 정립하고, 자신들의 의견이 그 시스템을 개선하는 데 일조한다고 느꼈다.

이 은행은 이런 정책을 계속 펼치면서 그 어떤 중요 고객도 잃지 않은 채 지금까지 관계를 이어오고 있다. 셀프서비스 채널을 이용하면서 이 은행은 고객의 요구 사항을 접수하는 소통의 문을 여는 방법을 터

득했던 것이다.

사실 전화와 인터넷이 개발되기 전에는 이처럼 고객에게 연락할 방법을 제공하는 것은 어려운 일이었다. 하지만 오늘날에는 그 어떤 변명도 통하지 않는 시대가 되었다. 블로그나 웹 사이트, 그리고 전화에 기반을 둔 의견 수렴 시스템은 기업들에게 선택할 수 있는 여러 가지 소통의 문을 제공하고 있다.

델처럼 업계에서 선두를 달리는 기업들은 이미 블로그를 만들어 고객이 무엇을 원하는지 묻고 있으며, 또 다른 기업들은 특정 분야의 전문가가 지적 활동과 경험을 통해 축적한 전문 지식이나 문제 해결에 필요한 사실과 규칙에 의지하지 않고, 대중들이 참여하는 위키 소프트웨어를 이용하여 고객과 고객을 상대하는 직원들에게서 최신 관행과 지식에 대한 정보를 수집하고 있다. 이 밖의 많은 사례에서 볼 수 있듯이, 기업들은 고객이 쉽게 요구 사항을 전달할 수 있도록 하여 정보의 흐름을 파악하고 있다.

2) 고객의 요구 사항에 따라 적절한 서비스 채널로 연결하라

고객이 의견을 전달할 통로를 늘리는 일은 고객의 의견 수렴 체계를 정립하는 것보다 좀 더 체계적인 절차가 필요하다. 고객서비스 채널은 고객의 요구 사항에 따라 적절히 배정되어야 하기 때문이다. 예를 들어 고객이 인터넷 거래 방식을 이용하고 있다면, 고객서비스는 전화, 이메일, 웹 메신저 등 여러 가지 채널로 이루어질 수 있을 것이다. 이런 각각의 채널을 적용하는 것은 물론 거래의 특성에 따라 달라져야 한다. 전화와 메신저는 고객이 어떤 일을 수행하는 방법을 알려주는 데 효과적이고, 이메일은 참고 정보를 알려주는 데 효과적인 채널이라 할 수 있다.

어떤 고객이 컴퓨터가 작동하지 않거나 연결이 안 되는 기술적인 문제를 겪었다고 가정하자. 이때 고객은 엔지니어나 직원과 직접 상담하기를 원할 것이다. 하지만 문제의 특성에 따라 웹 메신저나 전화가 가장 적절한 서비스 채널이 될 수도 있을 것이다. 하지만 웹 사이트에서 제공되는 '셀프 도우미' 서비스는 기술적 문제를 스스로 해결할 수 있도록 도와주는 옵션을 거의 제공하지 않는다.

고객의 요구 사항에 맞게 서비스 채널을 배정한다는 것은 고객들을 더욱 세심하게 배려해야 한다는 것을 의미한다. 가령 고객이 ARS 메뉴에서 헤매거나 개인 정보 입력을 2번 이상 틀렸거나 웹 사이트에서 계속해서 서류나 양식을 작성하지 못한다면, 바로 상담원에게 연결하거나 다른 선택권을 제공해야 한다. ARS에서 헤매거나 웹 사이트에서 길을 잃은 듯한 느낌이 들 때만큼 고객이 난감한 상황은 없다. 하지만 고객이 이런 상황을 겪을 때를 대비해 "만약 어려움을 겪고 계신다면…… 000-0000로 연락하시기 바랍니다."라고 명시한 웹 사이트는 극소수에 불과하다.

기업은 주요 웹 페이지에서 고객이 '머문 시간'은 재지만, 이런 종류의 서비스, 즉 고객에게 소통의 문을 여는 사례는 거의 찾아볼 수 없다. 정말 현명한 기업은 이런 배려 깊은 서비스가 고객에게 제공되는지를 확인하고, 왜 많은 고객이 화면 x나 메뉴 y에 오래 머무는지 분석하고 문제를 해결한다.

3) 고객에게 연락 방식을 선택하는 선택권을 부여하라

고객에게 제공한 연락 방식은 눈으로 보듯이 이해할 수 있고, 쉽게 이용할 수 있어야 한다. 이메일을 보내려는 고객에게는 고객센터 메뉴를 찾기 위해 웹 사이트 구석구석을 뒤지지 않게 해야 한다. 그리고 전화번호는 클릭 한 번으로 쉽게 찾을 수 있어야 하며, 어느 페이지에서나 뚜렷하게 명시되어야 한다.

그리고 ARS에서는 상담원과의 연결이 쉽게 이루어져야 한다. 가령 ARS에서 다음과 같은 메시지를 들으면 고객은 매우 안심할 것이다.

"저희 기업을 찾아주셔서 감사합니다. 안내 도중에 상담원과 연결을 원하시면 0번을 누르세요."

이는 고객을 존중하는 자세와 서비스의 개방성을 보여준다. 3장에서 논의한 것처럼 만약 셀프서비스가 제대로 작동하거나 웹 사이트 또는 전화 서비스 채널이 고객의 문제를 처리했다면, 고객은 ARS를 이용할 필요가 없었을 것이다. 때때로 기업은 고객이 이런 옵션들을 남용할 수도 있다고 두려워하지만, 이런 간단한 선택권도 부여하지 않는다면 고객은 더 큰 피해를 가져오는 방법을 선택하게 될 것이다. 웹 사이트 역시 고객이 이용하기 쉽고, 고객이 직원을 찾을 필요가 없도록 구축돼야 한다.

서비스 채널에 대한 선택권은 다양한 방식으로 부여할 수 있다. 다음의 체크리스트를 살펴보자.

[표 5.2] 서비스 채널 선택권 체크리스트

체계	선택 사항
웹 사이트	· 모든 페이지에 전화번호 명시 · 직원과의 연결 버튼을 누르면 고객센터 메뉴가 활성화되면서 이메일을 보내는 창이 뜨거나, 직원이 어느 시간 안에 고객에게 연락을 줄 것이라는 답변이 뜨게 하는 기능
ARS 메뉴	· 웹 사이트의 대안으로 전화번호를 남기면 상담원이 다시 전화하겠다는 옵션을 광고 · 메뉴 앞에 상담원과의 연결을 원하면 0번을 누르면 된다는 메시지 삽입
이메일	· 고객에게 보낸 모든 이메일에 전화번호 명시 · 웹 페이지에 사안에 대한 설명을 제공할 링크 명시
지점 운영	· 고객센터와 통화할 수 있는 전화번호 제공 · ATM 또는 정보 키오스크와 같은 셀프서비스 장치 마련 · 셀프서비스를 위한 웹 PC 제공
청구서와 우편물	· 웹 사이트, 고객센터 번호, 자동화 서비스, 그리고 대안적인 지급 방법(비용과 지급 방법의 시기 적절성에 대한 정보를 포함) 등 모든 서비스 채널에 대한 광고 포함
고객 의견	· 서비스 또는 제품 판매 후 전화를 걸어 의견 수렴 설문 조사를 하거나 웹 사이트에서 실행하기 · 웹 사이트의 어느 페이지에서나 고객이 의견을 전달할 수 있도록 하기("고객님의 의견을 알려주세요.") · ARS로 거래한 후 고객이 메시지를 녹음할 수 있도록 하는 기능 제공 · 블로그

4) 영업 시간을 늘려라

정말 필요할 때 서비스를 제공하는 기업이 많지 않다는 사실이 놀랍지 않은가? 너무나도 기본적인 사항으로 보이는데 말이다. 물론 매일 24시간 영업하는 것은 기업 입장에서는 경제적이지 않지만, 이를 실천할 방법은 의외로 많다. 다음의 방법들을 살펴보자.

① 조직을 확장하라: 앞에서 자사의 영업 시간과 계절에 따른 수요의 변화

를 보완하는 기업과 제휴를 맺는 옵션을 거론했다. 예를 들면 선물 제 공업체 1-800-Flowers는 주요 호텔이나 렌터카 회사와 제휴를 맺어 고 객의 요구 사항을 처리한다. 조직을 확장하는 또 다른 방법은 자사에 서 서비스를 제공하지 못하는 시간에 서비스를 제공할 수 있는 회사에 아웃소싱을 맡기는 것이다.

② 다른 지역에서 서비스를 제공할 수 있도록 하라: 자국 안에서만 고객서비스 를 제공하는 것은 비경제적일 수 있으므로 다른 나라에서도 서비스를 제공하거나 기업의 다른 부서나 조직이 외국에 서비스를 제공하게 할 수도 있다. 한 호텔 체인은 비싼 근무 인력을 고용하는 대신 지구 반대 편에 있는 아웃소싱 인력을 이용해서 야간에 걸려오는 고객의 전화를 처리한다. 연휴 기간에는 외주를 주거나 해외 지사의 고객센터에 업 무를 넘기는 것도 한 가지 방법이 될 수 있다. 아마존은 미국 독립기념 일에 고객센터 직원들을 쉬게 했는데, 이날 영국 지사의 고객센터에서 미국 고객의 요청 사항까지 처리하도록 해 무리 없이 서비스를 제공할 수 있었다.

③ 고객의 요구 사항을 파악하고 적절한 시간에 처리하라: 새로 개발된 많은 고 객서비스 기술은 고객이 문제에 대한 자세한 정보와 전화번호를 남기 면 상담원이 다시 고객에게 전화할 수 있도록 한다. 이 기술 중에 가장 원시적인 형태는 메시지 은행이었는데, 고객이 남긴 메시지를 직원 누 군가가 일일이 들어야 해서 시간과 비용이 많이 소요되었다. 더 발전

한 형태의 기술은 고객이 전화번호와 언제 다시 전화받기를 원하는지에 대한 정보를 남길 수 있게 했다. 이에 따라 상담원은 상대적으로 바쁘지 않은 이른 시간이나 늦은 오후에 또는 상담원이 상담할 수 있는 시간에 고객에게 다시 전화를 한다.

④ 다른 서비스 채널이 고객의 요구 사항을 처리하게 하라: 고객이 다른 서비스 채널을 이용했을 때, 어떻게 요구 사항을 해결할 수 있는지 명확히 알려주는 것도 하나의 타협안이다. 보통 웹 사이트, 키오스크, 그리고 ATM은 고객센터나 지점과 달리 매일 24시간 서비스를 제공한다. 그러나 전화를 받는 상담원이 없는 경우, 고객이 이메일로라도 즉시 답변을 받기를 원하는 사안들이 있다는 점을 명심하라.

5) 요구 사항을 전달하는 데 방해되는 비용과 장애물을 없애라

비용 때문에 소통의 문이 굳게 닫혀 있거나 고객의 요구 사항을 접수하는 소통의 문이 제대로 작동하지 않는다면, 기업은 고객의 의견을 접수할 수 없다. 어떤 기업은 기술 서비스를 받는 고객에게 비용을 부과하기도 한다. 비록 경제적인 이유에서 이런 행위가 설명될 수 있다고 하더라도, 이는 기업이 반드시 알아야 할 고객의 의견을 알 수 없도록 하는 매우 위험한 방법이다. 시장에 새로운 모델을 출시하면서 고객이 제품이나 서비스의 결함과 설계에 관해 의견을 전달하는 데 제한을 둔다면, 기업은 품질 관리의 중요한 면을 미처 살피지 못하게 된다. 나아가 다음 제품을 개발하는 데 필요한 고객의 의견을 듣지 못하게 될 수도 있다.

제품이나 서비스의 유용성과 홍보뿐 아니라 고객서비스 시스템의 설계 또한 중요한 걸림돌이 될 수 있다. 복잡한 ARS, 이용하기에 불편하게 설계된 웹 사이트, 지나치게 많이 열거된 고객센터의 전화번호들도 바로 설계상의 걸림돌이 된다. 이 문제에 대한 해결책은 이미 3장에서 다루었으므로 여기서는 생략한다.

가장 심각한 장애물은 비용이나 설계가 아닌 기업의 사고방식이다. 이런 사고방식은 기업의 광고나 설계한 시스템, 제공하는 서비스, 그리고 고객의 연락에 대응하는 태도에서 엿볼 수 있다. '고객에게 제재를 가하겠다'라는 기업과 '고객이 쉽게 연락할 수 있게 하겠다'라는 기업의 차이는 엄청나다. 이런 태도의 차이는 여러 인터넷 판매자들 사이에서 확연히 드러난다.

높은 만족도를 얻는 판매자들은 고객과 관계를 맺기 위해 고객의 모든 이메일을 살펴본다. 그들은 "질문 사항 중 다수는 이미 저희가 말씀드린 것이지만, 저희는 고객들의 모든 이메일에 회신을 하고 있습니다."라고 말한다. 이는 고객들의 이메일을 귀찮은 것으로 치부하는 판매자들과는 대조적이다. 고객들의 이런 질문 사항을 귀찮다고 판단하는 판매자들은 "고객님의 질문은 이미 공지 사항에 나와 있으므로 공지 사항을 참고하십시오."라고 말한다.

3_3단계: 양방향 소통

고객의 의견 수렴 시스템에서 가장 발전적인 것은 고객의 요구 사항에 맞게 설계된 서비스 채널을 제공하고, 그 채널이 고객의 의견을 제대로 전달할 수 있게 하는 것이다. 최고의 서비스를 제공하는 기업은 고객이 자신의 의견을 제공하기 위해 쉽게 연락할 수 있도록 하고 있다. 또한 의견을 전달하는 방법에서 고객에게 더 많은 선택권을 제공하고, 고객을 신뢰한다. 기업을 이렇게 운영하려면 서비스를 설계하고 실천하는 데 몇 가지 중요한 사안을 염두에 두어야 한다.

위의 사안들을 차례로 살펴보자.

1) 문제가 심각할수록 고객서비스가 더 원활하게 제공되어야 한다

기술 서비스에 대한 현실은 이러한 원칙을 잘 보여준다. 예를 들어 소프트웨어와 하드웨어를 제공하는 기업들은 고객에게 셀프서비스를 제공하기 위해 많은 노력을 기울였고, 그 중에서도 셀프서비스는 매우 유용한 방법으로 인식되고 있다. 하지만 인터넷 연결이 끊겼거나 특정 소프트웨어가 작동하지 않을 때, 고객이 웹 사이트를 통해서 서비스를 요청하게 하는 것은 문제가 있다. 그런 경우, 컴퓨터를 이용해 기업의 전화번호를 알아내는 것도 어려워지기 때문이다.

또한 컴퓨터에 버그가 있거나 하드디스크가 고장났거나 시스템상에 오류가 발생하면, 전문가의 도움이 필요한 매우 심각한 상황이므로 엔지니어나 직원이 직접 상담해야 한다. 이런 경우에 대비해 기업은 전화번호부, 소프트웨어 패키지, 사용설명서 등에 고객이 쉽게 찾아볼 수 있도록 고객센터의 전화번호를 명시해야 한다. 고객이 겪을 수 있는 여러 가지 상황을 생각해보고, 고객이 그 상황에 쉽게 대처할 수 있도록 해야 한다.

2) 고객의 요구 사항에 따라 적절한 서비스 채널로 연결해야 한다

놀랍게도 많은 기업들은 고객의 요구 사항과 상관없이 스스로 매긴 고객의 가치에 따라 서비스 채널의 중요도나 효율성을 판단한다. 흔히 볼 수 있는 사례로 VIP 고객에게는 전담 상담원이 배정되지만, 일반 고객은 서비스를 받으려면 고객센터나 지점에서 기다려야 하는 등의 대조되는 상황이 만들어진다. 실제로 많은 기업들은 고객군을 구별해 더 중요한 고객일수록 상담원이 직접 서비스를 제공해야 한다고 생각한다.

한 은행에서는 상담원 한 명이 대략 일반 고객 3천 명을 상대한다. 반면에 퍼스널 뱅커personal banker 한 명은 프리미엄 고객 백 명을 전담하고, 프라이빗 뱅킹자산가들을 위한 뱅킹 시스템에서는 이 비율이 직원 한 명당 고객 50명으로 줄어든다. 특이한 사실은 프라이빗 뱅킹과 프리미엄 고객들이야말로 인터넷뱅킹과 같은 셀프서비스를 많이 이용하려 한다는 점이다. 하지만 은행은 이들이 상담원을 통해 서비스를 받도록 셀프서비스 옵션을 제공하지 않으려고 한다. 은행에 더 소중한 고객일수록 더 적은 선택권을 제공받는 셈이다.

그렇다면 고객의 요구 사항에 기반을 둔 모델은 어떻게 설계해야 할까? 고객의 요구 사항을 반영한 서비스 채널이 반드시 상담원 연결을 의미하는 것은 아니다. 호주의 에너지 기업인 에너젝스는 폭풍우가 자주 몰아치는 지역에서 에너지를 공급한다. 한번은 폭풍우로 전력 네트워크 전반에 심각한 손상을 입었다. 그 후 일주일 동안 고객의 전화가 무려 백만 통이나 걸려왔다. 이는 통상 일 년 동안 걸려오는 전화 연락 건수와 맞먹는 수치였다. 에너젝스에는 한꺼번에 그렇게 많은 전화 연락 건수를 감당할 만한 자원이나 장비가 없었기 때문에 모든 고객의 전화 연락을 처리할 수 없었다.

이후 피해를 복구하면서 에너젝스는 다시는 이런 상황을 맞지 않겠다고 다짐했다. 이를 실천할 방편으로 휴대전화로 상황을 알려주는 문자메시지를 전송하고, 전화한 지역에 따라 ARS의 메시지를 달리하기 위해 전화를 한 사람이 누구이며, 어느 지역에서 전화가 걸려왔는지를 파악하는 데 많은 투자를 했다. 이제 에너젝스는 폭풍우로 전화가 폭주하는 사태가 생기더라도 고객들에게 적절한 정보를 제공하고, 예보된 폭풍과 복구 시간에 대해 동시에 수십만 명에게 안내해줄 수 있는 자동화 시스템을 갖추었다.

3) 특별히 어려운 서비스 채널이란 없다

최고의 서비스를 제공하는 기업들은 고객이 이용하는 서비스 채널을 좌지우지할 수 없다는 것을 알고 있다. 고객이 전화나 상담원을 통해 자신의 요구 사항을 전달해야 한다고 생각하면, 기업은 해당 서비스 채널을 제공해야 한다. 그런데 어떤 기업들은 문제를 겪을 수 있음에도 이 사실을 강하게 부정했다.

1980년대와 1990년대, 호주와 영국의 대규모 은행들은 지점 네트워크를 줄여나갔다. 호주은행연합회와 호주준비은행에 따르면, 1994년부터 2001년 사이에 호주의 은행 지점 수는 7,064개에서 4,789개로 30퍼센트 이상 줄었다. 영국에서는 1983년부터 1994년 사이에 인구 100만 명당 은행의 지점 수가 290개에서 220개로 줄어들었다.

이런 추세는 대규모 은행들이 철수한 지역에 소규모 은행들이 뛰어들 기회를 제공했다. 가장 유명한 소규모 은행으로는 호주 빅토리아의 한 소도시에 세워진 벤디고 은행을 들 수 있다. 벤디고 은행은 다른 은행들이 지점을 폐쇄하고 떠난 곳이나 교외에서 '지역은행'이라는 개념을 탄생시켜 큰 성공을 거두었다. 1998년과 2006년 사이에 190개의 지점을 개설했고, 호주 은행들 가운데 최고의 만족도 평가를 받았으며, 고객의 90퍼센트 이상이 만족 또는 매우 만족한다는 의견을 표명한 유일한 은행이 되었다.

이는 고객들이 원하는 서비스 채널을 제공하는 것이 성공을 위한 전략이며, 이런 사실을 부정하는 것은 매우 위험한 전략이 될 수 있다는 것을 보여준다. 지난 몇 년 동안 호주의 대규모 은행들은 이런 상황에 대응하기 위해 다시 지점을 늘리기 시작했으며, 현재 호주에서 은행 지점 수는 계속 증가하고 있다.

4) 고객서비스 채널은 쉽고 편리해야 한다

어떤 기업들은 고객의 요구 사항에 집중하고, 고객이 쉽게 찾을 수 있도록 추가적인 노력을 기울였다. 다음의 세 가지 사례는 이렇게 하는 것이 그리 어려운 일이 아니라는 점을 보여준다.

첫째, 한 공공 의료보험사는 규모가 너무 작아서 고객의 전화를 신속하게 받지 못했다. 조사 결과, 고객은 대기 시간이 60초를 넘으면 전화를 끊는 것으로 나타났다. 이 문제를 개선하기 위해 대기 시간이 30초를 넘어가면 고객에게 선택권을 제공했다. 이에 따라 고객은 계속 대기하거나 상담원이 나중에 전화할 수 있도록 자신의 전화번호를 남길 수 있었다. 전화번호를 남기면 원래의 대기 순서대로 상담원의 연락을 받을 수 있었기 때문에 많은 고객들은 후자를 선택했다.

이 시스템은 고객이 남긴 전화번호에 상담원을 자동으로 연결했다. 대기하는 고객의 수는 줄었고, 보험사는 수신자 부담 전화 비용을 줄일 수 있었다. 많은 전화를 처리하기 위해 추가적인 시스템을 구축할 필요도 없었으며, 고객은 자신의 시간을 존중해 준다는 생각에 서비스에 더욱 만족했다. 직원들도 그런 고객들을 접하면서 업무 만족도가 높아졌다.

둘째, 일부 택시회사는 택시 예약을 간편화하는 기술을 사용했다. 이들은 발신자 표시를 활용해 고객의 전화번호와 주소를 연결했다. 그리고 ARS는 고객에게 네 명 미만의 탑승자와 함께 집에서 출발하는지를 물었다. 고객이 '그렇다'고 답하면 택시는 바로 해당 전화번호와 연결된 주소로 출발했다. 고객은 오직 한 가지 질문에만 대답하면 되었고, 30초도 채 걸리지 않았다.

덕분에 이 택시회사의 상담원들은 자동화 시스템에서 '그렇다'고 답하지 않은 고객, 즉 복잡한 예약이나 집 외의 장소에서 택시를 예약하는 고객들만 담당하면 되었다. 이 기술은 항상 같은 주소에서 휴대전화를 이용해 요청되는 건에 대해서도 같은 방식으로 적용되었다. 이 기술은 전반적으로 적은 비용으로 고객의 서비스 경험을 개선했다.

셋째, 음성 인식 시스템 활용을 들 수 있다. 대부분의 국가에서 개인 정보 보호 정책은 생년월일과 전화번호와 같은 개인 정보로 본인임을 증명하게 한다. 이는 보통 고객을 짜증나게 하고, 고객의 소중한 시간도 잡아먹는다. 그래서 호주의 의료보험 회사인 AHM은 고객이 음성 기록을 남기게 했다. 고객이 이 과정을 한번 거치면, 이후 그 고객의 모든 연락 건에 대해 본인 확인 절차를 거치지 않고도 음성 기록을 이용하여 고객 본인임을 판별할 수 있다. 이 기술은 모든 전화에 대해서 한 통화당 45초씩 줄일 수 있도록 해 주었다.

5) 고객에게 지속적으로 관심을 기울여야 한다

고객이 선호하는 서비스 채널을 인식하고 마련하고 의식하는 것이 곧 고객의 요구 사항을 쉽게 처리하는 것임을 깨닫고 실천하는 기업은 소수에 불과하다. 간단히 말하면, 이는 고객이 선호한다고 밝힌 서비스 체계를 파악하고 제공하는 것을 의미한다. 이는 이메일을 보내는 것보다 전화하는 것, 청구서를 우편으로 발송하는 것보다 이메일로 발송하는 것을 가리킨다.

앞에서 언급했듯이, 영국의 퍼스트다이렉트는 문자메시지로 잔고를 알려주는 등 고객이 다양한 서비스를 선택할 수 있도록 이 개념을 발전시켰다. 이보다 발전한 형태로 고객에게 선호도를 묻고, 그에 따라 서비스를 제공하는 것을 넘어 아예 고객에게 묻지도 않고 고객의 선호도를 스스로 파악해 서비스를 제공할 수도 있다. 지금의 데이터 분석 기술을 바탕으로 이런 접근법을 활용할 수 있지만, 실천하는 기업은 거의 없다.

5_ 요약

최고의 서비스는 서비스가 필요 없는 상태를 말한다. 그러나 이는 고객이 기업을 찾는 것을 어렵게 해야 한다는 의미가 아니다. 기업은 언제 어디서나 고객이 원하고 필요하다고 생각할 때, 쉽게 연락할 수 있도록 해야 한다. 많은 기업들이 자사의 시스템을 공개하고, 고객에게 서비스 채널에 관한 선택권을 주는 것을 두려워하지만, 비즈니스에 관한 다양한 정보를 얻고, 반드시 들어야 할 고객의 의견을 수집하려면 소통의 문을 열어야 한다.

고객의 가장 흔한 불평 사항 중 하나는 연락이 어렵다는 것이다. 고객 센터의 전화번호가 찾기 어려운 곳에 있거나 웹 사이트에 아예 명시되지 않고, 고객이 보낸 이메일이 어디론가 증발하거나, ARS에 상담원과의 통화 메뉴가 없는 것은 안타까운 일이다. 기업은 고객이 이용하고 싶어 하는 서비스 시스템을 선택할 수 있도록 해야 한다. 고객과 처음 거래할 때뿐 아니라 계속해서 고객을 진정으로 아낀다는 모습을 보여 주어야 한다. 서비스를 제공할 필요가 없는 기업으로 거듭나기 위해 노력하는 동시에 고객이 쉽게 찾을 수 있는 기업이 되기 위해 노력해야 한다.

6_ 설문 조사

고객이 쉽게 연락하는 것에 관한 다음의 핵심 질문들에 답하고 기본적인 서비스에서 더 나은 서비스, 그리고 최고의 서비스로 나아가

는 과정에서 당신의 기업이 어느 곳에 있는지 부록 A를 참고하여 진
단하라.

모든 부서가
책임을 분담하라

고객에게 선사하는 서비스는 기업의 모든 부서가 담당해야 할 일이다.
- 마크 허스트(Mark Hurst), GOODEXPERIENCE.COM에서 언급한 말

오!
어떡하지? 마
지막 청구서 배치
에서 오류를 발견
했는데!
괜찮아,
고객센터에서
알아서 처리할
거야……
RING
RING RING RING
RING RING
RING RING RING
RING
RING RING
RING RING
RING RING RING
RING RING
RING RING RING
RING RING RING
RING
BILLING
CALL CENTRE
KUDELKA.

1_ 원칙

많은 기업들이 이상한 통념을 가지고 있다. 바로 고객서비스 부서의 관리자가 서비스의 수준과 질에 모든 책임을 져야 한다는 것이다. 그래서 고객의 대기 시간이 길어지거나 고객의 요구 사항을 처리하는 과정이 지연되면, 고객센터 관리자가 문제에 책임져야 하는 사람으로 지목되어 해명을 요구받는다. 얼핏 보면 이들이 고객을 상대할 직원을 채용하고 직원들의 실적을 관리하기 때문에 타당한 것처럼 보인다. 그러나 고객이 왜 연락하며, 이런 고객들의 요구 사항을 처리하기 위해 고객 센터 직원들이 어떻게 대응하는지 조금 더 깊이 들여다보면, 책임 소재는 달라진다.

실제 고객센터에서 유발하는 고객의 연락 건수는 극소수에 불과하다. 우리가 10여 개국 40개 이상의 기업들을 대상으로 연구한 결과, 고객센터에서 유발한 고객 연락 건이 전체의 20퍼센트를 넘은 기업은 없었다. 역시 고객서비스 부서에서 고객에게 우편이나 신청서를 보내라고 '요구하는' 경우 역시 소수에 불과했고, 지점 밖에 나가서 고객들이 거래 창구 앞에 줄을 서도록 한 고객센터 직원도 거의 없었다. 그렇다면, 도대체 누가 고객들의 문제를 유발하는 것일까? 그리고 왜 이런 근거 없는 책임 전가 관행이 이토록 널리 퍼져 있는 것는 것일까?

고객이 왜 연락하는지, 즉 고객이 왜 굳이 시간을 내서 전화하고, 메일을 쓰고, 직접 방문하는지 생각해본다면, 누가 책임을 져야 하는지는 명확해진다. 보통의 고객센터를 생각해보자. 다음의 그림처럼 고객은 여러 가지 이유로 기업에 연락을 한다.

[그림 6.1] 고객 연락의 근본적인 이유

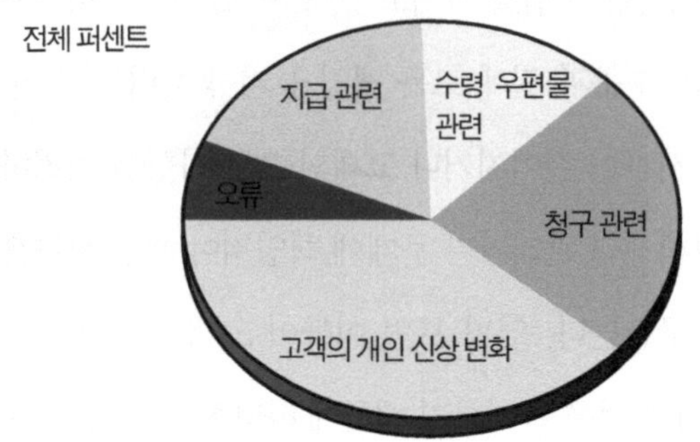

고객이 연락하는 주된 이유를 들여다보면 고객센터에서 통제할 수 있는 것이 거의 없다는 점을 알 수 있다. 고객센터에서 제어할 수 있는 고객의 연락 사유는 오류 건인데, 이마저도 복잡한 시스템이나 정해진 고객서비스 절차 준수와 같이 고객센터의 책임 밖에 있는 것들이다. 이런 간단한 문제에 관해 책임을 져야 하는 부서는 주로 고객센터가 아닌 다른 부서다.

단지 문제에 대한 책임 주체만 잘못 설정된 것이 아니다. 일선 직원들이 고객의 요구 사항을 처리하는 데 도움을 주는 과정과 그러한 도구를 누가 통제하는지 생각해보라. 고객센터 지점장은 보통 지점 직원들이 이용하는 IT 시스템을 통제할 수 없다. 단지 이 도구를 사용해야 한다고 상부로부터 통보를 받았을 뿐이다. 일선 직원들이 실행하는 절차와 정책도 그들의 통제권 밖에 있다. 절차는 보통 본사의 제품 또는 정책 부서에서 관할한다. 따라서 일선 직원들이 어떤 식으로 업무를 수행하기 원하는지, 또는 얼마만큼의 일이 발생할지 관리할 수 없다. 실제로 모든 기업에서 고객서비스 부서는 사실 어떠한 책임도 없다.

그렇다면 이 문제를 어떻게 해결할 수 있을까?

1. 벽을 허물어라

고객의 연락에 응대하고 요구 사항을 처리하는 데 누가 책임져야 하는지 다시 생각해보고, 문제에 실질적으로 책임을 져야 하는 주체를 확인해 문제 해결에 참여시켜야 한다. 이는 2장에서 언급한 바와 같이, 고객의 연락이나 요구 사항의 종류를 파악하고, 어느 부서가 책임을 져야 하는지 확인하는 절차를 수반한다. 즉, 문제의 근본 원인을 찾아서 문제에 대한 책임 주체를 파악하고, 고객서비스 부서를 지원하도록 장려해야 한다. 이렇게 해야 고객서비스 부서가 제대로 된 고객 지원을 할 수 있다.

2. 확실히 책임지게 하라

문제의 책임 주체가 근본 원인을 분석하고 해결할 수 있도록 적절한 인센티브와 장려책을 제공해야 한다. 이것은 부서 간의 벽을 허물고 전통적 역할의 변화를 요구하기 때문에 생각보다 매우 어렵다. 각 부서에서 문제 해결을 시도하기 전에 부서장들이 새로운 역할을 거부하거나 무시할 가능성이 크기 때문에, 이를 방지하기 위해서는 인센티브를 제공하거나 압력을 행사할 필요가 있다.

3. 고객서비스 부서 직원에게 권한을 부여하라

고객을 위해 옳은 일을 할 수 있도록 해야 한다. 고객서비스 부서 직원이 고객에게 최고의 결과를 안겨주기 위해서는 어느 정도의 권한을 줘서 직접 결정을 내리고 해결 방안을 제시할 수 있도록 해야 한다.

2_ 다른 산업에서의 사례들

1. 내각 책임제의 신화

영국의 중앙 정부는 내각 책임제로 운영되고 있다. 이 운영 방식 아래 각료들은 그들에게 보고되는 모든 부서의 업무에 대해 책임을 진다. 각료들은 수상이 지명하며, 각자 자신이 관할하는 분야에 대해 특별한 경험을 가지지 않는 경우도 있다. 예를 들어 국방부를 관할하는 각료가 군대 경험이 없거나, 산업통산부 각료가 비즈니스 경험이 없을 수도 있는 것이다.

하지만 이들이 관할하는 부서에는 해당 분야에서 경력을 쌓아온 전문가들이 가득하다. 각료들은 수시로 바뀌고 때가 되면 정권도 바뀌지만, 공무원들은 계속해서 해당 분야에서 자신의 역할을 하며 정부가 제 역할을 할 수 있도록 안정적이고 지속적인 지식을 제공한다. 그러나 어떤 일이 잘못되면 각료가 책임을 진다. 이는 책임 소재가 뭔가 이상함을 보여준다.

1960년대에 영국에서는 많은 스파이들이 활동하고 있다는 사실이 밝혀졌는데, 그중 일부는 소련에서 온 것으로 확인됐다. 하지만 이 스파이들이 그동안 발각되지 않았을 뿐 수년 동안 활동해 왔음에도 불구하고, 그들이 발각되었을 당시의 총리가 이에 대한 모든 책임을 지고 물러났다. 총리가 직접 문제를 초래하지 않았지만, 재임 시기에 일어난 일에 대해 책임을 진 것이다. 비록 이 시스템은 매우 명예로운 것으로 여겨지고 일본 등 여러 국가에서 적용되고 있지만, 책임 주체에게 책임을 묻지 못하는 상황을 초래했다. 정치인들이 모든 책임을 떠안는 동안 정작 공무원들은 살아남은 것이다.

2. 전쟁을 승리로 이끈 아일랜드 호핑

1941년 12월 7일, 미국인들을 놀라게 한 진주만 폭격 이후 몇몇 대륙과 바다에서 동시에 제2차 세계대전이 발발했다. 태평양에서 체스터 니미츠라는 해군 제독과 그의 부하들은 대대적인 전략을 세웠지만, 현지에서의 전략과 전술은 적군과 가까이에 있는 현지 해군에 맡기기로 했다. 만약 체스터 니미츠 해군 제독이 자신의 본부에서 모든 것을 관리했다면, 일본군의 허를 찌르는 여러 가지 전략은 고안해 내지 못했을 것이다.

이 중 하나인 섬과 섬을 건너뛰는 아일랜드 호핑 전술은 연합군이 태평양에서 승리하는 데 중요한 역할을 한 전술이었다. 별명이 '황소'였던 윌리엄 핼시 제독이 고안한 이 전술은 일본군이 점령한 섬들을 건너뛰어 필리핀까지 전진했고, 동시에 맥아더 장군은 호주에서 접근을 해왔다. 니미츠 제독은 문제의 해결 주체를 정하는 데 훌륭한 사례를 보여줬다. 그는 벽을 허물고, 주체가 확실히 문제에 책임을 지게 하

며 일선 해군에게 결정권을 주어 사상자를 최소화했고, 연합군의 부대
와 군함은 일본군이 점령한 섬 주변에서도 전진할 수 있었다 .

3. "이 장벽을 무너뜨리시오!"

1987년 6월 12일, 서베를린의 브란덴부르크 문 앞에서 이루어진 미국
로널드 레이건 대통령의 연설은 베를린 장벽을 넘어 공산주의 치하의
동베를린에까지 울려 퍼졌다. 그는 독일의 역사, 즉 두 차례의 세계대전
과 그 후의 재건, 그리고 이어진 냉전 시대가 세계에 가한 압박에 대해
이야기했다. 그리고 '두 독일'의 진정한 '주인'을 거론하며 당시 소련의
공산당 서기장이던 미하일 고르바초프에게 다음과 같이 촉구했다.

"고르바초프 서기장, 당신이 평화를 원하고, 소련과 동유럽의 번영
을 원하며, 자유화를 원한다면, 이 문으로 오시오! 그리고 이 문을 여시
오! 이 장벽을 무너뜨리시오!"

그 후 베를린 장벽이 무너지기까지는 2년이라는 시간이 더 걸렸다.

3_ 실패 사례

이제 고객서비스 산업으로 돌아가 문제의 근본 원인에 대해 책임을
질 주체를 파악하지 않아서 생긴 실패 사례들을 살펴보자.

1. 엉뚱한 사람에게 화풀이하다

미국에서 전기와 가스를 공급하는 한 업체의 고객센터는 네트워크

결함, 지역 정전, 그리고 요금 청구와 에너지 공급에 관한 고객의 연락에 대응하고 요구 사항을 처리한다. 정전이나 에너지 공급 중단 사태가 발생하면, 고객들은 저마다 고객센터에 전화를 걸어서 "여기 사무실이 정전된 것 알고 계신가요?"라고 말한다. 이 회사의 고객센터 관리자는 고객의 전화 연락을 30초 안에 받는 비율과 서비스를 받은 고객의 만족도에 관해 엄격한 기준으로 평가를 받는다.

그런데 한 번은 정전이 발생했다. 수많은 고객이 동시에 연락해 전기 공급이 언제 복구될지 질문을 해댔다, 고객센터는 예상치 못한 재난 상황에 대응할 인원을 충원하지 못한 상태에서 고객의 연락에 대응하느라 전전긍긍했다. 이런 상황에서 고객들은 "얼마나 빨리 전기 공급이 복구될 수 있나요?"라고 물으며 요구의 강도를 높였다.

하지만 이 질문에 답할 수 있는 직원은 지역별 서비스 복구 상황 정보가 업데이트되는 데이터베이스를 관리하는 네트워크 엔지니어뿐이었다. 더욱이 예상치 못한 정전으로 한꺼번에 쏟아지는 고객의 연락을 이 회사의 데이터 서버는 감당하지 못했다. 그로 인해 고객센터 직원들이 업데이트된 정보에 바로 접근할 수 없어서, 일반 주택 지구 및 상업 지구의 고객들은 짜증을 냈다.

폭풍우가 지나간 후, 이 회사의 위원회는 데이터 서버를 관리하는 네트워크 엔지니어가 아니라, 서비스 등급을 지키지 못한 고객서비스 부서에 해명을 요구했다. 이는 엉뚱한 부서에 화풀이한 꼴이었다. 고객센터 책임자는 서비스 수준에 영향을 미친 요인에 대해 책임을 져야 하는 주체가 아니었다. 고객의 연락은 정전과 데이터 시스템의 한계로 발생한 것이었다. 다시 말해, 유지 보수 직원과 엔지니어들이 제대로 보수하지 못하고 회사가 시스템 개발에 충분히 투자하지 않은 결과 사건이 터지고 고객의 연락이 한꺼번에 홍수처럼 밀려든 것이었다.

4장에서 언급했던 것처럼, 만약 이 회사가 실시간으로 정보를 알려주는 ARS 같은 능동적인 알림 시스템이나 서비스 상황을 알려주는 위치 매핑 시스템을 개발했다면, 고객은 연락을 하는 번거로움 없이도 최신 정보를 알 수 있었을 것이다. 만약 고객에게 정확한 최신 정보가 빠르게 제공되었다면, 고객의 연락 건수가 최대 80퍼센트까지 줄었을 것이다.

사실 고객센터에서 고객 만족도에 영향을 미치는 것은 거의 불가능하다. 서비스를 제공한 후에 "오늘 받으신 상담원의 도움에 얼마나 만족하셨습니까?"라고 물었을 때, 만약 상담원이 정전이나 중단된 서비스의 복구 정보에 접근할 수 없었거나 고객이 그런 정보를 알지 못하는 상담원과 통화하기 위해 60초나 기다렸다면 높은 만족도로 이어지지 않을 것이다.

여기서 고객 만족도에 대한 책임은 고객센터가 아닌 다른 부서에 있다. 실질적으로는 네트워크 엔지니어나 IT 개발자들이 고객 만족도를 좌우하는 열쇠를 쥐고 있었으며, 이들이 서비스 등급을 결정짓는 요소인 고객 연락 건수와 응답 속도에 영향을 미쳤던 것이다. 고객센터에서 유일하게 통제할 수 있는 것은 (1)폭풍 예보와 관련해 고객의 연락에 응대하고 요구 사항을 처리할 수 있는 적절한 수준의 직원 배치, (2) 고객이 굳이 따르지 않아도 되는 불필요한 절차를 제대로 따르게 하는 것뿐이었다.

이런 상황에서 고객센터 관리자와 직원들은 스트레스를 받을 수밖에 없다. 이들은 자신이 통제할 수 없는 문제에 대해서는 책임을 질 필요가 없었다. 핵심은 '공공서비스회사가 교훈을 얻어 서버 용량을 늘리고, 능동적인 알림 시스템을 정립하고, 사면초가에 몰린 고객센터가 아닌 네트워크 엔지니어와 IT 부서에 어떻게 책임을 물을 것인가?'이다. 이것은 재난이 또 닥쳤을 때 어떤 일이 벌어질지를 보면 알 수 있다.

2. 독박 쓰는 고객센터

영국의 한 통신회사는 아무 내역도 없는 요금 청구서를 구체적인 세부 내역 항목을 포함해 장장 다섯 페이지에 걸쳐 작성해 고객들에게 보냈다. 이 회사에 내야 할 돈이 전혀 없는 고객에게도 '이번 달에 납부하실 요금은 0파운드입니다.'라고 찍힌 청구서를 보내 고객들의 원성을 산 것이다. 불평은 요금 청구 부서가 아닌 고객센터로 갔다. 다행히 이 회사는 고객이 잘못된 요금 청구서 때문에 연락했을 때, 해당 고객의 기록과 요금 청구서를 대조해 납입할 금액은 없으며, 잘못 발송된 청구서는 무시해도 된다고 확인해 주었다.

그러나 많은 기업들이 이처럼 고객의 요구 사항에 대해 면밀히 검토하지 않아서 고객의 해명 요구에 속수무책일 수밖에 없다. 이는 5장에서도 언급했고 앞으로도 살펴겠지만, '정책 방패' 뒤에 숨어버리는 직원이 생기게 한다. 여기서 중요한 질문은 (1)'고객센터에서 IT 또는 청구 부서에 고객들의 불만을 전달하여 0파운드가 적힌 요금 청구서가 더 이상 발행되지 않게 했는가?', (2)'기업은 고객의 신용 평가 보고서에 불리하게 남을 수 있는 기록들이 생기지 않게 하고 있는가?이다.

3. 꼬여 버린 시스템

한 보험 회사는 새로운 정보 시스템에 투자를 고려했지만, 정당화할 수 있는 명분을 찾지 못했다. 그러는 동안 고객센터 직원들은 스파게티처럼 얽히고설킨 시스템과 씨름하고 있었다. 이들이 고객의 요구 사항을 처리하기 위해 원하는 정보에 접근하려면 서로 다른 12개의 시스템을 이용해야 했다. 그래서 고객센터 직원들은 업무 시간 전부터 미리 12개의 모든 시스템을 작동시켜야만 했다.

또한 고객센터 직원은 같은 정보를 3개의 시스템에 따로 입력해야 하는 경우도 많았다. 이는 시간을 잡아먹는 일일뿐 아니라 직원이 실수할 확률도 높였다. 입력한 내역을 복사해 붙이는 데 능숙한 직원은 몇 명 되지 않았다. 이렇게 분리된 시스템은 여러 가지 면에서 고객을 불편하게 했다. (1)자동이체 내역의 업데이트 같은 간단한 과정에 무려 3분에서 10분이 걸렸고, (2)더 많은 정책이 적용되는 고객, 즉 VIP 고객은 각 정책에 따라 느리고 번거로운 절차를 거쳐야 해서 질 낮은 서비스를 받았으며, (3)전체 고객의 30퍼센트는 직원이 여러 개의 화면에 정보를 입력하는 동안 대기를 해야 했다. 분명 복잡하게 얽힌 IT 시스템에 문제가 있음에도, 이 회사는 고객 만족도와 과정의 처리 속도로 고객센터 관리자에게 책임을 물었다.

다행히 이러한 실패 사례에도 긍정적인 측면이 한 가지 있었다. 고객센터 관리자가 불합리한 책임 추궁에 반발하자, IT 부서가 문제에 관해 복잡한 과정을 살펴본 후 비로소 시스템에 문제가 있다는 것을 깨달았던 것이다. 고객센터가 어떤 방식으로 일하는지를 분석한 후, IT 부서는 고객센터의 도움을 받아 난해하고 느린 과정을 개선하기 시작했고, 일부 복잡한 IT 시스템의 교체를 추진했다. 그 후 몇 개월 만에 시스템은 개선되었으며, 어설프고 시간만 낭비하던 고객서비스는 이제 옛날 일이 되었다.

4. 아무도 책임지지 않는 매트릭스 관리 시스템

1970년대에는 관리자가 상사 두 명에게 보고하는 매트릭스 관리 시스템이 유행이었다. 예를 들면, 상품 부서 관리자들은 마케팅과 IT 부서의 지시를 따라야 했다. 《초우량 기업의 조건》은 두 상사에게 보고하는 데 따르는 이점에 동의하지 않고, 명확한 지시 사항의 중요성을 거론하며 매트릭스 관리 시스템을 신랄하게 비판했다.

그러나 많은 기업에서 신참 관리자들이 많은 경험을 쌓을 수 있다는 근거를 들어 여전히 매트릭스 관리 시스템을 운영하고 있다. 매트릭스 관리 시스템에 내재한 문제는 해결되지 않았으며, 우리는 이 시스템이 한 사람이나 한 조직이 실질적으로 책임을 지는 것보다 문제 해결에 적절하지 않다고 생각한다. 즉, 문제의 책임 주체를 명확히 하는 것이 최고의 서비스를 제공하기 위한 핵심 열쇠인 것이다.

5. 정책 방패의 높은 벽

홍콩에서 한 고객이 특정 이동통신사의 서비스를 5년 동안 이용했다. 미련하게도 5년 동안 같은 요금제를 사용한 그는 그동안 적정 요금의 4배에 가까운 요금을 지불해 왔다. 홍콩에서는 이동통신사 간 경쟁으로 휴대전화 요금이 낮아진 상황이었다. 이 고객은 곧 휴대전화 업체가 자신의 게으름을 이용해 안이하게 대처하고 있다는 사실을 알게 되었다. 그는 자신이 가입한 이동통신사의 웹 사이트에 가서 자신의 생활 패턴에 맞는 요금제를 발견했다.

그리고 그 요금제로 18개월 약정 계약을 해야겠다고 생각하고, 고객센터에 전화를 걸어 요금제 변경 신청을 했다. 그러자 상담원은 그 요금제는 신규 고객에게만 제공하므로 그는 서비스 대상에 해당하지 않는다고 답했다. 이는 오랫동안 한 회사의 서비스를 이용해 온 충실한 고객에게는 바람직한 태도가 아니었다.

그 고객은 더 이상 해당 기업의 서비스를 이용하지 않고 경쟁사로 바꾸겠다고 통보했다. 그러자 통신사에서는 새로운 요금제로 변경해 주겠다고 하면서 대신 새로운 요금제로 변경하려면 마케팅 부서의 승인을 얻는 번거로운 과정을 거쳐야 하므로, 약 열흘이 소요된다고 말했다. 그 제안에 고객은 경쟁사로 옮기지 않고 승인 과정을 기다렸다가 요금제를 바꾸겠다고 답했다.

2주 후, 아무런 연락이 없자 고객은 다시 통신사의 고객센터에 전화했다. 그런데 어이없게도 그의 요구 사항에 대해 기억하는 사람이 없었다. 이 고객은 통신사 요금제 규정 변경 승인을 이틀만 더 기다리겠다고 하고 전화를 끊었다. 그리고 이틀이 지나서도 아무런 연락을 받지 못했다.

고객은 경쟁사의 대리점에 가서 번호이동 서비스를 신청했다. 대리점에서는 이 고객이 이용하던 기존 통신사에 휴대전화 번호를 이전해 달라는 요청서를 팩스로 보냈다. 이를 통해서 기존 통신사는 고객이 정말로 다른 회사의 서비스를 이용하려고 한다는 것을 알게 되었다. 한 시간 후, 이 고객은 기존 통신사로부터 새로운 요금제로 변경되었다는 결과를 전화로 통보받았다.

4_ 성공 사례

앞으로 제시될 사례에서는 고객의 요구 사항에 대한 책임 주체를 명확히 하고 문제 해결의 실행 방안을 보게 될 것이다. 각 상황에서는 (1) 진정한 책임 주체를 파악하고, (2)해당 주체가 "네, 제가 책임질 문제입니다."라고 명확히 대답하는 두 가지가 실현되는 것을 볼 수 있다.

1. 아마존, 피닉스의 탄생

아마존은 급속도로 성장해 온라인 쇼핑몰이라는 새로운 분야에서 괄목할 만한 기록들을 세워가고 있다. 아마존처럼 고객센터가 웹 사이트 관리와 주문 접수, 물류센터 관리와 상품 배송, 고객 관계 관리 같은 핵심 시스템을 지원하는 기업은 소수에 불과하다. 아마존의 CIO인 릭 달젤이 지휘하는 IT 그룹은 이 세 가지 중요한 시스템을 정립하고, 관리하여 회사의 성공에 큰 역할을 한 업계 최고의 시스템을 탄생시켰다.

이 중에서도 CRM 시스템은 아마존의 기존 코드와 전문 용어 사용에 익숙한 고객센터 직원들만을 위해 개발되었기 때문에, 다른 업체가 실행하는 데 있어서는 실효성이 떨어졌다 . 이 시스템은 수집한 정보의 가치를 측정하는 것도 어려웠고, 외주업체의 상담원과 핵심 팀 이외의 다른 부서에서 새롭게 채용된 직원에게 사용법을 쉽게 가르칠 수도 없었다.

그래서 아마존의 고객서비스 부서는 새로운 CRM 시스템을 요구했다. 하지만 IT 부서에서 처음에 제안한 대체안은 인터넷 프로토콜(IP)을 기반으로 하는 사용자 인터페이스와 달리 고급 기능이 결여되어 있었다. 한 해에 가장 주문이 많은 연휴 시즌을 잘 넘기기 위해 대체안의 실행은 잠시 미뤄졌다. 그리고 MS의 SW 매니저를 역임했던 IT 부서장 벤 슬리브카가 고객센터를 돕기로 했다.

그는 고객이 기다리지 않도록 고객의 이메일에 즉시 답장을 보낼 뿐 아니라, 모든 상담원이 더 빨리 일할 수 있도록 기존의 CRM 시스템을 제대로 수정하자고 제안했다. 이 과정에서 가장 중요한 사실은 기존의 CRM 시스템과 아마존의 IT 부서에서 새로 제안한 시스템 모두가 아마존에 필요한 사안을 충족시키기에는 부족하다는 것을 깨닫고, IP 기술을 이용한 시스템을 처음부터 다시 개발할 것을 제안했다는 것이다. 피닉스Phoenix라는 이 시스템은 이후 아마존의 고객서비스에 혁명을 일으켰다.

고객서비스 개선을 위한 태스크포스팀과 벤 슬리브카는 고객을 더 효율적이고 효과적으로 지원하는 것이 목적인 피닉스를 사용자인 상담원의 입장에서 설계하기 위해 총 감독자를 포함한 아마존의 고객서비스 전문가 12명이 긴밀히 협력하게 했다. 이 고객서비스 전문가팀은 피닉스를 설계하고 실험하고 개선하고 체계를 문서화하는 데 도움을 주었으며, 새로운 시스템을 도입하면 상담원들에게 많은 도움이 된다는 사실을 고객서비스 부서의 모든 직원에게 알렸다.

그 결과 많은 상담원들이 새로운 시스템을 빠르게 받아들였으며, 이는 곧 놀라운 결과로 이어졌다. 불과 몇 달 후에 모든 상담원이 이 시스템을 사용하여 기존의 생산성을 뛰어섰고, 고객 만족도도 전보다 높아졌다. 이 시기에 ACSI에서 시작한 소비자 만족도 조사에서 아마존은 서비스 기업 중에서 1위를 차지했으며, 전체 기업 중에서는 H. J. 하인즈의 뒤를 이어 2위를 차지하는 기염을 토했다.

2. 아마존, 배송업체를 문제 해결에 동참하게 하다

앞서 설명했듯이, 아마존은 고객의 연락 사유 코드를 책임 주체가 명확하지 않고 자주 변하는 360개 이유 항목에서 MECE, 즉 주체가 정해지고 절대로 변하지 않는 30개 항목으로 줄였다. 이와 함께 문제 해결의 주체가 고객의 요구 사항과 VOC고객의 목소리 : voice of customer를 인지하도록 BCCblind carbon copy 프로그램, 즉 당사자의 동의를 거쳐 고객서비스 부서 외의 타 부서 관리자가 매일 아침 자신의 메일함으로 고객의 메일이 전달되도록 하는 프로그램을 도입했다.

고객서비스 부서는 타 부서 관리자에게 문제 해결에 필요한 모든 정보를 제공한 후 고객을 더 자세히 이해하기를 원한다면, 고객센터를 방문해 상담원의 옆에서 고객 응대를 지켜볼 수 있게 했다. 그리고 아마존은 특별한 경우, BCC 메일 수신에 동의하지 않은 문제 해결 주체들에게까지도 자동으로 이메일을 전달했다. 문제 해결의 주체들은 처음에는 화를 내고, 부인하고, 체념하고, 받아들이는 과정을 거쳐 결국 적극적인 태도를 취하게 되었다.

또한 아마존은 문제 해결에 책임을 져야 하는 주체의 범위를 기업 밖의 공급업체로까지 확대함으로써 엄청난 비용을 절감할 수 있었다. 몇 달 동안 아마존의 고객서비스 부서는 외주 배송업체의 문제를 보고하고, 스카이라인 보고서에 명시해 매주 운영 회의에서 이에 대해 논의할 수 있도록 미리 위험 요소를 알려주는 역할을 했다. 이렇게 문제의 주체를 명확히 밝혔는데도 아마존의 배송 부서는 상황을 조사하고 개선하기 위한 아무런 조치도 실행하지 않았다.

그러자 고객서비스 부서는 물류 본부의 담당 임원에게 매일 아침 한 외주 배송업체가 거론된 메일을 전달했다. 그 임원은 처음에는 메일이 너무 많이 와서 자신의 일을 할 수 없다며 화를 냈다. 하지만 고객서비스 부서가 "이건 당신이 책임져야 할 일입니다."라고 말하자 그 후에는 이 업체가 제대로 일하지 않는다는 고객서비스 부서의 지적을 부인했으며, 결국 끊임없이 들어오는 불만 메일을 보고 나서야 긍정하기 시작했다. 그리고 사태의 심각성을 깨달은 그 임원은 과정 개선팀을 결성해 고객서비스 부서와 협력하여 문제의 근본 원인과 문제의 심각성을 파악하게 했다.

과정 개선팀은 곧 외주 배송업체가 많은 고객에게서 불평을 유발하는 등 문제가 있다는 결론을 내렸고, 이에 따라 그 임원은 배송업체에 항의를 했다. 그러자 배송업체도 그 임원과 똑같은 초기 반응을 보였다. 결정적으로 배송업체의 협력을 이끌어낸 것은 바로 다음 달부터 배송 문제를 지원하기 위해 고객서비스 부서에서 투입한 비용을 대금 지급에서 제하겠다고 한 담당 임원의 말이었다.

이 문제를 처리하는 과정에서 고객이 잠시 서비스 이용에 불편을 겪기도 했으므로 아마존의 변화가 완벽했다고 할 수는 없다. 그러나 고객서비스 부서-물류 본부-배송업체의 협력은 근본적인 문제를 해결하고, 불필요한 고객의 요구 사항을 없애는 것이 최고의 서비스를 위한 지름길이라는 점을 증명했다.

3. 너 자신을 알라

한 의료보험 회사의 임원들은 고객센터에 문제가 있다고 생각했다. 고객의 대기 시간이 너무 길어져 고객센터 관리자는 이 문제에 대해 해명을 해야만 했다. 본사는 문제 해결을 위한 내부 컨설팅팀을 파견해 녹음된 고객과의 통화 내용을 듣고 고객센터에 접수되는 고객 요구 사항을 파악하고 분석했다. 그 결과, 한 가지 사항이 눈에 띄게 나타났다. 많은 고객들이 "청구한 보험금이 왜 아직도 지급되지 않느냐?"고 문의한 것이었다.

고객센터 상담원은 그런 고객의 전화를 받고, 시스템에서 고객의 상황을 확인한 후 보험금 처리 부서에 전화를 했다. 문제는 여기에서부터 시작이었다. 보험금 처리 부서에서는 직원이 모자라서 보험금 요청 건을 처리하는 데 어려움을 겪고 있었다. 그래서 고객센터 상담원은 문의에 대한 답을 듣기 위해 최장 10분이나 기다리기도 했다. 내부 컨설팅팀이 계산해 보니 고객센터 상담원의 30퍼센트가 고객 보험금 청구 건의 처리 과정 상황을 확인하는 데 매여 있는 것으로 나타났다.

내부 컨설팅팀은 곧 고객센터에 쏟아지는 고객의 불평이 보험금 처리 부서 때문에 일어나는 것이고, 이 문제를 해결하려면 보험금 처리 부서를 개선해야 한다는 점을 파악했다. 이러한 조사 결과에 따라 이 회사는 즉시 보험금 처리 부서의 밀린 일들을 처리하기 시작했고, 한 달 후에 보험금 처리 부서와 고객서비스 부서는 고객의 문의 사항을 모두 처리할 수 있었다.

그러나 이것은 단기적인 방편일 뿐이었다. 이 회사는 장기적으로 이런 문제가 다시 일어나지 않도록 새로운 방안을 적용할 필요가 있다고 느꼈다. 그 이후 이 회사는 일일 프로세스를 정립했다. 이 개념을 토대로 청구 부서와 행정 부서가 보험금 지급에 관한 고객의 문의 사항이 접수된 그날, 바로 회신을 하는 것에 동의했다. 이로써 고객의 대기 시간은 최소화되었고, 고객은 보험금 처리 상황을 확인하기 위해 전화할 필요가 없어졌다. 이렇게 책임 주체를 명확히 하자 문제는 쉽게 해결됐다.

4. 맥도날드, 좌우명을 따르다

맥도날드는 1957년에 정립한 품질, 서비스, 청결, 그리고 가치QSC&V라는 좌우명에 따라 경영을 하며 문제에 책임을 져야 할 주체를 명확히 하고 있다. 미국에 있는 맥도날드 고객만족팀은 전화, 이메일, 우편으로 들어오는 고객의 연락 사유 코드를 면밀하게 분석하고 고객의 의견을 살펴 관련 부서 및 공급 체인 협력업체에 정보를 제공한다. 기업 내부와 외부에 걸쳐진 이 협력 관계는 사안의 중요도에 따라 특정 시간 안에 고객에게 답변해야 하는 독립 가맹점과 직영점을 경영하는 관리자들에게 실시간으로 고객의 의견을 전달한다. 고객서비스 담당인 테리 카파토스토 부사장은 다음과 같이 언급했다.

"QSC&V를 개선하고 맥도날드를 고객들이 괜찮은 식사를 할 수 있는 음식점 중에서 가장 선호하는 곳으로 만드는 것이 우리의 역할이다. 우리는 기업의 모든 부서에 문제의 책임 주체를 명확히 하고, 각 주체에 고객 정보를 전달한다. 정보를 받은 주체들은 문제를 면밀하게 살펴보고, 앞으로 같은 문제가 발생하지 않도록 하고 있다.

우리가 처음 샐러드 메뉴를 출시했을 때, 고객이 양상추에 묻은 흙을 발견하고 불만을 제기한 적이 있었다. 양상추에 묻은 흙은 품질 검증 단계에서 걸러졌어야 한다. 공급 체인 관리 부서의 전문가들은 흙이 묻은 양상추가 공급된 원인을 파헤치기 위해 캘리포니아의 양상추 농장까지 확인하는 단계를 거쳤다. 농장에서 양상추를 재배하는 실태를 살펴보았더니 농장 직원들이 양상추를 흙과 너무 가까운 지점에서 자르고 있었다. 양상추를 자르는 위치를 조금 높이자 양상추에 묻은 흙은 말끔히 해결되었다. 고객은 더 이상 이 문제로 불만을 제기하지 않았고, 우리가 제공하는 훌륭한 샐러드 메뉴에 대해 칭찬하기 시작했다!"

또한 맥도날드는 문제를 개선하는 데 다음과 같이 고객의 불만을 반영함으로써 운영 전반에 많은 개선과 이익을 가져왔다..

"우리가 과일과 호두 샐러드를 출시했을 때 일어난 일이다. 고객이 샐러드에 호두가 없다고 불평했다. 이에 대해 음식 개선팀이 조사한

후 냅킨, 수저, 포크 및 나이프, 그리고 호두 팩이 모두 포함되는 '포장
팩'을 개발했다. 그리고 이와 관련해 매장 운영 방침도 샐러드를 주문
하는 고객에게 포장 팩을 하나씩 제공하는 것으로 개선되었다. 이 개
선안은 음식의 소스나 재료가 빠진 것을 불평하는 고객들의 불만을
줄이는 데 매우 성공적이었다. 이 성공에 힘입어 맥도날드에서는 추
가 재료나 토핑이 들어가는 모든 메뉴에 대해 별도의 포장 팩을 제공
하는 것을 새로운 기본 운영 방침으로 정했다. 그리고 이를 통해 운
영 체계를 간소화하는 추가적인 이익을 얻을 수 있었다!'

5. 노드스트롬, 서비스 부서를 없애다

미국 기업 중에서 고객서비스로 명성이 자자한 의류 쇼핑몰 노드스
트롬은 점포에 있던 고객서비스 부서를 없애는 대신 온라인에서 구매
한 상품의 환불 처리를 비롯해 기존에 고객서비스 부서에서 제공하던
모든 서비스를 각 점포의 카운터에서 처리하게 했다. 이 기업의 대변
인은 이를 통해 "노드스트롬은 언제나 서비스 품질을 높이고자 노력하
고 있습니다."라고 밝혔다. 고객을 가장 가까이에서 응대하는 매장 직
원이 서비스를 전담하면서 노드스트롬은 판매와 고객에 대한 정보 수
집을 동시에 진행할 수 있게 되었다.

6. 고객센터도 예외는 아니다

책임과 주체라는 두 가지 사안은 부서와 핵심 공급업체에만 해당하는
문제가 아니다. 이는 고객서비스 조직 전반에도 해당된다. 고객센터도

내부 기준과 책임 소재가 잘못 정해져 있다면 실망스러운 결과를 유발하고 용납할 수 없는 서비스를 제공할 수 있다. 그러나 책임 소재를 제대로 하면 실적을 높이고 압박을 받는 상황에서도 민첩하게 움직일 수 있다.

한 금융 서비스 회사의 고객센터는 수 개월 전부터 저조한 실적을 보이며 표면적으로 보기에는 그 기능을 상실한 듯 보였다. 몇 달 동안 응답 속도 목표치를 달성하지 못했고, 고객 불평과 불만 수준이 점점 높아졌으며, 직원의 이직률과 결근율이 기록적인 수준에 달해서 서비스 목표를 달성하기 위해 직원들의 휴가와 교육을 취소해야 하는 지경에 이르렀다. 이에 고객센터 총괄 담당자는 관리자를 새로 임명해 문제를 해결하도록 했고, 그 관리자는 바로 문제 해결 방안을 모색하기 시작했다.

관리자는 우선 고객센터의 계획과 예측 데이터 같은 핵심 정보를 검토하고, 직원의 재직 수준의 변화를 살펴보았다. 그런 다음 직원과 팀장의 업무 태도가 어떤지 관찰한 후, 각각의 직원을 어떻게 평가할지 검토했다. 그 결과, 관리자는 고객서비스 부서 내에 문제가 있다고 결론지었다. 고객센터 직원을 평가하는 기준은 고객의 전화 연락 응대 시간, 응대 후 업무 처리 시간, 전화 응대 품질에 의해 좌우되었다.

하지만 상담원들은 교대 시간만 기다리며 고객들에게 립서비스를 남발하고 있었다. 관리자는 전화 응대를 옆에서 들으며 상담원들이 대기 고객이 많다는 것을 알리는 빨간불이 계속 깜빡이면, 다음 고객의 전화를 받기 위해 상담하던 고객의 전화를 급히 끊어버린다는 사실을 알게 되었다.

관리자가 파악한 바로는 지난 몇 년 동안 상담원들의 스트레스는 가

중되고 있었다. 그리고 업무 기록을 보면 고객의 전화를 끊고 업무를 수행한 것으로 보였지만, 많은 시간을 스트레스를 해소하는 데 이용하고 있었다. 처리 속도에 중점을 둔 방침은 결국 고객 연락 건수를 높이는 결과를 낳았던 것이다. 이처럼 제대로 처리되지 않은 고객의 요구 사항은 눈덩이처럼 불어나 반복적으로 고객의 연락을 불러왔고, 고객의 불만은 더욱 커져갔다.

그 후 몇 주 동안 관리자는 고객센터 직원들을 한 명씩 만나 책임 소재에 대한 새로운 기준을 설명했다. 고객센터 직원들은 두 가지 사안에 대해서만 책임을 지면 되었다. 첫째는 정해진 시간에 고객의 전화를 받을 것, 둘째는 고객의 전화를 받을 수 없는 상태로 보내는 시간을 최소화하라는 것이었다. 고객의 요구 사항에 대한 처리 속도나 얼마나 많은 고객이 대기하는지는 신경 쓰지 말라며 전화 응대 업무 중간중간에 휴식 시간을 주고, 휴가나 교육도 예정대로 실시하겠다고 약속했다. 또한 팀장들에게도 이런 기준을 적용하라며 고객의 요구 사항을 처리하는 데 팀장의 역할은 팀원들이 제시간에 고객의 전화를 받게 하고, 응대하는 데 필요한 기술을 교육하는 것이라는 점을 명확히 했다.

물론 직원들 사이에서는 이런 방법으로는 아무것도 달라지지 않을 것이라는 반응도 있었지만, 새로운 관리자의 조치가 여기서 끝난 것은 아니었다. 실적 예측팀은 새로운 기준을 반영하기 위해 몇 주에 걸쳐 바람직한 태도와 책임 소재에 대해 교육한 후, 고객센터 직원들은 본격적으로 고객 응대 업무에 투입했다. 그 후 상황은 즉각적으로 호전되었다. 전에는 목표치의 50~60퍼센트에도 못 미치는 실적을 냈으나,

5일 중 3일은 목표를 달성하거나 목표치를 초과했다. 책임 소재가 분명해지고 상담원들이 그 기준을 따르자 실적은 더욱 호전되었고, 2주 만에 고객센터는 매일 목표치를 달성하게 되었다. 고객 전화 응대 업무 중간중간에 쉬는 시간이 생기고, 팀장들에게도 직원을 교육하고 성장시킬 수 있는 시간이 생겼다. 스트레스가 줄자 결근율도 눈에 띄게 감소했다. 3주째가 되자 고객센터는 그동안 취소했던 교육을 다시 제공했고, 그 후로는 예측한 목표치를 꾸준히 달성하게 되었다.

고객센터의 새로운 관리자는 회사가 타 부서에 문제의 책임을 지게 하듯이, 고객서비스 부서 내에서 어떤 식으로 책임 소재를 명확히 할 것인가 하는 문제를 고민했다. 그리고 본질적으로 상담원을 통제할 수 있는 사안은 두 가지, 즉 업무 시간 엄수와 전화 응대에 대해 책임을 지게 하고, 팀장은 팀원들이 목표를 달성하도록 돕고 일정 수준 이상의 고객서비스를 제공하도록 상담원을 교육해야 한다고 판단했던 것이다.

5_ 해법

책임과 주체를 명확히 하는 데는 앞서 언급한 다음의 세 단계가 수반되어야 한다. 첫째, 벽 허물기다. 이는 관리자들이 책임 소재를 파악하지 못하게 하는 문제를 해결하고, 실질적인 책임 주체를 찾기 위해 보다 넓은 범위에서 근본 원인을 살피는 것을 의미한다. 그러나 벽을 허무는 것만으로는 부족하다. 책임 소재를 분명히 하고, 상담원과 같이 고객을 직접 응대하는 일선 직원에게 더 많은 권한을 부여하여 업무에 효과적인 방안을 적용할 수 있는 선택권을 주는 것이 중요하다.

1. 1단계: 벽을 허물어라

책임 소재를 밝히는 데 가장 흔한 걸림돌은 정보 부족과 무지다. 애석하게도 부서 간에 정보가 원활하게 공유되지 않기 때문에 각각의 부서는 스스로 유발하는 문제에 대해 모르는 경우가 많다. 이런 정보 부족은 여러 가지 형태로 나타날 수 있다. 고객센터와 행정 부서는 보통 처리한 고객 연락 건수와 얼마나 빨리, 얼마나 고객의 요구 사항을 잘 처리했는지를 보고한다. 반면에 고객이 왜 연락했는지, 누가 책임져야 하는지, 기업과 고객이 정보나 해결책을 얻는 데 더 좋은 방법이 있는지는 거의 논의되고 있지 않다. 정보 부족에는 네 가지 상황이 존재하며, 이는 책임 소재를 명확히 하는 것을 어렵게 한다.

[표 6.1] 정보 부족과 문제

정보 부족	문제
고객의 연락 이유가 보고되지 않는다.	· 고객서비스 부서에서 고객이 회사에 연락하는 이유가 아닌 고객 연락 건수만을 추적하고 보고한다
고객의 연락 이유가 너무 적게 수집된다(10개 미만)	· 청구, 신용, 또는 납입과 같이 너무 포괄적인 범위로 설정된 '상위 10개'의 카테고리. 이는 주로 ARS에서 회사에서 정해놓은 카테고리 중 고객이 선택한 메뉴를 바탕으로 분류된다. 이러한 이유들은 보통 한 번에 여러 부서를 문제의 책임 주체로 지목한다(즉, MECE 방식이 아니다).
고객의 연락 이유가 지나치게 많이 수집된다(60개 이상)	· 고객의 연락 이유가 전체적 맥락을 파악할 수 없을 만큼 세세한 수준으로 보고되어 신뢰할 수 없거나 이해할 수 없거나 복잡하다.
'왜'가 아닌 '무엇'을 보고한다.	· 고객을 위해 무엇을 실행했는지를 보고한다. 예를 들면 고객이 왜 연락을 할 수밖에 없었는지 이유를 보고하지 않고, '시스템 x를 업데이트함'과 같은 처리 사항을 보고하는 것을 말한다. 오직 '왜'에 대한 대답만이 조직이 책임 소재를 이해할 수 있게 한다.

2장에서 설명했듯이, 아마존은 30개의 고객 사유 코드를 이용해 고객이 왜 연락을 하는지 추적했다. 그 결과 효과적으로 고객의 연락 사유에 대한 카테고리를 설정하고, 명확히 보고할 수 있었으며, 부서 간의 정보 공유를 방해하는 벽을 허물 수 있었다. 이 과정에서 중요한 점은 각각의 사유 카테고리에 대한 책임 주체를 명확히 해야 한다는 것이다. 아마존의 경우에는 최고경영자인 제프 베조스에게 보고하는 임원들이었다.

어떤 상황에서는 책임 주체를 알아내는 것이 쉬울 수 있지만, 항상 그런 것은 아니다. 그런 경우에는 문제의 책임 주체를 판별하기 전에 고객이 왜 연락을 했는지 근본적인 이유를 먼저 조사해야 한다. 예를 들어, 아마존은 책임 주체를 밝히기 전에 "제가 주문한 상품은 어디 있나요?"라는 질문에 대해 표 6.2의 네 가지 상황 중 어떤 문제인지를 분류했다.

[표 6.2] 배송 문제의 원인과 책임 주체

"내 물건은 어디에 있나요?" 이유	근본 원인	책임 주체
고객이 주문했을 때 상품의 재고가 떨어진 상태	재고 시스템이 웹 사이트에 올바른 정보를 제때 제공하지 못한다	공급 체인의 책임 임원
출고가 지연된 상태	물류 창고 직원들이 고객의 주문 상황을 따라가지 못한다	고객 주문 처리 부서의 책임 임원
고객은 곧 받을 것으로 기대하지만 주문 상품은 아직 배송 중인 상태	웹 사이트를 통해 고객이 언제 상품을 수령할 수 있는지 제대로 알려주지 않고 있다	웹 사이트 개발 부서의 책임 임원
배송 지연 상태	배송 업체가 약속한 서비스 수준에 맞추어 제때 상품을 배송하지 않는다	배송 부서의 책임 임원

아마존의 상품 재고와 주문 조회 시스템은 매우 정확해서 표 6.2의 경우 고객의 문의 사항을 처리하는 상담원은 주문 날짜와 상품 재고 상황을 확인하여 고객이 연락하게 된 근본 원인을 즉각 추정할 수 있었다.

고객의 연락을 발생시킨 주체나 문제의 책임 주체를 판별하는 것이 항상 쉬운 것은 아니다. 공공서비스회사를 예로 들면, 고객이 요금을 모두 냈는데도 공급 중단에 대한 경고를 받으면 불필요한 고객의 연락이 발생한다. 표면적으로 보면 이 상황에서는 공급 중단 경고장이나 납입 독촉장을 보내는 채권 관리 부서가 문제의 책임 주체로 지목될 수 있다. 그러나 사실은 여러 가지 근본 원인과 책임 주체가 있을 수도 있다.

[표 6.3] 공공서비스 요금 납부 확인 문제의 원인과 책임 주체

문제	근본 원인	책임 주체
우편을 발송하는 데 시간이 너무 많이 소요된다	우편물 제작, 묶음 및 발송 과정	운영 부서의 책임 임원
요금 납입 확인이 너무 느리게 처리된다	고객이 요금을 냈지만(또는 냈다고 생각하지만) 무슨 이유에서인지 고객 계정을 업데이트하는 데 며칠이 걸린다	수취 계정 관리 부서 책임 임원
사업 규칙이 너무 허술하거나 제대로 정립되지 않았다	채권 추심 부서가 요금을 가능한 한 빨리 받아내려고 한다	채권 추심 부서의 책임 임원
고객이 요금을 낸 이력과 종류에 대한 내역이 없다	회사의 시스템이 해당 고객이 항상 납입 기간 마지막 날에 요금을 내며 고객이 선택한 납입 방법으로는 회사가 납입 사실을 확인하는 데 x일이 걸린다는 사실을 판단할 정도로 성능이 뛰어나지 않다	시스템 부서의 책임 임원

각각의 문제는 물론 동시에 일어날 수도 있다. 하지만 각각의 문제에 대해 책임을 져야 하는 주체는 제각기 다를 수 있다. 앞에서도 이미 강조했듯이, 여기서 고객서비스나 고객센터를 담당하고 있는 관리자가 책임질 문제는 하나도 없다. 고객센터에서 해야 할 일은 고객이 왜 잘못된 우편물을 받았다는 것을 파악하고 사과한 후, 다음 고객을 응대하는 것이다.

그리고 앞에서도 강조했듯이, 고객센터에서는 이런 상황을 명확히 관련 부서나 윗선에 보고해 문제의 원인을 수정하도록 해야 한다. 신용이나 다른 근본 원인에 책임을 지는 부서는 스스로가 얼마만큼 불필요한 고객의 연락 건을 유발하는지, 얼마나 고객을 짜증나게 하는지 전혀 모를 수도 있기 때문이다.

위에서 본 공공서비스회사의 경우에는 채권 추심 부서를 책임지는 임원이 청구서와 공급 중단 경고문에 대한 책임 주체로 보인다. 담당 임원은 문제를 해결하는 데 대해 다른 부서에게 도움을 요청할 수도 있을 것이다. 그러나 근본적으로는 문제 해결에 대한 책임 주체인 해당 임원이 고객의 연락을 유발한 이 모든 과정을 주도적으로 해결해야 한다.

만약 당신의 기업에서 책임 소재를 분명히 밝히는 데 문제가 있다면, 아래의 표에 제시된 다섯 가지 질문을 적용해보라. 이 과정은 여러 가지 원인을 살펴 근본 원인을 파악하고 책임 소재를 명확히 하는 것을 도움을 준다. 다음의 예를 살펴보자.

[표 6.4] "왜" 문항

'왜'에 대한 질문	대답
1. 왜 고객이 전화했는가?(또는 왜 이메일이나 편지를 보냈는가?)	· 고객은 이미 전기요금을 다 냈는데도 곧 전기가 끊길 것이라는 경고문을 받았다.
2. 왜 고객이 회사로부터 경고문을 받았는가?	· 회사의 납입 확인 시스템이 고객이 이미 요금을 낸 사실을 인식하지 못했다.
3. 왜 시스템이 고객의 납입 내역을 인식하지 못했는가?	· 고객이 요금을 낸 후 시스템이 해당 고객이 이용한 특정 납입 방식의 결과를 인식하는 데 3일이 걸린다.
4. 왜 시스템이 납입 방식의 종류에 따라 정보를 바로 인식하지 못하는가?	· 시스템은 납입 내역을 분석하여 과거 납입 내역과 시기를 검토하지 않는다. 만약 공지한 시기에 납입 내역이 없는 것으로 확인되면, 관련 부서가 시스템의 확인 결과에 따라 요금 납입을 재촉하는 경고장을 발송한다.
5. 왜 시스템은 고객의 과거 납입 내역에 따라 다른 운영 규칙을 적용하지 않는가?	· 회사는 다양한 고객 연락 사항을 간단하게 관리하기 위해 모든 상황에 적용되도록 고안한 한 가지 운영 규칙만 고수한다.

위의 다섯 가지 질문은 누가 진정으로 문제에 대한 책임을 져야 하는지 밝혀준다. 그리고 근본 원인을 파악하면 해결책은 명확해진다. 이런 경우, 다음과 같은 해결 방안들이 나올 수 있다.

• 신용도가 좋은 고객에 대해서는 경고장 발송을 미룬다.

• 납입 방식에 따라 정보를 인식하고 과거 내역을 살필 수 있도록 시스템을 개선한다.

• 시간이 오래 걸리는 방법으로 요금을 납입하는 고객에게는 알림 메시지 발송 주기를 다르게 적용한다.

• 고객이 요금을 납입한 후 직접 확인할 수 있도록 자동화된 시스템을 고안한다.

효과적으로 문제의 책임 소재를 규명하는 데 첫 번째 벽은 고객의 요구 사항의 종류에 대한 정보 부족이고, 두 번째 벽은 문제를 유발한 근본 원인을 파악하지 못하는 시스템이다. 이 두 가지가 해결되었다면 문제에 책임을 져야 할 주체를 명확히 해야 한다. 이를 위해 다음의 간단한 테스트를 해보자.

[표 6.5] 책임 주체는 누구인가

책임 주체 판별 테스트	설명
근본 원인에 대한 책임 소재	· 이 사람이 문제를 유발한 사안이나 고객의 문의 사항과 관련한 업무를 담당하는가?
해결(Fix-it) 테스트	· 이 사람이 근본 원인을 해결하기 위한 권한과 예산을 이용할 수 있는가?

만약 이 테스트들을 통과하지 못한 주체에게 책임을 전가한다면 달라지는 것은 아무것도 없으며, 근본 원인에 대한 책임 소재를 가리는 질문에 답하지 못한다면, 분석이 더 필요하다. 대부분의 기업에서 가장 효과적인 방법은 문제의 책임 주체를 최고경영자에게 바로 보고하는 임원이나 사업 본부장으로 정하는 것이다. 이 지위에 있는 관리자들은 변화를 일으킬 권한이 있고, 책임질 만한 위치에 있기 때문이다.

책임 소재와 주체에 대한 문제는 반복적인 고객의 요구 사항이나 불만과 같이 문제가 될 만한 다른 사항에도 적용될 수 있다. 그림 6.2처럼 연락 사유의 종류에 따라 다음과 같은 단계로 나타낼 수 있다.

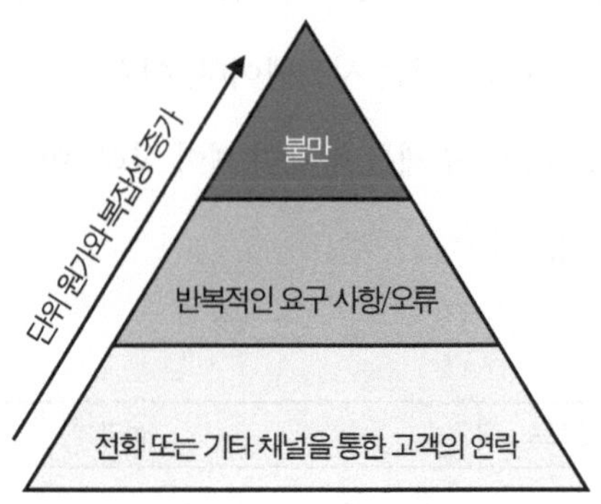

근본 원인을 분석하고 문제의 책임 주체를 파악하는 것은 고객의 불만 사항이나 반복적인 요구 사항에도 똑같이 적용될 수 있다. 하지만 대부분은 자신들이 이런 심각한 문제를 유발했다는 사실에 대해 부인할 것이다. 우리는 '고객 불만 사항 토론회'를 통해 문제를 유발한 주체와 책임 소재를 정하는 기업들을 보아왔다. 고객 불만 사항 토론회는 문제의 근본 원인을 살피고 해결책을 마련하기 위한 것으로, 각각의 불만 사안에 대응하기보다는 불만을 유발한 원인을 없애는 것이 목표다.

어떤 조직들에서는 보고 체계가 책임 규정을 어렵게 만들기도 한다. 안타깝게도, 많은 기업들이 앞서 언급한 MECE 법칙과 상반되는 매트릭스 관리 시스템을 적용하고 있다. 하지만 어떻게 하나의 사안에 대해 두 사람이 책임을 진단 말인가? 당신의 기업이 이런 보고 체계를 따른다면 책임 소재를 분명히 하기 전에 먼저 이 체계를 수정할 필요가 있다.

2. 2단계: 책임 소재를 분명히 하라

누가 책임을 지고, 누가 반드시 문제를 해결해야 하는지 결정하는 것은 어렵지 않을 수 있지만, 그 주체가 실제로 해결 방안을 실행하게 하는 것은 어려운 일이다. 고객서비스 부서에 접수된 고객의 요구 사항과 문제에 책임을 져야 하는 부서와 임원들은 대개가 자신들이 서비스에 책임을 져야 한다고 생각하지 않는다. 이들 대부분은 고객서비스 부서가 이런 고객의 요구 사항을 처리하고, 책임져야 한다고 생각한다.

앞서 아마존의 사례에서 살펴보았듯이, 책임 부서 및 담당자는 다섯 단계에 걸친 반응을 보일 것이다. 이는 보통 강한 부정과 거부 반응을 포함한다. 한 은행의 예를 들면, 고객의 연락 사유를 보고하고, 여러 부서에 문제의 책임을 지게 하자 강하게 반발하기 시작했다. 그들은 저마다 자신이 책임질 사안이 아니라며 문제 해결 대책을 논의하는 회의에도 참석하지 않았다. 이런 일은 통상적으로 일어나므로 놀랄 일도 아니다.

1) 윗선에서부터 책임 소재를 명확히 하라

책임 소재를 밝히기 위한 첫 번째 조건은 윗선의 강력한 지지, 즉 윗선에서부터 문제를 심각하게 받아들이는 태도를 보이는 것이다. 최고 경영자나 다른 총괄 관리자가 책임 주체로 지정되는 것을 중요하게 여기지 않는다면, 누가 이 문제를 중요하다고 생각하겠는가? 아마존에서 제프 베조스는 고객의 요구 사항에 대한 문제 해결 상황과 해결책이 논의되는 주간 운영 회의에 참여해 책임 소재를 명확히 하는 것이 중요한 일이라는 것을 몸소 보여주었다.

그는 CPO주문당 고객 연락 건수가 왜 증가하고 왜 감소했는지 제대로 설명하지 못하는 임원들을 문책하며, 임원들이 반드시 알고 수행해야 해야 하는 중요한 일임을 반복적으로 강조했다. 윗선에서부터 지속적으로 가한 압력은 결국 그가 원하는 태도를 이끌어냈다. 이후 아마존에서는 각 사안의 책임 주체들이 회의에 참석하기 전에 고객서비스 부서와 협력하여 고객의 연락 사유 추세를 파악했다. 아울러 사안에 대해 조사하고, 자신이 내놓은 해결책이 효과적이라는 점을 증명하려고 노력했다. 이제는 모든 직원이 같은 목표를 가지고, 고객서비스를 개선할 방법을 논의한다.

아마존의 이 사례를 앞서 언급한 한 은행의 사례와 비교해 보자.

그 은행에서 고객의 연락 사항에 대한 실질적 책임 주체는 고객의 연락 사유를 논의하는 회의에 대리자를 보내거나 아예 참석하지 않았다. 이들이 그렇게 행동한 데에는 이 회의를 주관한 관리자의 책임도 있었다. 우선 회의를 주관한 관리자는 주체들에게 책임을 전가할 만한 권한이 없었다. 또한 관리자는 몇몇 책임 주체의 동료 직원이었다.

둘째, 관리자의 태도는 그 자신도 이 과정을 중요시하지 않는다는 것을 시사했다. 관리자는 첫 회의에 20분이나 늦었고, 15분 동안 회의에서 벗어난 이야기를 해 실질적으로 고객의 연락 사유에 대한 대응 전략과 그 결과를 논의할 시간을 줄였다. 당연히 이 회의에서는 해결에 대한 합의점을 도출하지 못했고, 해결책이 있다고 해도 제대로 실행되지 않았다. 그뿐만 아니라 다음 회의의 참석률은 더욱 저조해졌다.

2) 의미 있는 목표 설정이 중요하다

고객의 요구 사항에 대한 책임 주체가 처음 정해졌을 때, 흔히 "이 문제는 우리 부서에서 해결할 수 있는 사안이 아닙니다."라는 거부 반응을 볼 수 있다. 이런 반응은 고객서비스에 관한 목표와 기준이 책임 주체에 적용되지 않았을 때 주로 나타난다. 이런 경우에는 목표와 기준부터 다시 세우는 것이 필요하다.

고객서비스에 필요한 사항을 반영하기 위해 재설정한 목표는 종종 과정에 중대한 영향을 미친다. 목표 재설정을 가장 간단하게 하는 방법은 KPI핵심 성과 지표 : key performance indicator를 적용하거나 고객서비스를 개선하기 위해 필요한 변화를 측정하는 것이다. 예를 들면 청구 부서를 책임진 임원에게는 지연된 청구서에 관한 고객 문의 건수를 줄이라는 목표를 줄 수 있다.

이렇게 부과한 목표를 실행했는가의 여부는 다소 통제하기 어렵다고 생각할 수 있다. 실제로 과거에는 청구 부서의 업무 과정을 측정할 기준이 없거나 측정하는 데 많은 비용이 들었다. 하지만 이런 경우에는 고객서비스가 미치는 영향을 측정 기준으로 사용하면 된다. 예를 들어, 표본 조사를 실시해 청구서가 정확하게 발송되는지 확인하는 것은 비용이 많이 들어가는 방법이다. 반면에 청구서의 정확성을 반문하는 고객이 많은지 확인하는 것은 저렴하고 더 정확하다.

물론 고객이 항상 옳은 것은 아니므로, 측정 기준은 이 두 가지 사안, 즉 실제로 청구서가 잘못 발행되었는지와 고객이 청구서가 잘못 발행되었다고 생각하는 것인지를 반드시 구별해야 한다. 아울러 청구서가 잘못 발행되었지만, 불만을 제기하지 않는 고객들도 있을 수 있다는 점을 고려해야 한다.

여러 과정에 고객서비스 결과를 반영하는 것은 개선이 필요한 기존의 실적 측정표에 고객의 목소리를 더하여 생각해보게 한다. 앞의 공공서비스회사에서 고객서비스 부서가 아닌 청구, 신용 및 추심, 납입 처리 부서는 각 부서의 업무가 고객서비스에 미치는 영향을 측정하는 시스템이 없었다. 청구 부서의 관리자는 회사 내부의 기준에 의해 청구서의 정확성과 발송 시기의 적절성을 평가받았다.

그러나 고객의 연락 사유를 추적한 이후, 이 회사는 청구서 발송 지연과 청구서 내용의 정확성을 문의하는 고객 연락 건수에 근거해서 세운 목표를 청구 부서 관리자에게 부여했다. 이런 목표는 청구 부서의 모든 직원에게 발송 시기의 적절성과 정확성이 중요하다는 것을 강조하는 계기가 되었다. 그 결과, 부서의 모든 직원이 자신의 업무가 고객에게 미치는 영향을 이해하고, 청구서 발송 시기의 적절성과 정확성에 대한 목표를 공유하기 시작했다. 고객의 연락 사유를 추적하기 시작한 이후, 이 회사는 청구서 발송 시기의 적절성과 정확성을 개선하기 위한 프로젝트를 실행했다.

3) 비용을 책임지게 하라

어떤 기업은 책임 주체에게 명확한 목표를 설정하는 것만으로도 기업 차원에서 고객이 제기한 문제에 대응하는 데 충분하다고 생각한다. 하지만 아마존은 책임 소재를 명확히 하는 것이 전부가 아니라고 생각했다. 아마존의 고객서비스 부서에서 만드는 스카이라인 보고서는 기간별로 요구 사항의 연락 건수와 처리 비용을 보여주었다. 그리고 각각의 요구 사항에 책임을 져야 하는 주체도 정했다. 재무담당 최고책임자인 워런 젠슨은 스카이라인 보고서에 대해 이렇게 말했다.

"이 문제의 해결 비용을 책임 주체들에게 부과하는 것은 어떨까요? 고객의 요구 사항을 처리하는 비용이 고객센터에 부과되어서는 안 됩니다. 비용은 문제를 유발하는 부서에 부과해야 합니다."

그래서 아마존은 책임 부서가 그 비용을 떠안게 했다. 각각의 책임 주체는 비용을 떠안았지만, 그 비용을 감안해 예산을 늘리지는 않았다. 예를 들어 마케팅 부서는 배정된 예산 한도 내에서 수익 목표를 달성하고, 부서에서 유발한 불필요한 고객 요구 사항을 처리해야 했다. 이와 같은 비용의 재분배는 책임 소재와 주체를 명확히 하는 '최종 무기'가 된다. 사안이 예산에 영향을 주면 관심을 기울이지 않을 수 없기 때문이다.

예를 들어, 아마존이 웹 사이트에 생긴 버그와 오류를 수정하는 데 드는 비용을 IT 부서에 부과하자 해당 부서는 버그와 오류를 고치기 위해 더욱 노력했다. "내가 주문한 물건은 어디쯤에 있나요?"라는 질문이 나온 이유 중 하나는 고객이 제품 수령 시기를 잘못 알고 있었기 때문이며, 이는 고객이 아마존에 너무 일찍 연락하게 만들었다. 웹 사이트는 고객이 제품 수령 시기에 대해 적절한 기대치를 가질 수 있도록 도와야 한다. 그런데 이 문제에 대해 초기 해결책을 논의하는 과정에서는 오히려 다음과 같은 불만들이 터져나왔다.

"그 문제라면 고칠 수 없어요."

"고객이 우리에게 제품을 언제 수령할 수 있을지 알려줄 것을 기대한다는 건 말도 안 되요."

"제품이 언제 고객에게 배송될지 우리는 예측할 수 없어요."

다행히도 고객서비스 부서 직원은 문제가 이렇게 흘러가도록 내버려두지 않고 "왜 예측할 수 없다는 거죠?" 라고 질문했다. 그리고 고객이 이 문제로 고객센터에 연락한 것을 처리하는 데 드는 비용이 IT 부서에 부과했다. 그러자 IT 부서는 문제가 무엇인지 더 자세히 들여다보기 시작했다.

그리고 고객에게 제품의 수령 시기를 알려주는 데 필요한 모든 정보, 즉 고객이 어디에 살고, 회사의 배송 체계가 어떻게 되며, 어떤 물류센터에서 제품을 배송하고, 고객이 선택한 배송 방법으로 제품을 배송하는 데 시간이 얼마나 걸리는지 알고 있다는 것을 깨달았다. IT 부서와 웹 개발 부서가 할 일은 이 정보들을 연결하는 것이었고, 이로써 고객이 제품을 언제 수령할 수 있을지 이틀의 오차 범위 내에서 예측할 수 있었다. 이를 바탕으로 IT 부서와 웹 개발 부서는 고객의 구매 경험을 바꾸었다.

또한 아마존은 미리 배송 시기를 알려줌으로써 고객이 구매를 결정하는 데 참고하거나 배송 방법을 변경할 기회를 제공했다. 이 시스템이 확립되자 "내가 주문한 제품은 어디쯤에 있나요?"에 대한 잘못된 기대치와 관련한 고객의 연락 건수는 급감했다. 이는 곧 고객 만족도 향상과 주문당 고객 연락 건수의 감소를 의미하며, 최고의 서비스의 일면을 보여주는 것이다.

우리는 고객 불만과 같은 연락 사유를 개선하기 위한 비용을 부담할 주체를 재배정하는 것이 고객서비스와 고객의 불만 사항에 대한 책임을 올바르게 정하는 방법이라는 점을 살펴보았다. 그러나 윗선에서 책임 부서에 비용을 부과하는 것만으로는 최고의 서비스를 달성할 수 없다. '관리의 블랙홀'이라고 불리는 현상이 효과적으로 주체를 정하는 것을 방해할 수도 있다. 관리의 블랙홀은 중간이나 그보다 낮은 단계의 관리자들에게서 일어날 수도 있으며, 꼭 필요한 변화를 막는 역할을 한다. 이는 곧 문제 해결을 촉구하는 자세와 책임이 위에서 아래까지 모든 단계에 걸쳐 관철되어야 한다는 점을 보여준다.

예를 들어 고객의 연락을 유발하는 부서에 문제 해결 비용을 부과하면 해당 부서의 책임 관리자는 해결 방안을 실행하겠지만, 만약 부서원, 특히 팀과 절차를 관리하는 관리자가 책임을 공유하지 않는다면 관리의 블랙홀이 변화를 가로막게 될 것이다. 관리의 블랙홀이 초래할 수 있는 잠재적 영향력을 잘 보여주는 한 고객센터의 사례를 살펴보자.

한 기업의 고객센터 책임자는 고객 요구 사항 처리 시간이 상담원들의 실적을 측정하는 기준으로 부적합하다는 것을 깨달았다. 고객의 요구 사항을 올바르지 않은 방식으로 처리하는 결과를 불러왔기 때문이다. 즉, 상담원들은 고객의 문제를 해결하기보다는 빨리 다음 고객의 전화를 받는 데 더 신경썼다. 이에 책임자는 생산성 기준에 대한 의존도를 낮추고, 고객의 요구 사항을 처리하는 서비스의 수준, 상담 근무 여부, 근무 시간 엄수 등을 토대로 새로운 실적 평가 기준을 마련했다.

그러나 팀장들은 계속해서 예전의 처리 시간 목표를 팀원들에게 요구했고, 이는 관리의 블랙홀을 초래했다. 팀장들도 일선 상담원들을 고객의 요구 사항에 대한 처리 시간으로 평가해서는 안 된다는 것을 알고 있었지만, 오랜 습관을 버리기가 어려웠던 것이다. 만약 상담원의 고객 요구 사항 처리 시간이 매주 팀의 평균 시간보다 길게 나오면, 팀장은 해당 상담원에 대한 교육 시간을 늘렸다.

따라서 상담원은 실적을 높이 평가받으려면, 고객의 요구 사항 처리 시간 목표를 달성하는 것이 중요하다고 생각하게 되었다. 상담원들을 관리하는 팀장의 이런 태도는 그 기준을 중요시하는 것으로 보였고, 모든 팀원도 덩달아 그렇게 생각했기 때문이다. 변화를 시도한 지 일 년 후에 상담원들이 처리 시간을 문제 사항으로 언급하자, 고객센터 책임자는 도저히 이해할 수가 없었다.

"이미 일 년 전부터 우리는 처리 시간으로 상담원을 평가하지 않았습니다."

이 책임자는 새로운 실적 평가 시스템을 도입한 이후 팀장 단계에서 관리의 블랙홀이 생겼다는 점을 몰랐던 것이다. 다시 말해, 팀장들은 책임자가 원하지 않는 방향으로 팀원들을 이끌어가고 있었다. 책임자는 이런 관리의 블랙홀이 생기지 않도록 팀장들의 보고서에서 고객 요구 사항 처리 속도에 대한 사항을 삭제했어야 했다. 처리 속도에 대한 사항을 팀장의 보고 단계에서 없앴다면, 팀원들은 고객 요구 사항의 처리 속도에 관한 목표를 달성하기 위해 노력할 필요가 없었을 것이며, 이는 상담원들이 고객 중심적인 자세를 취하는 것으로 이어졌을 것이다.

3. 3단계: 일선 직원에게 더 많은 권한을 부여하라

우리가 지금까지 설명한 책임에 대한 대부분의 사안은 기업 전체에 책임을 올바르게 정하고, 어떤 부서 또는 어떤 임원이 책임을 져야 하는지 책임 소재를 분명히 밝히는 것에 대한 사안이었다. 그러나 책임 소재가 부서 내에서 궁극적으로 책임을 져야 할 위치에 있는 관리자에게 제대로 부과되지 않는다면 또 다른 문제가 발생할 수 있다. 그림 6.3는 이런 문제의 단면을 보여준다.

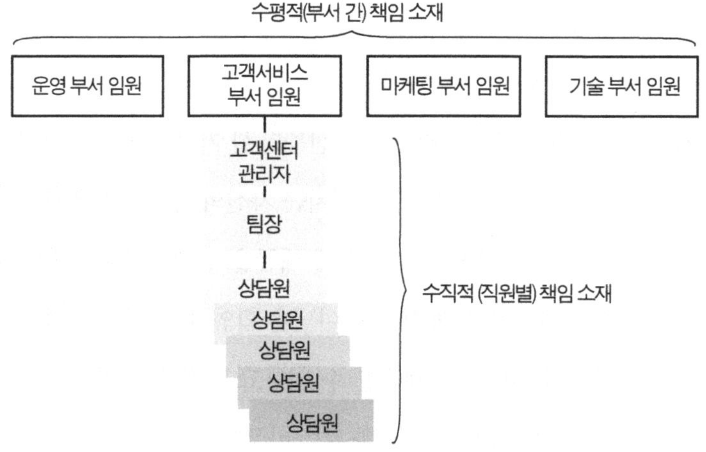

수직적 책임 소재의 문제는 직원에게 권한이 부여되지 않아 고객이 원하는 방향으로 서비스를 제공하지 못할 때 나타난다. 이 권한의 부재는 여러 가지 형태로 나타날 수 있다. 직원이 자신에게 권한이 없다고 느끼거나 기준, 정책, 그리고 절차 등에 기인하여 직원이 스스로 고객의 요구에 맞는 서비스를 제공하지 못하는 것이 그것이다. 각각의 경우에 대해 차례로 살펴보자.

앞서 일선 직원이 고객에게 필요한 서비스를 제공하지 못할 때 책임 소재를 흐리는 정책이나 절차를 정책 방패라고 말했다. 이런 경우, 일선 직원들은 고객의 응대 기준이 되는 정책과 절차에 대한 지침 뒤에 숨는다. 개인 정보 보호 정책도 정책 방패로 자주 작동한다. 예를 들어, 연로하거나 아픈 고객을 대신해 친척이나 지인이 대신 기업에 연락할 경우, 상담원은 전화를 건 사람이 고객 본인이 아니라는 사실을 확인하고, 전화를 건 고객은 기업의 정책 지침서에 따라 결국 연락한 이유를 충족시키지 못한다.

어떤 경우에는 이 정책 방패가 고객에게 터무니없는 서비스 경험을 안겨주기도 한다. 〈디 에이지The Age〉신문의 한 기자가 이런 경험에 대해 신랄하게 비판한 적이 있다. 그 기자는 자신의 남편이 이용하는 자산 관리 회사에 전화해 남편을 대신해 대금을 결제하겠다고 말했다. 이때 상담원은 그녀가 고객 본인이 아님을 확인하고, 대금 결제를 부탁하는 기자에게 서비스를 제공할 수 없다고 말했다. 기자는 서비스 제공이 안 되는 이유에 대해 다음과 같이 반문했다.

"난 남편을 대신해서 남편의 계좌에서 빠져나가야 할 대금을 대신 지불하려는 거예요. 도대체 여기에 무슨 문제가 있는 거죠?"

하지만 상담원은 여전히 서비스 제공을 재고하지 않았다. 이에 화가 난 기자는 그 주 신문의 금융 면에 이에 대해서 신랄하게 비판했다. 기자가 볼 때, 이 상담원은 게으르고 무능력했다. 이런 어처구니없는 경험을 한 사람은 이 사람뿐만이 아니었다. 금융 면에 기사가 나간 후, 그와 비슷한 경험을 한 많은 사람들이 신문사에 편지를 보내왔다. 그중에는 서비스를 이용하는 고객 본인을 대신해 대금을 지불하려다 거절

당한 다른 사례를 포함해, 죽은 친척을 대신해 전화로 서비스를 해지
했다가 거절당한 사례, 영어를 못하는 부모를 대신해 전화한 자녀가
고객 본인이 아니라는 이유로 서비스를 거부당한 사례도 있었다.

그렇다면 개인 정보 보호 정책은 왜 고객을 위해서 합당한 서비스를
제공하지 못하게 할까? 다음의 세 가지 이유를 살펴볼 필요가 있다.

1) 위험-회피 포괄 정책

위험-회피 포괄 정책은 기업에서 예외나 변동 사항이 용납할 수 없
을 정도의 높은 위험을 초래한다고 판단될 때 나타난다. 상황에 따라
정책을 다르게 적용하도록 일선 직원들을 교육하고 권한을 부여하는
것보다는 '고객이 아닌 사람에게는 서비스를 제공하지 않는다'는 규정
을 일괄 적용하는 것이 더 안전하고 쉬운 일이기 때문이다. 다시 말해,
개인 정보 보호를 맡고 있는 부서에서는 포괄적인 한 가지 정책을 적
용하는 것이 훨씬 쉬운 일인 것이다. 은행, 보험 회사, 투자사, 공공서
비스회사, 통신회사 등 많은 기업들이 개인 정보 보호 정책의 안전망
을 적용하고 있다.

2) 징벌 시스템

그 다음에는 징벌 시스템이 개인 정보 보호 정책을 강화한다. 품질
측정 시스템 대부분은 전화, 편지 또는 이메일 관리나 품질팀의 검토
형태로 일선 직원들이 기업의 정책을 따르는지 확인한다. 만약 상담
원이 개인 정보 보호 정책을 엄수하지 않고 고객에게 조언이나 정보를

준다면, 해당 상담원은 '불합격' 또는 '개선 요망'이라는 품질 점수를 받을 수 있다. 따라서 상담원들은 개인 정보 보호 정책을 벗어나지 않을 것을 교육받고, 이 정책에 의문을 품지 않는다. 또한 관리자나 품질 관리자도 이 정책을 강화하는 것이 자신의 임무 중 하나라고 생각한다.

3) 개인 책임 부재

이런 문제를 유발하는 세 번째 이유는 일선 직원들이 고객을 위해 바람직한 서비스를 제공하는 데 동기 부여가 안 돼 있다는 점이다. 정책 방패가 몇몇 예외 사항을 인정하더라도, 개인적인 책임 소재가 강화되지 않는 이상 대부분의 직원은 실적 평가에 불리할 수 있는 위험을 감수하기보다는 안전한 방향을 택할 것이다. 이런 정책 방패를 없애기 위해 기업은 수평적, 수직적으로 양방향에 걸쳐 책임 소재를 명확히 해야 한다. 그리고 정책 방패를 개발하고 정립하는 관리자들은 정책 방패가 미칠 수 있는 다음의 영향과 부정적인 결과를 이해해야 한다.

- 정책 방패의 결함으로 발생할 수 있는 잠재적 상황 때문에 말도 안 되는 이유로 많은 고객이 서비스를 이용하지 못하는 사례를 모두 예측해야 한다.
- 많은 고객에게 서비스를 거부하면서 겪을 수 있는 매스컴의 악평, 고객 불만, 그리고 고객 이탈의 위험을 고려해야 한다.
- 정책 방패에서 허용할 만한 타당한 예외 사항을 반드시 고려한다.

그러나 가장 큰 변화는 책임 소재가 일선 직원에게까지 확실하게 전달될 때 일어날 수 있다. 일선 직원을 신뢰하는 기업의 태도와 자세를 살펴보자. 만약 직원이 고객 본인은 아니지만 서비스를 받을 합당한 이유가 있다고 판단해 서비스를 제공한다면, 고객에게 올바른 서비스를 제공한 것이다. 물론 권한을 이양했을 때 극단적인 경우를 경험할 위험도 있다. 예를 들면 이혼 후 복수심에 불타 전 배우자가 고객을 대신해 제품이나 서비스를 취소하는 경우도 발생할 수 있다.

그러나 이런 예외 상황은 충분히 해결할 수 있다. 취소된 제품이나 서비스를 원상복귀하거나 잘못 처리된 고객에게 보상해주는 것은 간단하고 쉬운 문제다. 이런 예외 사항이 두려워 많은 고객에게 서비스를 제공하지 않는다는 것은 이해할 수 없다. 예외 사항을 인정하는 것은 비용 면에서도 분명히 이득이 된다.

한 회사의 고객 중에서 약 15퍼센트가 상담원과의 전화 초기에 개인 정보를 모두 제공하지 않았다는 이유로 서비스를 거부당했다고 한다. 그래서 거의 모든 고객이 다시 전화를 걸어 똑같은 절차를 다시 거쳤다고 한다. 그동안 고객은 이미 짜증이 났을 것이다. 이런 고객 대부분은 개인 정보에 접근하려고 한 것이 아니라 기업에 정보를 알려주려고 전화한 것이었다. 즉, 고객이 전화한 이유를 명확히 파악하지 못한 채 무조건 고객을 거부한 것이다.

이 문제에는 두 가지 해결 방안이 있다. 첫째, 고객에게 무조건 서비스 제공을 거부하기 전에 고객이 무엇을 원하는지 파악해야 한다. 서비스를 이용하는 고객을 대신해 대금을 지불하려는 사람은 거의 또는 아예 위험 요소가 없는 것이다. 둘째, 서비스를 이용하는 고객이 아프거나 외국에 있는 등의 예외 사항에 대해서는 정책이 완화될 필요가 있다. 만약 고객을 대하는 절차를 수정한다면, 예외 사항으로 인정해야 할 상황을 더 파악할 수 있으며, 이는 의미 있는 결과를 가져올 것이다.

정책 방패를 완화하여 얻을 수 있는 혜택은 단지 고객의 연락 건수를 줄이거나 고객 만족도를 높이는 데 그치지 않는다. 이 두 가지는 물론 긍정적인 결과이며, 최고의 서비스를 제공하기 위한 원칙을 준수한 결과다. 직원이 문제를 일으킬까 봐 두려워하는 조직과 일선 직원들이 권한을 이양받아 제대로 일을 처리했을 때 칭찬하고 격려하는 조직의 차이는 뚜렷하며, 측정도 가능하다.

후자는 불필요하고 반복적인 고객의 요구 사항과 불만 사항 감소, 고객 연락 응대 시간 단축, 고객 만족도 향상, 직원의 만족도 향상과 동기부여라는 결과로 이어진다. 이런 기업은 고객의 필요 사항을 만족시킴으로써 직원들이 개인적인 만족감을 느끼게 한다. 그에 반해 명령과 통제로 직원들을 관리하는 기업에서는 결근 및 이직률이 높고, 이는 곧 비용으로 연결된다. 위험-회피 포괄 정책과 정책 방패의 폐단은 고객과 기업, 직원 모두에게 이어지므로 일선 직원에게 어느 선까지 책임이 부과되는지 다음의 질문을 통해 진단하는 것은 매우 중요하다.

- 직원들이 예외 사안과 상황을 인식하도록 적절한 교육을 실시하는가?
- 직원들이 이런 예외 사안과 상황에 대처할 능력이 있는가?
- 직원이 이런 예외 사안과 상황을 어떻게 처리했는지 정책 개발 부서에 보고하

는 폐회로 절차가 정립되어 있는가?

• 정책 방패의 예외 사항이 비밀에 부쳐지고 조직 내에서 모두 다르게 적용되지 않고 모든 직원이 보고 참고할 수 있도록 신속하게 공유되고 있는가?

일선 직원의 책임을 시험하기 좋은 방법으로는 바로 직원이 수수료 감면, 고객을 대신한 비용 탕감 또는 무료 교체 등의 서비스를 제공할 수 있는지를 보는 것이 있다. 명령과 통제로 운영되는 조직에서는 위험을 초래할 수 있다고 판단해 고객을 상대하는 직원에게 이런 서비스를 재량껏 제공하지 못하게 한다. 이런 기업의 관리자들은 직원이 물러서면 비용이 많이 들 것이라는 두려움을 가지고 있다. 그래서 직원의 재량에 한계를 두는 정책을 펼친다. 그러나 이런 기업들은 조직 통제의 필요성과 일선 직원 통제의 필요성을 혼동하고 있는 것이다. 일선 직원들에게 책임과 권한을 부여해도 원격 측정과 예외 사항 관리로 충분히 조직을 통제할 수 있다.

창립 초기부터 아마존의 성공에 도움을 준 요인 중 하나로 훼손된 책이나 CD, 또는 상품에 대해 고객이 불편을 제기하거나 지적했을 때, 조건 없이 무료로 상품을 교환해 주거나 다른 혜택을 제공한 관례를 들 수 있다. 아마존은 고객을 신뢰하고 직원들에게 권한을 이양해 조사 후가 아니라 필요할 때면 언제나 직원들이 고객을 위해 '올바른 일'을 할 수 있도록 했다. 아마존은 "허락을 구하는 것보다는 용서를 구하는 것이 낫다."라는 속담을 그대로 따랐던 것이다.

아마존이 성장할수록 정책은 엄격해질 수밖에 없었는데, 상담원들은 최소한의 지시만으로도 이 차이를 이해했다. 하지만 나중에 아마존의 CFO는 제품을 교환하고 환불하는 사항에 대해 상담원에게 전권을 위임하는 것은 위험한 일이라며 우려를 나타냈다. 그는 상담원이 너무 후한 결정을 내릴 수 있으며, 이와 관련해 발생하는 대손상각비용이 수익에 영향을 미칠 수 있는 점을 우려했던 것이다.

그래서 그는 각 상담원당 처리할 수 있는 교환과 환불 건수를 제한하고, 매주 목표 대비 실제 결과를 보고하게 했다. 그리고 제한 기준을 초과해 교환과 환불을 해준 상담원은 따로 불러서 그 이유를 해명하게 했다. 다행히도, 당시 아마존의 고객서비스 부서에는 현명한 상담원이 대부분이었다.

고객서비스 부서는 모든 운영 사안과 각 상담원에 대한 정보를 수집했다. 그 결과, 상담원이 처리한 교환과 환불 비용이 수익에 영향을 주는 정도가 매우 미미하고, 명백한 특이 사항도 거의 없으며, 대신에 그런 조치로 긍정적인 입소문과 칭찬이 많다는 것을 알아냈다. 결국 재정적인 제재는 가해지지 않았다. CFO가 내세운 정책과는 반대로 상담원들은 자신이 필요하다고 생각하는 경우에 교환 및 환불 처리를 했고, 고객서비스 부서는 이런 관행들을 지켜보고 이 정책이 유발한 비용을 보고했으며, 이로써 지나치게 후한 상담원을 관리할 수 있었다.

만약 CFO의 정책이 적용되었다면 고객은 화를 내고, 판매는 떨어지고, 직원들은 스트레스를 받았을 것이다. 정책을 완화해 아마존은 직원이 내리는 결정을 신뢰한다는 것을 보여주었다. 이는 곧 모두에게 이득이 되는 결과를 불러왔다. 즉, 고객은 간단하고 상식에 준하는 서비스를 제공받을 수 있었고, 기업은 효율성을 높일 수 있었으며, 직원은 적절한 권한을 이양받을 수 있었다. 이는 일선 직원들에게 더 많은 권한을 부여해 얻을 수 있는 혜택을 명확히 보여주는 사례라 할 수 있다.

6_ 요약

개선된 서비스를 제공하는 것은 단지 고객서비스 부서만의 책임이 아니다. 기업은 서비스와 관련한 문제에 대해 누가 책임을 져야 하는지 밝혀내야 하며, 책임 소재를 명확히 하고 최고의 서비스를 제공하기 위해 모든 부서가 참여하도록 여러 가지 체계를 검토해야 한다. 책임 소재에 대해서는 수평적 방향(부서 간)으로도 살펴봐야겠지만, 수직적 방향(부서 내 지위에 따라)으로도 살펴봐야 한다. 또한 고객과 기업을 위해 올바른 서비스를 제공하도록 고객을 상대하는 일선 직원들에게 권한을 주고 신뢰를 해야 한다. 만약 책임 소재가 잘못되었다면, 다음과 같이 해야 한다.

- 고객이 연락한 사안에 대한 근본 원인을 파악하고 논의하여 책임 소재를 명확히 하는 데 방해가 되는 걸림돌을 제거한다.
- 책임 소재를 명확히 하고, 해당 직원이나 부서가 확실히 책임을 질 수 있도록 기준을 제시하며, 문제 해결에 관한 비용을 부과한다.
- 정책과 기준에 따른 제약을 없애 일선 직원이 서비스를 제공하는 데 대해 스스로 책임지도록 한다.

7_ 설문 조사

고객이 제기한 문제에 대해 모든 부서가 책임을 분담하는 것에 관한 부록 A의 세 가지 핵심 질문에 답하고, 기본적인 서비스에서 더 나은 서비스, 나아가 최고의 서비스를 제공하는 단계에서 당신의 기업이 어느 곳에 있는지 진단하라.

고객의 소리에
귀 기울이고 행동하라

우리는 고객과 매우 가까이 있다고 느낀다. 고객이 무슨 생각을 하는지
알기 위해 전깃줄에 매달린 전구가 왔다 갔다 하는 취조실에 고객을 집어
넣어서는 안 된다.
-오드리 덤퍼, 〈패스트 컴퍼니〉, 2004년 10월호

이것은 제가 말하는 것이 아니라 고객의 소리라는 점을 꼭 기억하셨으면 합니다.
CEO
이호사는 정말영망진창이야!! 뚝。
CLICK
KUDELKA.

1_ 원칙

고객을 이해하기 위해 "당신은 어떤 고객입니까?", "저희 기업에 바라는 점이 있다면 무엇입니까?", "그런 행동을 한 이유는 무엇입니까?", "저희 기업 서비스에 얼마나 만족하십니까?"와 같은 질문으로 포커스 그룹 조사를 하는 기업이 많다. 이것은 오늘날 비즈니스 업계에서 고객에 대한 정보를 얻기 위한 기본적인 방법이지만, 이보다 좋은 방법이 있다.

앞의 1장부터 6장에 걸쳐 설명했듯이, 잠재적 고객들과 고객들은 편지, 이메일, 전화, 직접 방문 등 다양한 방법으로 기업에 연락해 의견을 전달하는 데 많은 시간을 할애한다. 나아가 고객들은 자신의 태도를 통해 기업에 대해 어떻게 생각하는지 알려준다. 즉, 고객들은 구매를 늘리거나 또는 줄이거나 혹은 기업에서 이탈하거나 이탈하지 않거나 할 수도 있고, 셀프서비스를 이용하거나 이용하지 않을 수도 있으며, 경쟁사나 서비스가 훌륭하다고 생각하는 기업에 자신의 경험을 기탄없이 말할 수도 있다. 이렇게 고객의 소리에 귀 기울이고, 자연스럽게 일어나는 고객의 행동을 해석하면 포커스 그룹 조사 등에 드는 시간과 비용을 줄일 수 있다. 이런 기업들은 다음과 같은 모습을 보인다.

- 모든 고객의 연락을 고객의 소리에 귀 기울일 기회로 생각하고, 고객의 불만 사항을 고객에 대해 배울 수 있는 선물이라고 생각한다.

- 직원들에게 단순히 고객의 요구 사항을 처리하는 것이 아니라 고객의 소리에 귀 기울이도록 교육한다.

- 직원들이 고객의 소리에 귀 기울이도록 충분한 시간을 주고, 적절한 시스템과 절차를 마련한다.
- 고객의 의견을 수집할 방법을 개발한다.
- 지속적으로 고객이 쉽게 의견을 전달할 수 있는 시스템을 정립한다.
- 고객이 의견을 쉽게 전달하고 기업이 비용을 많이 들이지 않으면서 고객의 의견을 신속하게 수집할 수 있는 방법을 강구한다.

이 기업들은 또한 고객에 대한 정보를 얻기 위해 고객과의 거래를 자세히 살펴본 결과, 현 산업 실태에 뒤떨어진 만족도 조사와 실적 기록에 들어가는 비용을 절감할 수 있다는 사실을 깨달았다. 즉, 고객과의 거래를 자세히 살펴보는 것이 고객의 '소리'에 좀더 즉각적으로 대응할 수 있는 방법이며, 실제적인 실행 방안을 내놓지 못하는 값비싼 조사 비용을 아낄 방법이라는 점을 알아냈다. 나아가 이들은 고객에게서 얻어낼 수 있는 통찰력 있는 정보가 많다는 사실을 깨닫고, 그들의 소리에 귀 기울이고 행동하는 과정을 개발했다. 이를 통해 이 기업들은 고객서비스를 급격히 향상시키고, 고객을 상대하는 직원들은 고객이 중요하게 생각하는 사안에 집중할 수 있었다.

2_ 다른 산업에서의 사례들

1. 41년 후

1953년, 넬슨 만델라는 아프리카민족회의 의장을 맡고 있었다. 그는 대중에게 귀 기울이는 행동의 원칙을 잘 보여준 인물로 자서전《자유를 향한 머나먼 길Long Walk to Freedom》에서 밝혔듯이, 아프리카민족회의의 모든 참여 기업과 추종자들을 초대해 '자유의 헌장'을 발송할 것을 제안했다. 그렇게 하려면 나라 전반에 걸쳐 모든 흑인 거주 지역에 안내문을 발송하는 등 많은 노력이 필요했다. 이 안내문에는 "만약 당신이 법을 제정한다면 어떻게 하겠습니까?", "모든 국민이 행복하게 살 수 있는 남아프리카공화국을 만들기 위해 무엇을 하겠습니까?"와 같이 간단하고 기본적인 질문 등이 포함되어 있었다. 넬슨 만델라와 아프리카민족회의는 남아프리카공화국 모든 국민에게 이렇게 촉구했다.

"흑인과 백인 모든 국민이여, 다 같이 자유를 말합시다! 모든 국민의 목소리가 들릴 수 있도록 말합시다. 그리고 우리 모두가 자유로워지기를 원하는 갈망이 기록될 수 있도록 합시다. 우리의 갈망이 한데 모여 위대한 자유의 헌장으로 이어지게 합시다."

국민이 모두 나서서 목소리를 높일 것을 촉구하는 이 안내문은 폭발적인 반응을 얻었다. 안내문에는 다음과 같은 내용도 있었다.

"스포츠와 문화센터, 교회, 납세자협회, 여성 단체, 학교, 노동조합 등 여러 곳에서 제안이 쏟아졌습니다. 이런 제안들은 냅킨, 교과서를 찢은 종이, 대형 인쇄용지, 그리고 우리가 발송한 안내문 뒤편 등에 의해 널리 전해졌습니다. 보통 사람들의 제안이 지도자들이 내세운 것보다 훨씬 훌륭한 것을 보고 우리는 겸손해지지 않을 수 없었습니다!"

이때 가장 많았던 제안은 '국민 한 명당 한 표', 즉 투표권이었으며, 이는 41년 후인 1994년에 인종 차별 정책인 아파르트헤이트가 종식되고 만델라가 대통령이 되면서 비로소 이루어졌다. 이 사례는 주민, 시민, 고객 또는 회원의 목소리를 듣는 방법은 다양하며, 시간이 얼마가 걸리든 반드시 뿌리를 내린다는 사실을 보여준다. 지역 사회의 목소리를 과소평가하지 않기를 바란다. 자신의 의견을 표현하는 것은 인간으로서 자유와 갈망을 표현하는 가장 기본적인 방법이다.

2. 독자와 함께 써 내려간 책

에밀리 로다가 집필한 《린 마을의 로완Rowan of Rin》은 유명한 모험책 시리즈다. 로다는 시리즈에 독자의 의견을 반영하기 위해 집필 과정에 독자들을 참여시키기로 했다. 시리즈 다섯 권 중 나중에 나온 책에는 주인공 로완이 겪는 모험에 대해 의견을 제공한 독자들이 언급되어 있다. 이는 작가의 일도 덜어주었을 뿐만 아니라 책이 아동 서적 베스트셀러 명단에 계속 이름을 올리는 등 유명세를 지키게 했다.

펭귄Penguin 출판사는 협력적인 의견 제시와 온라인 편집을 가능하게 하는 위키 소프트웨어를 활용해 대중이 함께 책을 집필하게 했다. 이를 통해 탄생한 것이 바로 《밀리언 펭귄A Million Penguins》이다. 대중의 인기에 힘입어 대중이 함께 작업해서 탄생한 이 책은 21권까지 나왔다. 출판사가 제안한 주제에서 시작해 독자들의 제안을 받아들여 발전한 것이다. 이는 고객의 의견에 귀 기울이여 행동한 사례라 할 수 있다.

3. 우주선 엔터프라이즈 호

1966년부터 시작되어 여러 차례 방영된 TV 드라마 〈스타 트렉Star

Trek)을 좋아하는 사람이 많을 것이다. 지금까지도 〈스타 트렉〉의 이름을 걸고 나온 영화 여러 편과 〈스타 트렉〉의 화려한 주역인 스팍, 커크 함장, 클링온, 그리고 트라이블스와 스타십엔터프라이즈의 팬도 많을 것이다. 2006년 하반기, 콜렉트 스페이스라는 유명 웹 사이트에는 1976년에 NASA미국 항공우주국에서 정한 우주선의 이름을 바꾼 이야기가 실려 있다.

2006년 9월 17일 / 오전 9:30 (미국 중부 표준시) (14:30 GMT)

다음은 엔터프라이즈 우주선의 항해 내용이다. 엔터프라이즈는 30년 동안 새로운 접근법을 시도하고, 새로운 착륙 지점과 시설을 찾아보고, 미국의 그 어느 궤도 비행체도 가보지 않은 곳에 과감히 가는 임무를

(중략)

30년 전 오늘, NASA는 첫 셔틀 궤도 비행체인 OV-101을 선보였다. 원래 컨스티튜션으로 이름이 지어졌으나 〈스타 트렉〉 팬들이 대대적으로 캠페인을 벌인 결과, 엔터프라이즈라는 이름으로 다시 탄생했다. 궤도에 발사된 적은 없지만, 엔터프라이즈 호는 몇몇 중요한 진입과 착륙 시험을 시도하고 플로리다의 케네디우주센터와 캘리포니아에 있는 반덴버그 공군 기지의 발사 장치 환경을 설정하는 데 기여했다. 1985년에 NASA는 엔터프라이즈 호를 스미스소니언 박물관에 기증했고, 2003년에는 항공우주박물관의 우드바르-헤이지 센터로 옮겨 진열했다.

30주년을 기념하기 위해 Expedition 112005년 국제우주정거장으로 떠난 11번째 원정대-옮긴이의 승무원용 배지를 제작했던 팀 가농과 스페이스 엠블럼 아트의 빌 쿠쿨리스 주니어는 한 팀을 이루어 기념 패치를 디자인하고 제작했다. 패치에

는 엔터프라이즈의 발사와 착륙 시험이 묘사되었다.

3_ 실패 사례

이제 고객서비스에서 고객의 소리에 귀 기울이고 행동하지 못한 실패 사례를 살펴보자.

1. 혁신 가로막기

전문적인 서비스를 제공하는 다국적 기업은 세계적 브랜드와 본사의 관리 체계 아래 일하는 지사들 간에 세심하게 균형을 유지해야만 한다. 이런 다국적 기업의 경쟁력은 국가별 소비자의 필요와 요구에 귀 기울인 데서 나온다. 그런데 이를 소홀히 해 위험을 초래한 한 다국적 기업이 있다. 이 기업은 20년 동안 매년 20퍼센트의 놀라운 성장률을 보였다. 이런 성공은 한 지역이나 한 나라에서 발굴한 아이디어를 다른 지역으로 확대하는 능력에 기초했다. 이 모델은 '발명은 지역에서 적용은 전 세계로!'라는 표어로 표현되기도 했다. 지역에서 실행한 방안이 고객의 필요 사항과 트렌드를 반영하는 눈과 귀가 되었고, 기업은 이 방안을 전 세계에 적용해 더욱 성장할 수 있었다.

그런데 1990년 후반, 북아메리카에 기반을 둔 본사의 세계 지사 관리팀은 각 지역에 있는 지사들을 그 지역 내에서만 통하는 아이디어를 생산하는 데 투자금을 낭비하는 존재로 보고 통제할 필요가 있다고 판단했다. 이런 관점에서 세계 지사 관리팀은 각 나라에 분포하는 혁신 부서보다는 본사의 중앙 싱크탱크와 연구 부서에 예산을 더 많이 배정하는 편이 낫다고 생각했다. 이는 전 세계에 규격화된 제품 및 서비스를 제공하고, 적용 범위를 넓힐 수 있는 제품이나 서비스에 노력을 집중하는 것이 낫다는 판단에서 내린 결정이었다.

이 회사는 변화를 단행했다. 지역별 투자와 R&D 예산을 없애고, 일반적인 프로젝트를 실행하지 않는 지사는 특별히 승인을 받게 했다. 이 회사는 몇 가지 제안에 집중하고 본사에서 모든 투자와 연구를 통제하려고 했으나, 이는 좋은 결과로 이어지지 않았다. 변화를 시도한 이후, 연간 수익성장률이 창립 이래 처음으로 10퍼센트 미만으로 떨어졌다. 또한 기업은 이런 중앙집권화 모델 때문에 고객의 소리에 귀 기울이고 시장을 선점하기 위한 혁신 능력을 상실했다. 그뿐 아니라 지역별로 다양화된 업무 절차는 고객의 요구에 빠르게 대응할 수 있었지만, 중앙집권화된 연구 개발과 해결 방안 개발 과정은 매우 더디게 진행되고 복잡했다.

지사들은 지역 고객들의 요구와 필요 사항에 대응할 수 없는 현실에 점점 불만이 쌓여갔다. 그와 함께 성장률이 점차 둔화되자 본사 관리팀에 불만을 토로하며 반발했다. 이에 본사에서는 팀을 새로 꾸려 재빨리 지역 투자 예산과 지사의 권한을 회복시키고 전 세계 고객의 요구 사항에 다시 귀 기울이며 대응하기 시작했다. 그리고 혁신 동력이 무엇인지 분명하게 깨달았다. 그러자 이 회사는 침체와 축소에서 벗어나 다시 성장하기 시작했다.

2. 부정의 위험

한 IT 관련 회사는 성장률을 유지하기 위해 고군분투하는데도 시장 점유율이 점점 떨어지고 있었다. ACSI를 보면, 이 회사에 대한 고객의 열정이 식어가는 것을 알 수 있었다. 고객 만족도는 매우 부정적으로 나타났으며, 오랜 고객이자 팬이던 사람들도 하나 둘 등을 돌렸다. 아울러 이 회사에 대해, 특히 기술 서비스에 대해 불평하는 고객들의 블로그가 생겨났다.

그런데 내부 직원들은 다르게 느끼고 있었다. 기업 내부에서 실시한 고객 만족도 조사 결과는 ACSI가 파악한 바와 달리 고객은 이 회사의 서비스에 만족했고, 외부에서 보고한 하향 추세는 보이지 않았다. 시장 조사 부서가 기업의 전 부서에 전한 메시지는 "ACSI가 틀렸고 우리는 잘하고 있다."였다.

그러나 수익 성장률은 계속해서 주춤했다. 고객 만족도에 대한 내부와 외부 조사 결과의 차이는 더욱 커졌다. 나아가 수익 등 다른 사업 지표도 점점 악화하는 외부의 소비자 만족도와 깊은 상관관계를 보였다. 궁극적으로 기업 내부에서 고객 만족도 조사를 한 부서는 조사 결과에 대해 해명해야만 했다. 이때 조사 방법이 문제로 거론되었다. 이 회사는 다른 기업들과 마찬가지로 고객과 거래를 마치고 몇 주 후에 고객에게 연락해서 정보를 수집했다.

그런데 바로 여기에 문제가 있었다. 시스템이 인식한 데이터는 만족스러운 기술 서비스를 받은 고객의 정보만 기록했던 것이다. 이 회사에 연락해 상담원과 연결되기를 기다리다가 서비스를 아예 포기한 고객은 포함되지 않았다. 고장이 나거나 고칠 수 없는 장비 때문에 연락한 고객은 데이터 서버에 기록되는 항목에 해당하지 않았기 때문에 시스템에 기록되지 않았다. 많은 도움을 줄 수 있었던 고객들의 정보는 기록되지 않았던 것이다.

이는 문제를 해결한 고객을 중심으로 조사가 편향되어 있음을 제대로 보여주었다. 문제를 인식한 이 회사는 ACSI의 조사 결과와 수익 감소 문제를 더 심각하게 받아들이고, 어떤 요소가 고객의 불만을 유발하는지 살펴보기 시작했다. 그리고 문제를 해결하기 위해 전담팀을 구성했다.

3. 심상치 않은 분위기

미국의 한 항공사는 훌륭한 서비스를 제공하는 기업이라는 명성을 오랫동안 유지해왔다. 미국인들은 이 항공사를 이용하는 것을 자랑스러워했고, 이는 국제적으로 진행된 소비자 조사에서도 잘 나타났다. 당시 회사의 운영을 책임지던 관리자들은 훌륭한 서비스를 제공하는 것을 매우 중요하게 생각했다. 최고경영자는 일 년에 두 번씩 자사의 서비스가 어떤지 의견을 듣기 위해 '고객과 함께하는 주말'에 고객들을 초대해 리더십팀과 함께 시간을 보냈다. 최고경영자는 리더십팀이 고객의 의견을 경청하고, 이에 따른 적절한 방안을 실행하도록 했다.

그런데 CFO를 역임했던 새로운 최고경영자는 이런 과정들을 외면하고, 수익률과 저가 항공 시장 진출 및 인건비 절감 등과 같은 거시적인 전략에 더 관심을 두었다. 시간이 지나면서 고객의 불만이 점차 높아졌고, 새로운 경쟁자가 두각을 나타내며 기존 시장을 빼앗아갔다. 외국 항공사들도 이 회사가 기존에 장악하다시피 하던 수익성 좋은 노선에서 점점 위상을 높여갔다. 프라이빗 에쿼티 기업증권 시장과 같은 공개 시장이 아닌 기업 경영진과의 협상을 통해 지분을 인수한 후 3~5년에 걸쳐 경영을 정상화한 후 지분을 되팔아 차익을 챙기는 기업-옮긴이들은 독수리처럼 이 회사를 호시탐탐 노리기 시작했다. 일등석과 비즈니스석을 이용하는 프리미엄 고객에게 집중하는 동안 다른 방면에서 이 회사의 명성은 추락하고 있었다.

6개월 후 〈고객 초이스〉라는 잡지에서 항공사를 대상으로 조사한 결과, 이 항공사가 국내 노선과 국제 노선에서 모두 최악의 서비스를 제공하는 회사로 꼽혔다. 그러자 이 회사의 임원은 TV에 나가 "다른 항공사와 비교해 저희 항공사는 최고의 승무원들과 직원들이 근무하고 있습니다."라고 항변했다.

하지만 대중들은 이에 동의하지 않았다. 한 주요 신문사와 웹 사이트는 이 항공사에 대한 소비자들의 의견을 수집하고자 블로그를 개설했다. 개설한 지 12시간 만에 한 블로그에는 450개, 다른 블로그에는 200개의 댓글이 올라왔다. 대중은 확실히 불만을 표현내고 있었다. 이 항공사는 고객의 소리에 귀 기울이는 것을 잊어버렸던 것이다.

4. 자리에 대한 지나친 자부심

왜 많은 고위 관리자와 임원들은 사무실에 얽매인 것처럼 보이는 것일까? 다음의 몇몇 작은 사건이 이 문제를 여실히 보여준다.

유럽의 선도적인 한 철강회사는 주요 고객사에게서 이 회사의 연구 부서와 긴밀한 관계를 맺고 싶다는 말을 들었다. 고객사는 험한 날씨와 다른 조건들을 견딜 수 있는 더 강한 합금강을 개발하고 싶어 했다. 그러나 이 회사는 연구 부서의 기술 수준에 강한 자부심을 가지고 타 기업과 협력하는 것을 거부하며 고객사에 거절의 뜻을 전했다. 그리고 저비용 철강을 생산하는 데 집중했다. 그 결과, 주요 고객사를 잃었고, 시장에서 설 자리도 잃었으며, 결국 규모가 작은 경쟁사에 인수되고 말았다.

한 서비스 회사는 늦은 시간 웹 사이트에서 간단한 거래를 하지 못해 불만을 터뜨리는 고객에게서 전화를 받았다. 상담원은 몇 가지 방법을 실행해보았지만, 고객의 문제를 해결하지 못했다. 그뿐 아니라 이 상담원은 전화를 건 고객이 두 번째로 거래 실적이 많은 고객이라는 사실조차 확인하지 못했다. 영업, 마케팅, 그리고 고객서비스 부서를 책임지는 임원은 상담원이 이 고객에게 서비스를 제공하기 위해 좀 더 적극적으로 행동하지 않은 것에 불만을 표했다.

하지만 이 임원은 상담원이 있는 곳에서 불과 몇 미터밖에 떨어지지 않은 곳에 앉아 있으면서도 고객과의 전화 내용에 귀 기울인 적이 단한 번도 없었다. 그 결과는 어떻게 되었을까? 임원이 직접 연락한 후 이고객은 서비스를 계속 이용하기로 했지만, 임원은 여전히 고객의 소리에 귀 기울이지 않았고, 결국 1년 만에 다른 회사로 자리를 옮겼다.

5. 한 귀로 듣고 한 귀로 흘리고

호주에는 주州마다 자체 차량국과 등록처가 있다. 만약 다른 주에서 자동차를 판매했다면 현재 자신이 속한 주에서 취득한 자동차 등록증을 없애고, 구입자는 거주하는 주에서 다시 등록을 해야 한다. 한 고객이 이 과정을 거치기 위해 자신의 차량국 웹 사이트에 접속해서 자동차가 판매된 것을 기록하려고 했다. 고객은 해당 페이지를 찾아 차량 등록번호, 모델, 색, 종류와 같은 세부 사항을 입력했다.

그리고 마지막 단계에서 차량 도난과 사기의 위험을 낮추기 위해 고안된 차량 ID 번호의 마지막 4자리 숫자를 입력했다. 이 고객은 차량 등록 시 발급 받은 문서에 나온 ID를 보고 그대로 입력했는데 번호가 '유효하지 않습니다'는 메시지가 떴다. 다시 반복해서 정보를 입력해도 매번 ID 번호가 유효하지 않다는 메시지가 떴다.

고객은 결국 차량국 고객센터에 전화를 걸었다. 꽤 오랜 시간을 기다린 후 상담원과 연결되었다. 고객이 문제를 설명하자 상담원은 "전화상으로 저와 함께 다시 한 번 해보시죠."라고 말했다. 그래서 상담원의 제안에 따라 다시 시도를 했지만, 결과는 같았다. 상담원은 고객에게 "똑같은 문제를 겪으신 고객들이 몇몇 계셨어요."라고 말했다. 차량국의 웹 사이트는 분명히 제대로 작동하지 않았지만, 상담원은 이를 보고하거나 수정할 방법이 없었다. 이는 일선 직원이 전하는 고객의 불편 사항을 경청할 필요가 있다는 사실을 명확히 보여주는 사례라 할 수 있다.

6. 뒤죽박죽인 고객 상담 기록

전 세계적으로 상담원이 고객과의 전화 통화 내용을 기록하는 고객센터가 많다. 신용카드, 공공사업, 보험, 의료보험, 통신, 정부, 단일 품목 소매점 등을 불문하고 이런 관례는 흔히 찾아볼 수 있다. 이런 기록들은 상담원들이 고객과 무슨 이야기를 나눴는지 추적하는 데 도움을 준다. 그리고 주로 '고객이 지급 기간 연장을 요청했지만, 조건을 충족하지 못해 연장해주지 못한 경우'와 '상품과 관련하여 다른 기능들은 무엇이 있는지 알아보려고 전화한 고객에게 x와 y라는 기능이 있다고 알려주었지만, 고객이 그 기능들을 선택할 수 없는 경우'라는 것을 알 수 있다.

상담원은 주로 속기 형태로 고객과의 상담 내용을 기록한다. 요청을 거절한 것처럼 '나쁜 뉴스'에 해당하는 고객과의 상호작용은, 다시 전화해서 다른 상담원과 통화하는 경우와 함께 가장 많이 기록되는 내용 중 하나다. 어떤 고객센터에서는 본인 확인을 거치고 잔액을 확인해주었다는 사실까지 기록하기도 한다. 서비스 등급 확인 절차에 전화 통화 내용을 충분히 기록했는지가 포함되기도 한다. 하지만 이런 과정은 고객센터 상담원과 고객에게 다음과 같은 이유로 전혀 도움이 되지 않는다.

1. 상담원이 아무런 영양가가 없는 정보를 기록하는 경우. 고객이 잔액 확인을 위해 연락한 사실을 기록하는 것은 고객의 다음 요구 사항을 파악하는 데 전혀 도움이 되지 않는다. 본인 확인 절차도 거의 모든 고객센터에서 기본적으로 실행하는 과정이므로, 가치가 없는 정보다.

   상담원은 서비스 절차를 확인받는 것에 두려움과 한 가지 정책의 포괄적인 적용 범위(6장 참조) 때문에 중요한 정보와 가치 없는 정보를 구분하는 것을 어려워한다. 그래서 정보를 빠뜨린 것에 대해 질책을 받기보다는 전부 기록해 놓는 것이 훨씬 낫다고 생각한다. 그러나 이런 포괄적인 정책은 실효성이 없을 뿐만 아니라 고객과 상담원에게 시간을 허비하게 한다. 상담원이 모든 정보를 기록하는 동안 고객은 통화 중 대기를 해야 하기 때문이다.

대개 기록할 내용은 예외적인 사항이어야 한다. 예를 들어 본인 확인 실패는 금융 사기를 감지하거나 추적 감사를 할 때 중요한 것으로 여겨질 수 있다. 하지만 대부분 기업에서는 상담원이 가치 있는 정보와 가치 없는 정보를 판별하지 못할 거라고 생각한다. 상담원들은 감사를 받았을 때, 질책을 받는 것을 피하기 위해 고객과의 모든 통화 내용을 기록한다. 그러나 이보다는 간단한 규칙을 주지켜 어떤 정보가 중요한지 상담원 스스로 판단하게 하는 것이 훨씬 낫다.

2. 주소 변경처럼 시스템이 이미 인식하는 정보를 기록하는 경우. 이런 경우, 변경된 주소의 변경 사항 등은 이미 시스템에 저장되었을 것이며, 이를 추적할 수 있는 장치가 시스템 어디엔가 마련되어 있을 것이다. 일부 기업은 통화 내용 녹음과 같은 기술이 고객의 요구 사항을 추적할 수 있는 수단임에도 이런 과정을 적용하지 않고 있다. 모든 통화 내용을 기록하는 관례가 너무도 확고하게 자리 잡고 있기 때문이다.

3. 상담원이 기록한 중요한 정보가 전혀 유용하게 사용되지 못하는 경우. 대부분 기업에서 상담원이 기록한 메모는 시스템에 그대로 입력되고, 나중에 걸려온 고객의 전화를 받을 때에만 다시 참고한다. 그러나 이런 메모들이 때로는 보석 같은 정보를 제공한다. 예를 들어 한 고객이 제품의 특징에 대해 질문했

다면, 이 고객은 구매 가능성이 큰 잠재 고객이라고 할 수 있다. 고객의 질문은 예를 들어 셀프서비스나 새로운 과정, 그리고 새로운 제품 사항을 추천하는 등 여러 가지 목적에서 중요하다.

만약 어떤 고객이 "제품에 x와 같은 기능이 포함되어 있나요?" 라고 물었다면, 그는 아마도 경쟁사의 제품이 이 기능을 포함하고 있다고 생각하기 때문에 질문했을 것이다. 이 질문은 상품에 대한 고객의 관심도를 파악할 수 있는 핵심 지표가 된다. 따라서 이 고객의 질문은 상품 기획, 공급 체인 관리 또는 마케팅 캠페인 부서에 중요한 정보가 된다. 하지만 이 메모에 적힌 기록은 아무도 접근하거나 활용할 수 없는 형태로 시스템에 저장된다.

4. 고객이 말하는 다른 정보는 기록되지 않는 경우. 상담원은 "고객이 기능 x에 대해 물었다." 라고 기록할 수는 있지만, "Y사가 x 기능을 z 가격에 제공하고 있어요." 라는 중요한 정보는 보통 다음의 두 가지 이유에서 기록하지 않는다. 첫째, 그런 정보가 중요한 정보라는 것을 통보받지 못했거나 둘째, 그런 내용이 고객의 다음번 요구 사항을 처리하는 데 유용한 정보가 아니라고 판단하기 때문이다.

가령, 고객이 임신했다거나 약혼한다고 말해도 다른 상담원에게 이 정보가 비즈니스에 매우 중요한 정보임을 알려주지 않는다. 더 심각한 경우는 마케팅이나 상품 기획 부서에 있는 직원 그 누구도 고객센터에서 기록한 내용에 관심을 두지 않는다는 것이다. 그것을 알기 때문에 상담원 자신은 고객의 이런 정보가 중요하다고 인식해도 제품이나 경쟁사, 또는 절차에 관해 고객의 의견을 기록하는 것이 아무 의미가 없다고 느낀다.

4_ 성공 사례

이제 고객의 의견을 경청하고 그에 따라 올바른 방안을 실행한 성공 사례를 살펴보자.

1. 마스의 달콤한 성공

M&M's 캔디는 마스Mars의 주력 상품으로, 전 세계적으로 50년 이상 사랑을 받는 스낵 중 하나다. 수년 동안 마스는 기본 M&M's 캔디를 다양한 크기의 팩에 담아 판매했다. 그것이 변화의 전부였다. 그러던 중에 모노폴리1934년 발매된 부동산 보드게임으로 우리나라의 부루마불 게임과 유사하다-옮긴이와 자동차 산업에서 일어난 종류의 다양화를 거울삼아 변화를 꾀하면서 흥미로운 발전이 일어났다. 마스는 이 작은 캔디를 보라색이나 파란색과 같이 다양한 색으로 사고 싶어 하는 고객들의 의견을 경청하기 시작했다. 그리고 새로운 색을 고객들의 투표에 부쳤다. 수백만 명에 이르는 고객들이 어떤 색의 캔디를 만들었으면 좋겠는지 의견을 전하기 위해 기꺼이 전화기의 버튼을 눌렀다.

현재 마스는 처음 만들어진 밀크 초콜릿과 다크 초콜릿 등을 포함해 여러 종류의 맛과 여러 가지 색의 M&M's 캔디를 소비자에게 제공하고 있다. 그뿐 아니라 회사 로고나 친구에게 전하는 인사말을 새긴 맞춤형 M&M's 캔디를 주문할 수도 있다. 이 모든 것은 바로 고객의 소리에 귀 기울인 결과였다.

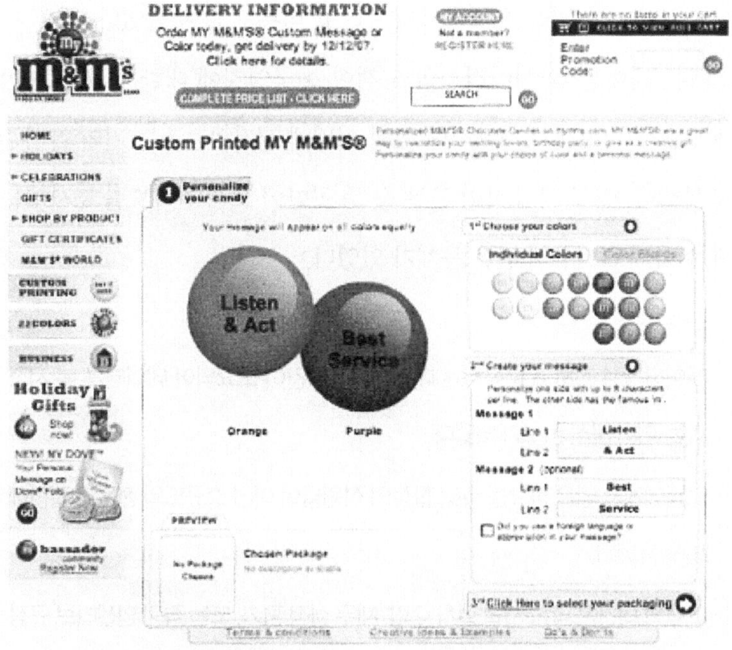

2. 케이블&와이어리스 - 엔지니어들의 고객 소리 경청

1990년대 후반에 대형 통신회사인 케이블&와이어리스는 주요 지상 통신망 제공 사업에서 일반 기업과 소매 고객들에게 직접 통신 서비스를 제공하며 사업 범위를 넓혔다. 당시 케이블&와이어리스는 기업 문화가 고객에게 직접적인 서비스를 제공하기보다는 기반 시설에 투자하는 쪽으로 형성되어 있어서 고객의 의견을 듣고, 이해하는 체계가 거의 잡혀 있지 않았다.

케이블&와이어리스는 새로운 서비스에 대해 고객들이 어떤 의견을 가지고 있는지 최대한 빨리 파악해야만 했다. 그러나 안타깝게도 고객

충성도를 알아보기 위해 사용한 회사 자체의 조사 방법은 시대에 뒤떨어졌을 뿐만 아니라 효과적이지도 않고 비용도 많이 들었다. 기존 시스템은 케이블&와이어리스의 고객이 누구인지에 대한 정보는 많이 제공했지만, 고객이 서비스에 대해 어떻게 생각하는지는 거의 알려주지 못했다. 여섯 개의 사업 본부 중 두 곳만이 고객 만족도를 조사했는데, 이마저도 다음과 같은 문제가 있었다.

- 데이터를 수집하고 분석하는 데 너무 긴 시간이 소요되어 데이터를 볼 시점에는 이미 구식 정보가 되었다.
- 고객에게서 얻은 정보는 고객 접점의 직원들이 아닌 소규모의 전문가 집단에만 공유했다.
- 고객의 의견은 막상 사업 절차 수립, 재무 실적 평가, 또는 직원 인센티브 규정을 만드는 것과 관련이 없어 회사의 운영 방안을 수립하는 데 어떠한 영향도 주지 못했다.

간단히 요약하자면, 값비싼 비용을 들여 수집한 데이터는 회사가 개선점을 이끌어내는 데 아무런 도움도 되지 않아 값어치를 하지 못했다. 이후에 케이블&와이어리스는 고객 지원팀을 만들었고, 이 팀은 고객 충성도를 관리하기 위해 필수적인 다음 세 가지 과정을 개발했다.

1. 회사의 제품 및 서비스를 고객이 어떻게 느끼는지에 대한 정보와 관련된 데이터를 바로 제공하는 실시간 고객 의견 접수 시스템

2. 각 부서에서 지지자로 활동하는 '고객 챔피언' 들의 네트워크

3. 더 나은 서비스 제공을 촉진하고 고객의 소리를 더욱 경청하기 위해 제공하는 직원 인센티브와 인정 프로그램

또한 케이블&와이어리스는 고객과의 거래 후 다섯 개의 짧은 질문으로 고객에게 회사와의 거래에 대해 묻는 자동화 시스템을 만들어 고객의 의견을 수집하고, 고객의 의견에 대응하는 절차를 만들었다. 이 절차는 통계적으로 정확하고, 실시간으로 업데이트되며, 이해하기 쉬운 세부적인 데이터를 빠르게 제공했다. 이를 통해 과정, 상품, 개별 직원의 실적을 분석할 수 있었으며, 이 결과는 조직 내에 격렬한 논의를 불러일으켰다. 이 시스템은 고객의 의견을 수렴하는 데 걸리는 시간을 획기적으로 줄였고, 회사의 관심을 설문 과정이 아닌 실행 방안에 집중시켰다.

그리고 이 새로운 의견 접수 시스템은 다음과 같은 두 개의 반응을 초래했다. 첫째로 형편없는 서비스를 경험하거나 문제를 겪은 고객에게 응대하는 전략적인 반응과 둘째로 고객의 의견에서 교훈을 얻는 시스템적인 반응이었다. 고객 지원팀은 모든 임원들이 고객이 거론한 문제에 대해 책임을 져야 한다는 점을 확고히 했다. 각 부서는 의견 접수 시스템에 관한 사항에 어떻게 대응할지를 제시해야 했으며, 고객의 의견과 관련된 모든 분야에서 KPI핵심 성과 지표를 설정하여 실천해야만 했다.

이 시스템은 큰 성공을 거두었다. 고객의 의견에 귀 기울이고 실행한 지 1년 만에 이 회사에 대한 고객의 불평 건은 30퍼센트나 감소했다. 고객의 소리를 경청하는 데 들인 효과적인 투자의 결과였다.

3. 고객 상담 기록에서 숨은 가치를 찾아낸 ahm

앞에서 우리가 다소 부정적으로 언급했던 고객 상담 기록도 기업이 그 절차를 제대로 관리하기만 한다면, 중요한 정보를 얻는 데 도움이 된다. 호주의 의료보험 회사인 ahm은 상담원들에게 고객과의 통화 내용을 자유롭게 기록하게 했다. 상담원들은 "제 보험으로 x를 보상받을 수 있나요?"와 같은 질문에서부터 "다음 보험료 납입일은 언제인가요?"와 같이 간단한 요구 사항까지 기록했다. 이 기록들은 시스템에 저장되어 있다가 고객이 다시 연락을 했을 때 상담원이 참고할 수 있었다.

이 회사는 이 기록들을 활용하고자 했다. 하지만 애석하게도 상담원들은 이 기록들을 감사 추적용으로만 사용하는 데 익숙해서 다른 의미 있는 정보는 따로 기록하지 않았다. 고객이 치과 치료에 대한 보상을 받을 수 있는지 물었다면, 상담원은 '고객이 치과 치료에 대한 보상 여부를 묻다'라는 내용으로 기록할 뿐이었다. 이 메모에는 고객의 대답이나 반응은 기록되지 않았다. 게다가 경쟁사나 개인사에 대해 언급해도 그 내용은 기록되지 않았다. 그래서 ahm은 메모를 기록하는 방식을 다음과 같이 바꾸었다.

- 메모에 기록해야 할 전화 통화 내용에 대해 상담원들을 다시 교육했다.
- 상담원들에게 주요 고객들의 실망감, 화, 우려와 같은 반응을 기록하게 했다.
- 상담원들에게 경쟁사의 정보 및 고객의 개인사에 대한 정보 등도 기록하게 했다.

몇 주 동안 새로운 정보를 수집한 후, ahm은 텍스트 분석 장치를 이용해 메모들의 핵심 단어와 주제를 찾기 시작했다. 고객 이탈과 관련한 주제를 확인한 후, 이 정보를 고객 상담 기록에 연결해 이탈 가능성이 큰 고객이 얼마나 되는지를 파악했다. 한편, 보상금에 대한 불만과 관련해서는 고객이 현재 이용하는 상품을 분석하여 상품 설계에서 같은 문제가 반복적으로 발생하지는 않는지를 파악했다. 나아가 어떤 고객이 어느 시기에 특정 경쟁사를 거론하는지도 분석했다.

이런 정보를 바탕으로 ahm은 특정 질문들과 반응이 고객 이탈로 이어질 가능성이 큰 것을 파악하고, 적절한 예방책을 실행했다(4장 참조). ahm은 상담원들이 이 중요한 질문들을 놓치지 않도록 교육하고, 이탈 조짐을 보이는 고객을 고객 유지팀에 넘겼다. 고객를 유지하기 위해 적절히 대응하도록 교육받은 고객 유지팀은 고객들에게 보상 범위가 한 단계 낮은 상품을 소개하거나 고객이 찾던 기능이 포함된 상품을 소개했다. 이렇게 함으로써 고객 유지팀은 50퍼센트가 넘는 고객 유지율을 달성했다. 상품 조정을 하지 않은 집단과 비교하자 이 과정의 가치는 명확하게 드러났다.

경쟁사에 대한 통찰력 있는 정보 또한 ahm이 경쟁사가 제공하는 가격에 맞추어 상품 가격을 조정하고, 가격 책정 절차를 개선하는 데 도움을 주었다. 이 회사는 웹 사이트 관리 능력을 향상시켜 시장 조사 비용을 줄였을 뿐만 아니라 올바른 수단과 방법만 실행된다면 고객과의 상호작용을 통해 통찰력 있는 정보를 얻는 채널로 활용할 수 있다는 것을 보여주었다.

4. 넷뱅크의 '빨리빨리' 방식에 일어난 변화

미국 온라인 뱅킹의 선구자인 넷뱅크는 2005년 말에서 2006년 초에 심각한 문제에 직면했다. 매달 많은 논의가 오가는 위험 관리 회의에서 임원들은 높은 운영 비용과 당국에 접수되는 고객의 불평 사항을 고객서비스 부서의 책임으로 돌렸다. 당시 고객서비스 부서는 24시간 내에 고객의 이메일에 회신하라는 목표를 달성하는 데 허덕이고 있었다. 여러 외주업체에서 파견된 상담원들도 지쳐 있기는 매한가지였다.

하지만 고객서비스 본부의 전 부사장이었던 아트 홀은 무엇을 개선해야 하는지 정확히 알고 있었다. 직원들의 의식, 기준, 그리고 실행 절차에 전면적인 변화가 필요하다고 판단했다. 우선 그는 자신의 의견을 지지해줄 사람이 필요하며, 고객보다 확실한 지지 기반은 없다는 사실을 깨달았다. 그는 ARS를 통해 서비스를 받은 고객들을 대상으로 온라인상에서 네 가지 질문으로 구성된 고객 만족도 조사를 통해 고객의 의견을 수집하고, AHT 대신 VOC ROI 공식을 실행했다.

"우리 팀은 임원들의 고정관념을 바꾸어놓았다. 우리는 고객들이 어느 부분에서 정말 불만을 가지고 있는지, 빨리 손님을 치워버리려고 하는 태도가 왜 고객에게 나쁜 경험을 선사하는지를 보여주었다."라며 그는 책임 주체를 알리고, VOC를 보고하자 위험 관리 회의는 완전히 다른 방향으로 전개되었다. 그가 전하는 바로는 회의 중에 다른 부서 임원들이 "우리가 만든 문제 때문에 고객서비스 부서가 제 기능을 못했다."와 같은 사과성 발언과 "고객서비스 부서와 좀 더 긴밀하게 협력해서 일해야 할 것 같다."와 같은 다짐을 했다고 한다.

그리고 홀에 따르면, 회의 이후 넷뱅크는 다음과 같은 조치를 했다.

"상담원이 기업의 정책과 상품을 이해하지 못하는 일이 발생하지 않도록 우리는 적절한 수단을 제공하고, 커뮤니케이션이 원활히 이루어지도록 했으며, 고객의 요구 사항을 처리하기 위해 보통 네 명에서 다섯 명의 상담원을 거치는 업무 간의 장벽도 제거했다. 그리고 상담원에게 충분한 권한을 주려고 했다."

이것을 실행한 결과, 넷뱅크의 실적은 급격히 향상되었다. 우선 18시간 내에 고객의 이메일에 회신하는 비율이 높아졌고, 첫 6개월 동안 고객 만족도가 8퍼센트가 증가했으며, 고객서비스 부서는 연간 비용을 40퍼센트나 줄일 수 있었다.

5. 아마존의 "고객님의 의견을 알려주세요."

아마존은 사용자 개인의 특성과 기호에 맞는 메뉴와 기능을 제공하는 프로그램으로 유명하다. 이 프로그램은 진정으로 고객이 무엇을 원하고 고객에게 무엇이 필요한지 알고 있다고 생각하게 한다. 추천 엔진(이 엔진은 "x 상품을 구매하신 고객들은 y와 z도 구매하셨습니다."라고 알려줌으로써 y와 z 상품에 대한 구매도 촉진한다.)이 바로 이 프로그램의 대표적인 예다. 아마존의 설립 초기부터 제프 베조스는 "상품 카테고리를 만들 수 있도록 도와주세요."라는 메시지를 보내 고객의 의견을 기다렸다. 또한 DVD를 많이 구매한 고객들에게 감사하다는 내용의 이메일을 보내거나 새로운 상품 카테고리를 개설한다는 뉴스를 모든 고객에게 알리는 등 고객과의 소통을 위해 많은 노력을 기울였다.

어느 날 아마존은 장난감과 전자 제품 카테고리를 동시에 만들기로 했다. 힘든 작업이었지만, 아마존의 유능한 IT와 웹 디자인 부서의 노력으로 무리 없이 진행할 수 있었다. 기존의 상품 카테고리와 마찬가지로 제프 베조스는 마케팅, 홍보, 고객서비스 부서의 도움으로 고객에게 새로운 상품 카테고리를 알리는 이메일을 작성했다. 그리고 부서 책임자들이 돌아간 후, 그는 다음과 같은 결정적인 문구를 추가하기로 했다.

"이 두 개의 새로운 상품 카테고리에 대해 어떻게 생각하시는지 알려주세요."

그러자 몇 주 사이에 엄청난 양의 이메일이 쏟아졌다. 이메일은 다음과 같이 세 가지 주제로 분류되었다.

1. "왜 도서 판매업에서 벗어나는 겁니까?" 이런 종류의 의견은 핵심 상품 카테고리를 강화하고, 새로운 시도에 대해 시간을 두고 고객과 소통할 필요가 있다는 사실을 알려준다.

2. "제프, 고마워요. 아마존에서 장난감을 구매할 수 있기를 기다리고 있었어요." 이런 종류의 의견은 새로운 상품 카테고리를 지지하는 의견이다.

3. "x와 y 상품은 언제쯤 아마존에서 구입할 수 있나요?" 이런 종류의 의견은 경청할 필요가 있다.

많은 고객이 새로운 상품과 상품 카테고리를 요청한 의견을 참조한 결과, 아마존은 다음 두 가지 상품 카테고리를 추가로 만들었다. 주방 및 식기류, 그리고 의류와 액세서리였다. 또한 아마존은 고객이 구매를 원하는 상품에 대해 더욱 원활하게 의견을 전달할 수 있도록 웹 사이트에 다양한 양식을 마련했다. 40개가 넘는 상품 카테고리와 매년 수백 억 달러가 넘는 매출액을 기반으로 아마존은 고객의 의견에 귀 기울이고 즉각적으로 고객을 만족시키기 위해 민첩하게 움직이고 있다.

6. 고객의 소리 경청하기의 선두 주자 트레이더조

미국의 유명한 친환경 유기농 식료품 소매점인 트레이더조는 시장 조사를 하지 않고 웹 사이트의 셀프서비스만으로 고객의 의견을 경청하는 방법을 택하고 있다. 그 결과, 〈패스트컴퍼니〉의 전문가 패널로부터 '최고의 경청자'로 꼽혔다. 이 잡지는 다음과 같이 선정 이유를 밝혔다.

"트레이더조의 모든 판매 상품은 고객의 의견과 고객의 소리에 귀 기울인 결과다."

고객의 요구 사항이나 질문에 관심을 기울인 이 회사는 관련 법규가 생기기 전부터 제품 라벨에 알레르기 반응에 대한 설명을 넣었으며, 고객이 특정 상품에 대해 언급하면 재빨리 상점에 해당 상품을 가져다 놓았으며, 지역 수요에 대비한 적절한 재고를 구비하기 위해 점장에게 자율권을 부여했다. 그리고 점장과 직원들은 일선 영업 현장에서 매우 후한 환불 정책을 펼쳤으며, 매장 내에서 시식 행사도 실시했다. 이는 고객의 소리를 귀담아듣고 그에 대응하는 방안을 재빨리 실행한 또 다른 형태라고 볼 수 있다.

5_ 체계

고객의 의견을 경청하고 행동하는 방법은 매우 다양하다. 우리는 앞서 고객과 연결이 끊기는 것을 포함해 고객을 잃는 경우나 잘못된 실행 방안에 돈을 낭비하는 경우를 거론하며 고객의 소리에 귀 기울이지 않았을 때 맞닥뜨릴 수 있는 위험에 대해 살펴보았다. 우리는 사후 고객 인터뷰나 포커스 그룹 조사보다는 이미 접수된 고객의 의견에 좀 더 귀 기울일 것을 권한다. 또한 실적 기록에 너무 많이 투자하지 않기를 권한다.

비록 몇몇 기업이 적용하는 NPS순수추천고객지수 : net promoter score를 언급했지만, 이는 단지 점수에 지나지 않으며 실행 방안을 도출하지도 않는다. 조사와 측정에 많은 시간과 비용을 할애하기보다는 자신의 의견을 공유하는 데 적극적이고 고객 의견 접수 채널을 통해 지속적으로 의견을 전달하는 고객의 소리를 귀담아듣는 것이 훨씬 좋은 방법이다.

1. 고객의 소리에 귀 기울이는 방법

현재 당신 기업에서 이미 고객의 의견을 듣고 있는 직원이 수천 명에 달할 수도 있다. 그렇다면 왜 고객의 소리에 귀 기울이는 방법을 배워야 할까? 많은 기업들이 고객의 소리를 귀담아듣지 않고, 적절히 행동하지 못하기 때문이다. 예를 들면, 형식적인 고객 설문 조사에는 엄청난 비용을 투자하면서도 고객센터 내에 쌓인 고객 정보는 보지 못하는 경우가 많다.

고객의 소리를 효과적으로 들으려면, 먼저 최고경영자와 임원들이 고객의 소리에 귀 기울이는 것이 가치 있는 일이라고 생각해야 한다. 이를 위해서는 고객의 소리를 직접, 그리고 자주 들어야 한다. 고객을 접하는 것만큼 직접적인 방법은 없으며, 실제 경험만큼 임원들의 변화를 이끌어내는 효과적인 수단도 없기 때문이다. 임원들이 고객의 의견

[표7.1] 무료 의견 수렴 방법

무료 의견 수렴 방법	설명
임원들에게 위의 고객 통화 내용 녹음 기록을 나누어 준다("이 사안에 귀 기울여주세요.")	· 고객 통화 내용을 CD나 MP3 플레이어에 담아 임원이 집으로 가는 차 안에서 또는 출장지로 향하는 비행기 안에서 고객의 의견을 들을 수 있게 한다. 품질 관리팀이 부정적인 의견만 선별적으로 담아 편중된 시각을 제공할 위험이 있는데, 고객의 긍정적인 의견, 제안, 그리고 경쟁사에 대한 의견까지 골고루 담는 것이 중요하다.
임원이 고객의 연락 프로세스를 지켜보고 또한 직접 고객에게 응대해보게 하라("일선으로 돌아가라.")	· 임원이 고객의 연락 프로세스를 지켜보게 하거나 직접 고객에게 응대해 보게 하거나 두 가지를 모두 해보게 한다. 아마존의 제프 베조스는 정기적으로 상담원이 하는 역할을 한다. 한 슈퍼마켓 체인은 모든 임원이 반드시 한 달에 하루는 점포에서 근무하게 한다. 이케아IKEA는 직원들이 일 년에 한 달은 점포에서 근무하게 한다. 크레이그리스트(Craiglist, 미국의 유명 생활정보 사이트-옮긴이)의 크레이그는 자신을 최고 고객서비스 상담원이라고 칭하며 자신의 일을 사랑한다.
고객의 이메일을 기업 전체가 공유한다("포격 기술")	· 문제에 책임 져야 하는 부서에 고객의 이메일이나 불만과 관련한 데이터를 보내 고객의 소리에 귀 기울이게 한다!
고객으로 가장해 기업에 직접 연락하게 하라("직접 경험해 보게 하라.")	· 고객을 불편하게 하는 서비스를 임원들이 직접 경험해 보게 한다. 임원이 기업의 수신자 부담 전화번호로 직접 전화해 보고 메뉴를 거쳐 기업의 상품을 구매해 보게 한다. 델의 최고경영자와 임원들은 매달 고객으로 가장해서 자사의 기술 서비스센터에 전화를 걸어 품질 관리팀이 고객서비스의 점수를 매기듯이 고객 입장에서 점수를 매긴다.
고객센터에 가서 직접 고객의 소리를 들어라("고통의 소리를 경청하라.")	· 직원이 처리하지 않은 사안과 문제가 무엇인지 파악한다. 《초우량 기업의 조건》에 나온 휴렛팩커드의 방법과 같이 이리저리 돌아다니고 살피면서 관리한다.

을 귀담아듣는 방법에는 여러 가지 있다. 우리는 이를 무료 의견 수렴 방법이라고 부른다.

이런 방법을 통해 기업은 고객을 불편하게 하는 사안을 밝히고, 임원들에게 고객의 의견에 귀 기울이게 해야 한다. 이 과정을 시작했다면, 이제 다른 기술을 살펴보고 비용을 들이지 않는 방법으로 고객의 의견을 듣고, 고객의 불만 사항에 귀 기울이고, 일선 직원에게 의견을 구해야 한다.

1) 비용을 들이지 않고 경청하기

비용을 들이지 않고 경청하는 것은 앞에서 언급한 고객의 연락 기록을 포함해 이미 존재하지만 사용되지 않는 정보들에 귀를 기울이는 것을 의미한다. 이런 정보는 고객의 연락 사안 처리에 대한 품질 확인팀, 불만 사항 데이터베이스, 고객의 연락, 고객의 행동과 같이 지금까지 고려하지 않았던 여러 종류의 정보를 포함한다.

이미 언급했듯이, 품질 확인팀은 고객의 통찰력 있는 정보를 확보할 수 있다. 그리고 고객센터 상담원 수천 명은 매달 만 건이 넘는 고객의 전화 연락과 이메일을 추적하고 모니터링해 많게는 만 명에 달하는 고객의 반응이나 정보를 제공할 수 있다. 만약 고객 리서치 회사에 한 명당 50달러에 인터뷰를 의뢰한다면 몇 십만 달러의 비용이 들겠지만, 품질 확인팀이나 고객센터는 거의 비용을 들이지 않고도 똑같은 일을 처리할 수 있다.

최고의 서비스 품질을 확인하는 절차는 품질 확인팀이 수집한 통합적 범위의 정보가 통찰력을 제공하며, 고객이 어떤 사안으로 연락할 때 짜증스러워하는지를 파악하게 해준다. 그리고 이 절차는 특정 과정들이 항상 특정 반응을 가져오는지 아닌지를 알려준다. 예를 들어 특정 고객들이 항상 같은 문제로 연락한다면, 기업은 고객이 어떤 반응을 보일지 빨리 파악할 수 있을 것이다.

하지만 이런 수준의 통찰력 있는 정보를 얻으려면, '고객이 예상하는 대로 서비스 과정을 수행했는가?'를 확인하는 것을 넘어 서비스 과정 그 자체를 고객에 대한 통찰력 있는 정보를 전달하는 과정으로 생각해야 한다. 달리 말하면, 서비스 과정을 준수했는지 확인하는 직원들 또한 고객의 소리에 귀 기울이는 법을 다음과 같이 배워야 한다는 의미다.

첫째, 과정을 준수했는지 확인하는 직원들은 고객뿐만 아니라 상담원의 반응도 살펴야 한다. 둘째, 고객의 의견 및 감정, 반응도 파악해야 한다. 셋째, 관련된 과정과 그것을 통해 기업과 고객에게 일어날 결과를 파악하고 애초에 고객이 왜 연락했는지를 생각해야 한다. 넷째, 이 모든 데이터는 주제와 추세를 파악하기 위해 통합해서 분석해야 한다.

실제로 몇몇 기업이 이 과정을 따르기 시작했고, 그 결과는 놀라웠다. 인도의 한 이동통신 회사는 고객에 대한 통찰력 있는 정보를 얻기 위해 외주업체에 고객의 전화를 모니터링하게 했다. 그리고 분석팀은 특정 과정에 결함은 없는지 확인하고, 여러 고객센터를 비교해 왜 서로 다른 실적을 내는지 질문하고 특정 제품에 고객들이 어떤 반응을 보이는지를 살펴보았다. 그 결과, 고객의 불만은 줄어들었고, 이 회사는 많은 것을 배워 급속히 성장하고 있다.

여기서 고객의 연락 자체를 유심히 살펴보기를 권장한다는 것은 곧 '여러 방식으로 연락하는 고객, 연락 시기, 종류, 추세가 무엇을 말하는 지 분석하라'는 것이다. 1장과 2장에서 우리는 고객의 개별적인 연락 을 어떻게 살펴볼 것인지 설명했다. 하지만 어떤 경우에는 하나의 서 비스 채널에 접수된 모든 고객의 연락 사항을 살펴보거나 여러 채널 에 접수된 고객의 연락 및 추세에서 통찰력을 얻을 때도 있다. 서비스 채널이 제대로 작동하지 않을 때의 경우, 고객의 연락 방식은 변할 수 도 있기 때문이다. 웹 사이트에 버그가 생겨 전화 연락이 증가할 수도 있고, 고객센터에 연락하는 것이 수월하지 않아 이메일 연락이 증가할 수도 있다.

전화 연락에 대한 AHT와 같이 간단한 기준도 고객에 대해 무언가를 말해줄 수 있다. 만약 고객이 어느 단계에서든 만족하지 못하고 짜증 이 나 있다면, 전화 통화 초반에는 분통를 터뜨리는 데 그칠 것이다. 하 지만 통화가 점점 길어지면, 언쟁을 벌이며 강한 어조로 문제 해결을 촉구할 가능성이 크다. 따라서 고객의 요구 사항을 처리하는 시간이 오히려 길어질 수 있다.

더욱 복잡한 양상을 띠는 고객의 행동을 파악하기 위해서는 분석과 경청을 함께 실행해야 한다. 일부 기업들은 상담원과 연결을 기다리는 도중에 전화를 끊는 고객에 대한 데이터는 살펴보지 않는다. 상담원과 연결을 기다리느니 차라리 해결해 주길 바랐던 문제를 포기하고 전화 를 끊는다면 이 고객을 어떻게 이해해야 할까? 이 고객은 무엇을 말하는 것일까? ARS의 메뉴가 너무 복잡하거나 혼란스럽게 설계되어 있거나 제대로 작동하지 않는 것은 아닐까? 혹은 ARS 안에서 헤매는 것은 아닐까?

2) 전체적인 불만 사항에 귀 기울이기

어떤 기업들은 개별적 사안에 귀 기울이고 대응하는 것과 전체적 추세에 귀 기울이는 법을 혼동한다. 이들은 직원들이 개별 고객의 소리를 경청하고 해결하는 능력이, 이미 여러 번 일어난 문제인지 또는 다시 일어날 가능성이 있는 문제인지 판단하는 것과 별반 다르지 않다고 생각한다.

여기에서 우리는 각 상담원이 각각의 사안과 질문 사항을 얼마나 잘 처리하는지를 논의하려는 것이 아니다. 이에 대한 반응은 그림 7.1 왼쪽에 제시되어 있다(단계 3a와 3b). 그리고 전체적인 불만 사항에 귀를 기울인다는 것은 그림 7.1의 오른쪽에 제시되는 것과 같이(단계 4a와 4b) 미래에 같은 문제가 발생하지 않도록 어떻게 대비할 것인가를 의미한다. 전체적인 불만 사항에 귀 기울이기 위해 기업은 다음 사항을 실행해야 한다.

- 고객의 불만 사항이나 재발할 가능성이 있는 문제를 파악한다. 이는 애초에 생기지 말았어야 할 고객 요구 사항의 종류, 점점 잦아지는 반복적인 고객 요구 사항이나 비슷한 요구 사항들의 집합을 의미한다.
- 6장에서 논의한 것처럼 근본 원인을 파악하고 문제에 책임을 질 주체를 정한다.

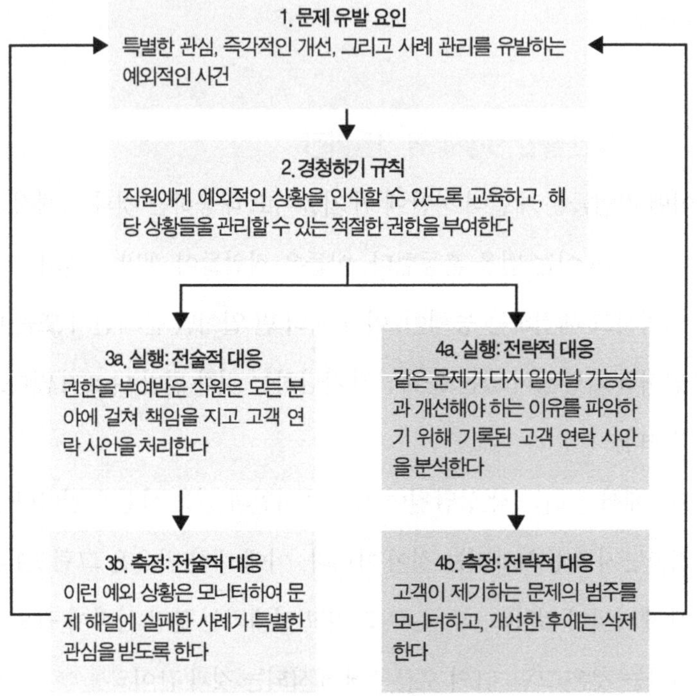

기업이 전체적인 문제를 인식하는 방법을 우연히 발견하는 경우도 있다. 아마존은 다른 소매점과 마찬가지로 연휴를 앞두고 엄청난 업무량이 발생한다. 이에 따라 고객센터가 너무 바쁜 관계로 다른 부서의 직원들이 지원을 해준다. 이들은 종종 전체적인 고객 불만 사항을 귀담아듣는 훌륭한 청자의 역할을 하기도 한다. 자신의 부서와 관련 있는 근본적인 문제 유발 원인을 파악하기도 하고, 부서로 돌아가서 문제를 해결하기도 한다.

한 예로, 아마존의 마케팅 부서 관리자들은 연휴 기간에 우선순위가 높은 이메일과 전화 연락을 처리하면서 중복된 이벤트 때문에 혼란스러워하는 고객이 많아서 질문도 많다는 것을 깨달았다. 그래서 연휴 기간 이후에 고객센터와 함께 힘을 합쳐 '이벤트 위원회'를 결성해 여러 상품 카테고리에서 실시하는 이벤트가 충돌하지 않고 최대한 서로 잘 들어맞도록 했으며(예를 들면 아동 도서와 장난감 프로모션이 동시에 진행되도록), 전화나 이메일로 이벤트에 대해 질문하는 고객에게는 상담원이 제대로 답할 수 있도록 온라인에 이벤트 정보를 실시간으로 업데이트했다.

3) 일선 직원에게 물어보기

고객의 소리에 귀 기울이는 방법 중에서 가장 손쉽고 간단하게 실행할 수 있는 것을 꼽으라면, 고객과 가장 가까이에 있는 일선 직원에게 물어보는 것을 들 수 있다. 실제로 아마존은 주간 회의 등을 통해 상담원이 고객의 의견에 귀 기울인 것을 관련 부서나 상부에 전달하는 과정을 만들었다.

최근에는 체크프리나 델 같은 기업들도 아마존의 상담원들이 고객의 의견을 전달하고 보고하는, WOCAS와 유사한 과정을 개발해 사내에서 활용하고 있다. 상담원은 그저 자신이 관찰한 사항이나 생각해낸 아이디어를 본사의 중앙 데이터베이스 서버에 전송하면 된다. 6장에서 '책임 주체'에 대해 논했던 것처럼 모든 부서가 이 과정에 참여하기도 한다.

WOCAS는 고객의 의견을 저렴하고 신속하게 들을 수 있는 방법으로서, 상담원들은 일상적으로 접수되는 고객의 의견 중에서 예외 사항을 파악할 수 있다. 이 때문에 새롭게 떠오르는 트렌드나 사안을 파악하는 데 매우 유용하다. 만약 고객이 자신의 의견을 접수하고 처리하는 과정에서 상담 내용에 대해서 질문받을 수 있다는 것을 알게 된다면, 상담원은 고객의 의견을 듣는 데 더욱 신경 쓸 것이며, 더욱 홀륭한 경청자가 될 것이다. 어떤 기업에서는 WOCAS 과정을 통해 개선된 제품이나 서비스의 품질과 고객 만족도 간의 연관성을 발견하기도 했다.

다른 사례는 두 번째 원칙인 '고객이 참여할 수 있는 셀프서비스를 만들어라'(3장)와 관련된 것이다. 한 최첨단 IT 회사에서 우리는 상담원이 고객의 전화 연락에 응대하는 것을 곁에서 지켜보았다. 가끔씩 "해답을 찾아 여기저기 돌아다녔는데, 당신이 도와줄 수 있었으면 좋겠네요!"라면서 통화를 시작하는 고객들이 있었다. 그러면 상담원들은 대개 이렇게 물었다.

"네, 고객님. 상품 ID 번호 17자리를 알 수 있을까요?"

상담원들은 이런 식의 대답으로 고객이 자신의 의견을 전달하는 과정을 건너뛰고 있었다. 대체로 고객들은 통화 초반에 직접 느꼈거나 겪은 문제를 언급하며 자신의 의견을 전달한다. 하지만 통찰력을 제공하는 이 '황금 같은 초반 30초'가 많은 고객센터에서는 무시되고 있었다.

이 때 만약 전화를 받은 상담원이 시간을 할애해서 "답을 찾으시는 데 어려움을 겪으시게 해서 죄송합니다. 어디에서 무슨 답을 찾고자 시도하셨나요?"라고 물어본다면, 고객은 "내 딸이 원하는 벨소리를 다운로드하려고 웹 사이트를 모두 찾아봤는데요, 벨소리는 엄청나게 많은데 도무지 내가 원하는 건 찾을 수가 없었어요!"라며 추가적인 정보를 제공할 것이다. 이에 대해 상담원은 "지금 인터넷에 접속해 계시면 제가 원하는 벨소리를 어디서 찾을 수 있는지 안내해 드리겠습니다."라고 답할 수 있을 것이다.

그러면 고객은 바로 자신이 원하는 벨소리를 찾을 수 있을 것이며, 상담원은 고객을 교육할 수 있을 것이다. 그런 다음 상담원은 벨소리를 주문하는 메뉴를 이용하기 쉽게 개선하여 앞으로는 이와 같은 요구 사항이 발생지 않도록 웹 사이트 개발팀에 고객의 의견을 전달할 수 있을 것이다. 이것이야 말로 최고의 서비스를 한 눈에 보여주는 사례가 아니고 무엇이겠는가.

고객의 소리를 경청하는 것은 곧 경청하기 위한 기술을 실행하는 것과 같다. 또한 이는 조직 내 의식 변화도 의미한다. 이 모든 기술이 효과적으로 작동하기 전에, 기업은 고객의 소리를 듣고 싶어 해야 하고 그에 따른 방안을 실행하고자 해야 한다.

2. 고객의 의견에 귀 기울이는 현명한 방법

앞에서 설명한 간단한 기술들 외에도 효과적인 경청 기술은 무수히 많다. 다음은 고객서비스 채널의 가장 흔하게 볼 수 있는 고객 의견 접수 방법을 열거한 것이다.

[표7.2] 고객서비스 채널의 의견 수렴 방법

고객서비스 채널	고객 의견 경청 방법 사례
지점	· 지점 내 즉석 설문 조사, 키오스크, 또는 휴대용 장비 · 지점에서 이루어지는 웹 사이트 설문 조사 · 의견 기록 카드
편지, 이메일, 관리 부서	· 이메일 텍스트 마이닝(특정 문장과 정보를 추출하고 의미를 분석하는 기법-옮긴이) · 수신자의 허락을 얻은 경우에만 발송되는 이메일 설문 조사
웹 사이트	· 고객센터 페이지에 입력하는 정보 · 체계적인 의견 수렴 - "고객님의 의견을 알려주세요." · 사이트 이용자 패널 · "일치하는 항목이 없습니다." 의 검색 결과(이는 사이트를 통해 고객이 원하는 사항을 제공하지 못하고 있다는 점을 보여준다)
고객센터	· 사후 ARS 설문 조사 · 녹음된 전화 통화 내용 분석 · 실시간 고객과의 통화 내용 관찰
모든 채널	· 고객 불만 사항 분석 · 고객 행동 분석 · 고객 자문 위원회(정기적으로 고객의 의견을 얻기 위해 고객들로 구성한 조직) · '고객과 함께하는 주말' : 경영자 또는 임원들이 고객을 만나 의견을 듣고 대응한다.

이제 고객의 소리를 더 효과적으로 듣기 위해 문자와 언어 분석, 자동화된 의견 접수 수단, 그리고 블로그의 기술을 살펴보자.

1) 문자와 언어 분석

모든 고객센터가 상담원의 메모나 고객과 주고받은 이메일이나 메신저 내역, 그리고 통화 내용 녹음 기록을 저장한다. 따라서 고객의 소리를 들을 수 있는 정보는 이미 기업 내에 존재할 가능성이 크다. 문자와 언어 분석 수단은 여기서 중요한 정보를 수집한다. 정보 기관의 요청으로 개발된 문자 분석 수단은 자유 형식의 텍스트에서 핵심 단어를 이용해 주제나 트렌드를 검색하게 해준다. 예를 들면, "서비스를 해지하려고 합니다."처럼 민감한 주제나 1장과 2장에서 언급한 고객의 연락 사유 항목을 찾아내게 해주는 것이다. 이 때 염두에 두어야 할 것은 글보다는 말에서 고객의 감정이나 의도가 더 명확하게 표현된다는 것이다.

　문자 분석 수단을 효과적으로 실행하려면 상담원이 자유 형식의 텍스트에서 필요한 내용을 수집해야만 한다. 상담원이 고객의 개인 정보를 확인했다는 사실을 기록한 몇 백만 건의 데이터를 분석하는 것은 아무런 가치가 없다. 이런 경우, 중요한 정보를 수집하기 위해서는 어떤 내용을 기록해야 하는지 상담원을 다시 교육해야 한다. 다음은 고객에 대한 통찰력 있는 정보를 제공하는 몇 가지 기록 내용의 사례다.

[표7.3] 상담원의 기록 내용과 할 일

기록 내용	할 일
경쟁사 정보. 예를 들면 "B기업은 x를 제공했습니다."	· 제품과 가치 제안에 대한 조사
"x가 있나요?" "y를 할 수 있게 도와줄 수 있나요?" , "이 제품에 z기능도 있나요?"	· 제품 설계, 캠페인 설계, 판매 과정의 재설계, 고객 유지를 위한 캠페인
과정에 대한 의견. 예를 들면 "c 대신 b를 할 수 있다면 더 편할 것 같습니다."	· 과정의 재설계
서비스 채널에 대한 의견. 예를 들면 "웹 사이트에서 이것을 하려고 했는데 이 기능을 제공하지 않더군요."	· 고객서비스 채널 설계와 개선 방안
"이것 때문에 정말 짜증이 났어요." 와 같은 고객의 감정	· 고객 유지와 후속 조치

텍스트에 내재한 통찰력 있는 정보를 바탕으로 분석 수단을 이용하면 주제를 찾고, 이 주제를 고객의 행동과 연관 지을 수 있다. 그 수단인 텍스트 마이닝은 고객이 주로 어떤 요구 사항을 전달하는지를 보여준다. 예를 들면, 한 기업은 "다음 납입일은 언제인가요?"와 같은 질문이 오히려 그 고객이 다른 회사의 제안을 고려하고 있다는 점을 알려주는 경고 신호일 수도 있다고 파악했다. 고객과의 소통 내용을 기록하는 방침을 바꾸기 전까지 이 기업은 고객의 모든 질문을 하나의 요구 사항으로 분류했고, 이 방법은 위와 같은 중요한 통찰력을 제공하지 못했다.

한 주요 DVD 플레이어 제조업체는 고객에게 "죄송합니다, DVD에 문제가 있네요. 구입하신 곳에 가서서 반품하셔야 할 것 같아요."라고 계속해서 말했다. 그런데 이후에 텍스트 마이닝을 이용해 자사의 DVD 플레이어 중 특정 모델이 한 대형 영화 제작사에서 만든 유명 어린이 영화를 재생하지 못한다는 사실을 발견했다. 결국, 이 제조업체는 해당 영화 제작사에 가서 자사가 초래한 오류에 대해 사과했다

언어 분석은 녹음된 통화 내용에 대해 문자 분석과 마찬가지로 주제의 상관 분석을 실행해서 떠오르는 트렌드 및 주제를 파악하고, 이 주제들이 얼마나 중요한지 판단하는 데 도움을 준다. 이런 분석 수단들은 오늘날 실시간으로 실행되어 고객과의 통화 도중에 핵심 단어나 행동 양식을 식별하는 데 도움을 주고, 상담원이 미처 확인하지 못한 것들을 질문할 수 있게 해준다. 결과적으로 이런 장치들은 고객과의 통화에서 고객의 소리를 듣는 또 다른 채널로서의 역할을 하고 있다.

2) 자동화된 의견 접수 수단

자동화된 의견 접수 수단은 따로 리서치 회사를 고용하는 비용을 들이지 않고 기업 자체적으로 고객에 대해 조사하게 해준다. 이 장치는 기존의 고객 의견 접수 기술과 비교해 다음과 같은 장점이 있다.

- **속도**: 고객과의 전화 또는 이메일 연락, 지점 방문 이후 즉시 실행할 수 있으며, 필요한 경우 고객의 의견을 신속하게 들을 수 있다.
- **정확도**: 몇 주가 지난 후에 고객이 희미해진 기억을 끄집어낼 필요가 없으며, 실제로 어떤 의견이 있었는지 정확히 반영할 수 있다.
- **익명성**: 개인 정보의 기밀성이 보장되어 응답률을 높일 수 있다.
- **의견 접수량**: 일일이 전화해서 의견을 얻는 방법보다 행동 방안을 쉽게 얻을 수 있는 많은 양의 데이터를 수집할 수 있다.
- **정성적이고 정량적인 정보 수집**: 고객의 의견을 녹음하거나 적을 수 있다. 이 방법을 통해 문자 및 언어 분석 수단을 이용해 고객의 의견을 분석할 수 있다.
- **계기와 폐회로 장치**: 고객에 대한 신속한 일대일 대응이 가능해진다. 어떤 장치들은 특정 상황이 벌어지면 '경고' 신호를 전달한다. 즉, 고객이 연락 후 바로 이어진 조사에서 매우 낮은 점수를 주었다면, 이 고객에게 따로 연락할 상담원을 배정해야 한다. 다른 의견 접수 수단은 모든 고객의 의견이 기업에 전달되게 하는 데 그친다. 그러나 자동화 의견 접수 수단은 고객의 의견을 분류하여 고객 유지나 고객 회복에 대한 계기를 마련한다.

이런 수단들은 자동으로 고객의 의견을 접수하기 때문에 조사를 한

번 하는 데 드는 비용이 매우 적다. 기존의 고객 조사가 표본 추출 기법을 적용하는 반면에 언어 및 문자 분석 방법은 모든 고객과의 소통 내역에 대해 의견을 접수할 수 있다. 즉, 많은 양의 데이터를 수집하기 때문에 이를 바탕으로 자세한 분석이 이루어질 수 있는 것이다. 나아가 개별적인 과정, 제품, 그리고 고객의 연락에 응대한 팀이나 상담원까지 연결하여 문제의 근본 원인을 판단하는 데에도 효과적이다.

이렇게 고객의 의견을 즉각적으로 접수하는 수단은 고객의 의견에 귀 기울일 수 있는 잠재력을 크게 향상시킨다. 한 케이블TV 회사는 서비스에 관한 문제가 10퍼센트의 고객에게서 발생한다는 것을 확인하고, 실제로 서비스에 관한 이 회사의 명성은 케이블TV 산업뿐 아니라 모든 산업을 통틀어 가장 낮게 인식되고 있다는 것을 깨달았다. 그래서 이 회사는 고객 불만 사항을 해결하기 위해 즉각적으로 고객의 의견을 수렴하는 장치를 활용했다.

고객센터에서 접수한 고객의 연락 사안과 문제는 바로 관련 부서에 전달되었고, 이 부서들은 문제에 대한 대응책을 내놓아야만 했다. 나아가 임원진이 고객의 소리를 경청하고 적절한 대응 방안을 실행하는 프로그램을 적극적으로 지원하여 모든 직원이 이 프로그램의 중요성을 인식했다. 고객에게 제품이나 서비스를 직접 제공하는 서비스 기사들도 이 프로그램의 중요성을 인식하고, 고객의 집을 방문했을 때 고객이 서비스에 대한 의견을 적어 기업에 전달하는 카드를 놓고 나왔다.

그리고 새로운 고객 의견 접수 프로그램의 활용은 이 회사의 많은 것을 개선시켰다. 이 프로그램을 활용한 후 결함이 드러난 과정을 파악하고 수정할 수 있었으며, 고객이 요구한 사안을 처리하는 데 더 많은 자원을 배정할 수 있었다. 이 기업은 12개월 만에 서비스 관련 문제를 1퍼센트 미만으로 줄이는 성공을 거두었다. 그리고 최고의 서비스를 제공한 결과 많은 수익을 창출하여 투자한 금액보다 많은 이익을 거두었다.

3) 회사 블로그

우리는 이미 기업에서 운영하는 블로그와 위키 도구들의 폭발적인 증가 추세에 대해 설명했다. 블로그와 위키는 모두 전에 없던 투명성을 제공했고, 결과적으로 기업들은 블로거에게서 엄청난 양의 유용하고 명확한 의견을 전달받았다. 하지만 블로거들은 기업의 이미지를 훼손할 수도 있다.

사우스웨스트항공과 같이 현명한 기업들은 고객을 위한 블로그 blogsouthwest.com를 만들어서 지속적으로 고객의 의견을 받고 있다. 2006년부터 시작된 이 블로그는 고객이 기업의 단면을 보여주는 매우 솔직하고 간단한 메뉴들로 구성되어 있다. 이에 대해 사우스웨스트항공의 대변인인 린다 러더퍼드는 "여행과 사우스웨스트에 대해 이야기하는 온라인 커뮤니티가 늘어나고 있다는 사실을 깨달았습니다. 우리는 그 대화를 계속 지켜보거나, 직접 그 대화에 참여할 수 있습니다."라고 말했다. 그리고 블로거이자 웹 2.0 애플리케이션의 컨설턴트인 카스 네바다는 이에 대해 "사우스웨스트항공의 블로그는 기업의 블로그가 어떤 식으로 운영되어야 하는지를 잘 보여준다. 이 블로그는 재미 있고 흥미로우며 유용해서 방문율이 매우 높고, 부러울 정도로 댓글이 많이 달린다. 또 블로그 운영자는 몇몇 열혈 방문자의 생일까지 기억해서 생일 축하 메시지를 올린다. 이것이야말로 진정한 커뮤니티를 형성이 아니겠는가!'라고 말했다.

회사 블로그를 여는 것은 위험 요소가 따르는 일이지만, 시간과 노력을 투자할 만한 일이기도 하다. 만약 회사가 블로그를 통해 고객의 의견을 수렴하고자 한다면, 반드시 블로그를 통해 대응하고 방안을 실행할 수 있어야 한다. 블로그에 올라온 고객의 의견을 무시하는 것은 블로그를 개설하지 않는 것만 못하다. 블로그에 올라온 고객의 의견에 대해 무반응으로 일관하거나 무시하거나 블로그에 올라온 의견을 억누르려고 한다면 고객을 화나게 할 뿐이다. 블로그를 싸움의 대상으로 볼 것이 아니라 무료로 고객의 의견을 들을 수 있는 창구로 생각하는 것이 훨씬 바람직하다.

사우스웨스트항공의 블로그에 버금가는 것으로는, 2006년에 델이 만든 다이렉트투델www.direct2dell.com이라는 블로그가 있다. 고객들은 이 블로그에 델의 제품에 대한 비판을 쏟아냈을 뿐만 아니라 새로운 또는 다른 기능이 있는지 질문했다. 델은 블로그에 올라온 비판에 대해 일일이 답을 달고, 사과의 글을 올리면서 고객의 칭찬을 받았다.

또한 델은 최근까지 컴퓨터 관련 제품을 온라인과 고객센터를 통해 판매하면서 고객과의 친밀함에 자부심을 가지고 있었다. 그러나 아이디어스톰이라는 웹 사이트에 올라온 1만 개의 의견에 놀라움을 감출 수 없었다. 컴퓨터에 깔았던 윈도 비스타가 몇몇 프린터와 호환되지 않고, IT 부서에서 이 문제를 지원하지 않아 윈도 XP를 다시 설치했으면 좋겠다는 의견이 쇄도한 것이다. 결국 델은 컴퓨터에 운영체계를 제공하면서 재빨리 고객의 의견에 대응해 충성도 높은 고객을 대거 끌어들였다.

3. 실행 방법 배우기

고객의 의견을 경청하는 모든 방법은 유용하고 훌륭하지만, 반드시 실행 방안이 뒷받침되고, 서비스 수준을 올바르게 측정하는 기준과 고객의 의견을 수렴하는 자세를 갖추어야 한다. 필자들은 이미 NPS와 같은 지표가 유용하다고 언급했지만, 분석 없이는 이 방법도 별로 쓸모가 없다는 사실을 유념하기 바란다. 블로그나 즉각적인 의견 수렴 방법과 같은 시스템은 적절한 대응책을 통해 문제가 신속하게 해결될 것이라는 기대를 고객에게 심어준다.

선도적인 서비스 기업들은 실제로 지속적인 발전을 꾀하기 위해 의견 수렴 방법을 활용하고 있다. 그들은 그림 7.3에 나타난 것과 같은 과정을 정립해 의견 수렴을 사업 운영의 일부에 포함시켰다. 이 개선 사이클이 제대로 작동하는 데 핵심은 고객의 소리에 귀 기울이는 것뿐아니라 고객의 사안을 파악하고, 문제를 해결하기 위해 적절한 자원을 배치하는 것도 포함한다. 6장에서 설명한 것처럼 문제를 해결할 수 있는 부서만이 변화를 이끌어낼 수 있으므로 실질적으로 문제의 책임 주체를 찾는 것도 중요하다.

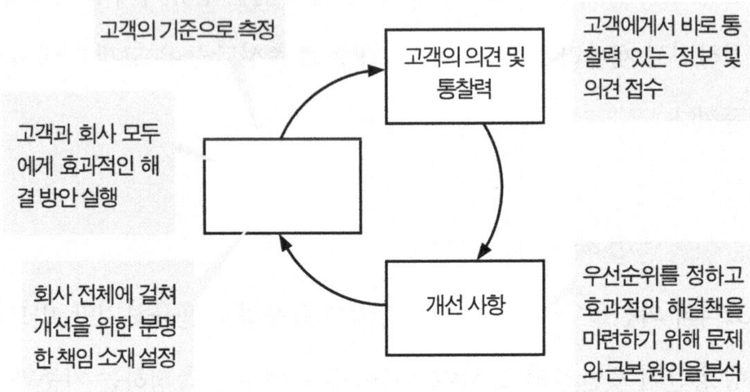

이 모든 것이 갖춰졌다면, 고객의 소리에 귀 기울이고 고객의 의견을 바탕으로 실행 방안을 마련하는 완벽한 시스템이 마련된 것이다.

4. 방향 전환

실패 사례에서 한 컴퓨터 회사의 사례를 통해 고객의 소리에 귀 기울이고 그에 따라 행동하는 법을 배워 보았다. 그 회사는 즉각적으로 고객의 의견을 접수하는 수단을 기술 서비스센터에 적용해 고객이 자신이 경험한 서비스에 대한 의견을 전달할 수 있게 하는 등 고객의 소리에 귀 기울이려는 추가적인 노력을 꾀했다. 또한 문제를 해결하기 위해 발 벗고 나서기 시작했다.

이 회사는 ARS가 매우 번거롭고 복잡하게 설계되어 있어서 통화 중 대기 상태에서 서비스를 포기하고 전화를 끊는 고객이 많다는 사실을 깨닫고는 메뉴와 단계를 줄이는 등 훨씬 간단하게 만들었다. 또한 지식을 수집하고 전달하는 새로운 방법을 서비스 직원들에게 교육해 고객의 요구 사항을 더 신속하고 많이 처리할 수 있게 했다. 고객들은 이런 개선점들을 인식하기 시작했고, 고객 만족도도 다시 높아지는 추세다.

새로운 접근법은 비용도 적게 들었다. 반복되는 고객 요구 사항이 줄어들고 수신자 부담 전화가 줄면서 전화 비용도 줄어들었고, 직원의 업무 만족도가 높아지면서 이직률도 줄었다. 전체적으로 고객의 소리에 귀 기울이는 방법을 배우면서 많은 이득을 얻은 것이다.

6_ 요약

이번 장은 고객의 소리에 귀 기울이지 않는 기업들은 그 어떤 변명도 할 수 없다는 사실을 보여준다. 고객의 소리를 경청하면 고객 조사에 추가 비용을 들일 필요가 없다. 고객들이 연락하는 사항에 주의를 기울이면 많은 통찰력 있는 정보를 얻을 수 있기 때문이다. 하지만 이를 위해서는 먼저 경청할 준비가 되어 있어야 한다.

그리고 고객과 직원들이 전하는 의견을 무료 또는 매우 적은 비용으로 수집하는 기술을 도입할 필요가 있다. 하지만 듣는 것으로 끝나서는 안 된다. 고객의 의견을 듣는 궁극적인 목적은 적절한 해결책을 실행하여 고객과 기업을 위해 개선을 꾀하는 것이다. 실제로 많은 기업들이 아무런 실행 방안도 이끌어내지 못하는 측정 사이클에 갇혀 있다. 이 장에서 설명한 대안적인 기술들은 고객이 원하는 방안을 세부적이고 즉각적으로 실행할 수 있도록 도와줄 것이다.

7_ 설문 조사

다음은 당신의 기업이 최고의 서비스를 제공하는 방향으로 나아가고 있는지를 진단하는 마지막 질문들이다. 이전 장에서처럼 답을 고르고, 부록 A를 참고하여 점수를 확인하라.

8장

THE BEST SERVICE IS NO SERVICE

훌륭한 서비스 경험을 선사하라

우리는 고객과 매우 가까이 있다고 느낀다. 고객이 무슨 생각을 하는지 알기 위해
전깃줄에 매달린 전구가 왔다 갔다 하는 취조실에 고객을 집어넣어서는 안 된다.
-오드리 덤퍼, 〈패스트 컴퍼니〉, 2004년 10월호

고객요구사항처리 과정의 재설계
계좌개설 과정
계좌해지 과정
계좌 개설
계좌해지 요청
계좌해지
"왜 우리 회사에 가입하는 고객보다 회사를 떠나는 고객이 많은지 아직도 궁금하군……"

1_ 원칙

우리가 이제까지 언급한 불필요한 고객 요구 사항이 생기지 않도록 하기(2장), 능동적인 알림 서비스 고안하기(4장), 고객과의 소통의 문 열기(5장), 또는 고객 블로그에 올라오는 의견에서 배우기(7장)와 같은 원칙과 개념들은 실천하기 어려워 보일 수도 있다. 기업의 태도와 의식을 변화시키기란 사실 매우 어려운 일이다. 마지막 장에서는 우리가 원하는 방향의 서비스를 제공하는 데 방해가 되는 요인을 극복하는 것에 대해 설명하려고 한다.

최고의 서비스를 제공하는 과정에서 가장 먼저 만나게 되는 문제는 바로 우리는 최고의 서비스를 제공할 수 있고, 그것은 가치 있는 일이라는 사실을 공감하는 것이다. 모든 직원이 공감하고 최고의 서비스를 제공하기 위해 동참한다면, 매우 유리한 출발선에 서 있다고 할 수 있다. 하지만 이 과정에서도 도전 과제가 있다. 여기서 끝이 아니다.

최고의 서비스를 완벽하게 제공하려고 노력해도 이 경지에 오를 수 있는 기업은 어디에도 없다. 2장에서 설명한 것처럼 기업은 회사와 고객에게 가치 있는 고객의 연락에 대해서는 고객의 연락 건수를 늘리고 고객과의 상호작용 긴밀도를 높이려고 시도할 것이다. 가치-방해 요인 매트릭스에서 나머지 세 분면에 해당하는 사안들에 대해 고객의 요구 사항이 생기지 않도록 하고, 지속적이고 고객이 참여할 수 있는 셀프서비스를 제공하고, 능동적인 서비스를 제공했다고 하더라도, 고객들은 여전히 고객센터에 전화하거나 이메일을 보내고 지점을 방문해 서비스를 요구할 수도 있다. 고객의 요구 사항이 전혀 생기지 않게 할 수는 없기 때문이다. 그리고 고객들은 계속해서 기업에 연락해야 한다고 생각할 것이다. 따라서 고객의 요구 사항을 접수했을 때, 기업은 고객에게 훌륭한 서비스 경험을 선사해야 한다.

마지막으로, 이것은 절대 한 번에 끝나는 연습이 아니라는 점을 기억해야 한다. 최고의 서비스를 설계하고 제공하는 것은 고객의 기대치가 변하고 기술이 발전하고 노동 인력이 발전함에 따라 지속적으로 변해야만 한다.

2_ 효과가 있고, 그럴 만한 가치가 있다

서비스가 필요하지 않은 것이 최고의 서비스임을 받아들이고 실행함으로써 얻는 이득에 대해서는 앞에서 여러 차례 설명했다. 이 책 전반에 걸쳐 수많은 사례를 제시했고, 그중 일부는 필자들이 직접 목격하기도 했다. 1990년대의 MCI, 1990년대 후반의 아마존, 2001년 후반부터 필자들과 함께 일한 기업을 포함해 많은 기업들이 최고의 서비스를 제공하는 방법을 습득해가고 있다. 그렇다면 이들은 어떤 이득을 얻었을까? 그 이득은 다음과 같다.

- 직원이 응대하는 고객서비스 채널에 접수되는 고객의 요구 사항 감소와 관련 비용 감소
- 재구매 및 교차 구매에서 비롯된 수익 증가와 새로운 고객 유치에 드는 마케

팅 비용 감소

• 직원 이직률 감소

• 문제 해결과 불만 처리에 드는 비용 감소

• 외주업체에 드는 비용 감소

• 변화의 원인을 이해하고 제거하여 일관성 있고 개선된 서비스 제공

최고의 서비스를 제공하면 CFO와 최고경영자가 군침을 흘릴 만한 혜택이 많다. 이것은 결코 이론이 아니다. 이미 최고의 서비스를 제공해 혜택을 누리는 기업들이 있다. 서비스가 필요하지 않은 것이 최고의 서비스라는 증거도 점차 많아지고 있다. 첫째는 고객의 소리를 기사나 블로그에 담는 비평가, 둘째는 고객의 요구 사항에 진지하게 귀기울이고 모든 고객이 제품이나 서비스를 빠르고 간단하게 이용할 수 있게 해 주주들에게 더 큰 이익을 돌려주려고 한다는 연차보고서, 셋째는 기업과 주주들에게 배당금을 지급하며 투덜거리는 것이 아니라 서비스에 만족하는 고객들이 바로 그 증거다.

1. 중요한 비평가

고객이 서비스를 요구하지 않는 서비스 개념에 대한 반응을 앞에서 언급했다. 이와 관련한 고객들의 반응은 다음 의견에 잘 나타나 있다. "저는 어떤 문제로도 아마존에 연락할 일이 없었습니다. 기본적으로 저는 아마존에서 어떠한 고객서비스도 제공받지 않았습니다. 하지만 아마존의 투명하고, 예측 가능한 서비스로 인해 나는 정말 완벽한 고

객서비스를 받았습니다. 이것이 바로 아마존이 원하는 바일 것입니다. 아마존의 목표는 바로 고객서비스를 제공할 필요가 없는 수준의 완벽한 고객서비스를 제공하는 것일 겁니다."

2. 연차 보고서

최고의 서비스라는 가치를 얻기 위해 다국적 기업이 되거나 새롭게 떠오르는 산업에 종사할 필요는 없다. 업계 8위 정도인 호주의 의료보험 회사 ahm을 보자. 보험 상품은 각종 규제가 많은데다 보험 상품과 서비스를 이해하는 것도 어렵다. 하지만 보험만큼 개인적인 상품도 없다. ahm은 2006년 연차보고서에서 "훌륭한 서비스를 통해 회원님을 생각합니다."라는 제목의 글을 두 페이지에 걸쳐 할애했다. 여기서 ahm은 고객들에게 자사가 훌륭한 서비스를 제공하는 것을 목표로 한다고 밝혔다.

"ahm은 전화를 통해서든 저희가 제공하는 치과 및 안과 치료를 통해서든 웹 사이트를 통해서든 회원들에게 훌륭한 서비스를 제공하는 것에 자부심을 가지고 있습니다. 회원들을 상대로 진행한 2006년 시장조사에서 네 명 중 한 명이 10점 만점의 점수를 주서서 서비스 부분에서 가장 높은 점수를 받았습니다."

그리고 ahm은 '고객들이 왜 전화를 했는가'에 대한 상위 다섯 가지 이유도 밝혔다. '청구를 전화로 빠르고 쉽게 요청할 수 있는 텔레클레임에 대한 연락8만 2,100건'에서 '보험료 납입, 납입 사항 확인 및 납입 방식 변경과 같이 납입에 대한 연락2만 2,515건'까지 보고서에 명시했다.

또한 이 보고서는 온라인 거래가 6.9퍼센트 증가한 사실을 전하며 웹 기반 서비스의 개선 사항도 알려주었다. 이는 ahm이 고객이 왜 연락했는지를 이해하고, 고객의 요구 사항에 제대로 대응하고 있다는 것을 보여주었을 뿐만 아니라 고객이 서비스를 더욱 쉽게 이용할 수 있게 하고, 서비스를 개선하기 위해 모든 노력을 할 준비가 되어 있음을 나타냈다.

3. 만족하는 고객들

다음은 최고의 서비스를 제공하기 위해 투자하는 것이 헛된 일이 아니라는 사실을 증명하는 고객의 의견들이다.

- **Zappos.com**: "정말 훌륭한 서비스다. 이제까지 경험한 온라인 쇼핑 사이트 중에 최고다. 처음에는 신발을 온라인으로 주문한다는 사실에 회의적이었다. 하지만 zappos.com은 그들이 내세운 안전한 쇼핑이라는 약속을 충실히 이행했다. zappos.com은 주문 후에 다른 곳에서 더 싸게 파는 것을 발견했을 때 그 차익만큼을 할인해달라고 요구하는 이메일을 발송할 필요도 없이 고객센터에 전화하면 바로 가격 비교를 통해 최저 가격으로 제공하는 유일한 사이트다. 정말 좋은 서비스다."

- **로지텍과 굿 테크놀로지**: "결함 있는 제품을 무료로 교환해주었을 때, 나는 로지텍의 서비스에 만족할 수밖에 없었다. 또한 굿 테크놀로지는 우리 기업의 상황에 맞는 제품을 제작하기 위해 부단히 노력했다. 이 두 기업이 훌륭한 서비스를 제공했기 때문에 나는 이 기업들을 자주 언급하게 된다."

• 에그: "수수료도 저렴하고 손색없는 서비스를 제공하기 때문에 나는 어디서 든 에그를 추천한다. 대출을 고려하는 사람들에도 주저없이 에그를 추천한 다. 빠른 심사와 24시간 이용할 수 있는 서비스는 굳이 다른 업체를 찾을 필요 가 없게 한다."

3_ 장애물을 없애라

앞에서 요약한 수익, 비용, 그리고 브랜드 차원에서 얻을 수 있는 이 익을 볼 때, 서비스가 필요하지 않은 최고의 서비스에 걸림돌은 많지 않아 보인다. 하지만 성공으로 가는 길 중간 중간 많은 도전에 직면할 것이다. 다음은 가장 흔하게 만날 수 있는 장애물들이다.

1. 문제가 뭐죠?

서비스가 필요하지 않은 이상적인 상태와 거리가 먼 기업이라면, 이 는 문제를 인식할 만한 충분한 정보와 증거를 가지지 않았기 때문일 것이다. 2장에서 설명했듯이, 고객이 서비스와 지원을 요구하는 이유 를 제대로 파악하지 못하는 기업들이 의외로 많다. 이 장애 요소를 극 복하려면 고객 정보가 필요하다.

1장에서 우리는 고객의 의견을 지속적으로 수집하고 보고하는 방법 을 설명했지만, 이것은 서비스 개선을 시도하거나 문제에 집중하기 위 해 반드시 실행해야 하는 방법은 아니다. 여기에서 가장 흔한 접근법 으로는 전체 고객의 연락 중 일부를 표본으로 수집하는 것이다. 이렇게 하면 해결할 사안에 대한 많은 증거를 수집할 수 있고, 이를 바탕으로 적절한 해결 방안을 도출할 수 있다. 만약 당신의 기업이 문제가 있다는 사실을 부정한다면, 이런 정보부터 제시하기 바란다.

2. 제 문제가 아닙니다

정보를 수집했다면, 이제 두 번째로 직면할 수 있는 장애 요소로는 6장에서 언급한 것처럼 책임을 부정하는 것을 들 수 있다. 고객서비스를 개선하기 위해 프로세스를 개선해야 하는 부서들은 문제 해결에 엮이고 싶어 하지 않는 경우가 종종 있다. 이 부서들은 자신들에게 책임을 전가하려 한다고 생각할 수도 있고, 그들의 문제가 아니라고 생각하기 때문에 고객서비스 문제에 어떻게 접근해야 하는지 모를 수도 있다. 이런 경우, 6장에서 설명한 것처럼 책임 소재를 명확히 하고, 책임 주체에게 문제 해결 비용을 부과하면 될 것이다.

그러나 책임을 벗어나기 위해 자신이 문제를 유발했다는 사실을 부정하는 경우도 있다. 이런 경우에는 '자기 비난과 수치심'의 방법을 시행할 필요가 있다. 문제를 유발한 부서의 책임자를 고객센터로 불러서 고객과의 통화 내용을 듣게 하거나 고객과 주고받은 이메일과 메신저 내용 및 고객 만족도 조사에서 고객이 말한 내용을 공유하는 것이다. 문제가 드러난 데이터를 보여주는 것도 한 가지 방법이다.

그리고 해당 부서에 관한 사항이 언급된 이메일이나 해당 부서에서 저지른 실수 때문에 전화한 고객의 통화 내용 녹음 기록을 해당 부서나 필요하다면 다른 부서에도 전한다. 이 모든 게릴라성 공개 조치가 해당 부서의 관심을 끌 수는 있지만, 최종 무기는 그들이 유발한 문제에 대해 해결과 금전적 책임을 지게 하는 것이다.

3. 해결할 수 없습니다

이 장애 요소는 두 가지 형태로 나타날 수 있다. 첫째는 고객의 요구 사항이 발생한 근본 원인을 기업이 정확히 이해하지 못했거나 둘째는 기업이 근본 원인을 파악했더라도 해결책이 모호한 경우다. 가장 극단적이고 지대한 영향을 가져오는 해결책은 전 과정을 재고하거나 현재 상황에 문제가 없는지 심각하게 생각해보는 과정을 필요로 하지만, 이는 현실적으로 매우 어려운 일이다. 고객의 요구 사항이 발생한 근본 원인을 분석하는 기술에는 여러 가지가 있지만, 가장 먼저 돌아보아야 할 대상은 고객센터 직원이다.

직원에게 "고객이 왜 X에 대해 전화하거나 이메일을 보내나요?"라고 물어보거나 WOCAS에 대해 조사하면 많은 이유가 밝혀질 것이다. 그 중에는 이유뿐 아니라 징후도 포함되어 있을 수 있다. 이 과정에서 창의적인 직원들은 해결책도 함께 제시할 것이다. 단, 문제에 너무 가까이 있는 사람은 나무를 보느라 숲을 보지 못할 수 있으므로 문제 해결에 참여시키는 것은 권장하지 않는다. 내부 컨설팅 부서나 외부 컨설팅 기업처럼 고객센터가 아닌 다른 부서에서는 더 근본적인 해결책을 파악할 수 있기 때문이다.

하지만 이 과정은 결코 쉽지 않다. 아마존, 브리티시텔레콤, 체크프리는 고객의 요구 사항을 획기적으로 해결하기 위해 해결 방안을 찾는 과정을 다른 각도에서 살펴보았다. 어떤 경우에는 문제를 완전히 뒤집어서 생각하기도 했다. 예를 들면, 고객은 자신의 계좌가 인터넷뱅킹 프로필에 연결되어 있기를 원할 것이라고 가정했던 기업은 공식을 고객이 계좌와 인터넷뱅킹의 연결을 원치 않는다고 생각해 새로운 모델을 개발했다. 그리고 IT를 포함해 다른 부분에 변화를 꾀해서 결과적으로 고객의 연락 건수를 20퍼센트 줄일 수 있었다.

4. 해결할 여력이 안 돼요

이런 장애는 너무 바빠서 문제를 해결할 시간이 없을 때 발생한다. 많은 고객서비스 부서는 업무를 모두 처리할 만큼 충분한 수의 직원을 채용하거나, 제품이나 시스템 출시 대비 등 코앞에 닥친 상황에 대응하느라 뒤로 한 발짝 물러서서 왜 이런 일들이 일어나는지 자문할 여유가 없다. 이 문제의 해결책은 시간을 만들어야 한다는 것이다. 실질적인 변화가 일어나는 데는 시간과 노력이 필요하지만, 그 보상은 엄청나다.

더 신속한 과정이나 효과적인 계획, 개선된 관리에 작은 투자를 하면 불필요한 고객 요구 사항이 생기지 않는 것을 포함하여 많은 이득을 얻을 수 있다. 고객이 어떤 종류의 서비스를 요구하는지 파악한다면 기업은 더 많은 통제권을 가지고 고객이 무엇을 요구할 것인지도 예측할 수 있다. 고객의 요구 사항 건수가 늘어나고 처리 시간이 길어지는 것을 그냥 바라보는 것이 아니라 왜 이런 현상이 일어나는지 파악하고 즉각적인 대응책을 세워야 하는 이유가 여기에 있다.

5. 우리 고객들은 만족하고 있습니다

필자들이 목격한 최고의 서비스 장애는 고객의 의견 조사나 다른 정보를 바탕으로 고객이 자사의 서비스에 만족한다고 주장하며 현실을 부인하는 경우다. 고객 만족도를 조사할 때는 7장에서 살펴본 것처럼 적절한 고객을 대상으로 올바른 질문을 던지는 것이 중요하다. 그러나 많은 기업들은 "서비스에 만족하셨나요?"를 물어보는 데 집중한 나머지 고객이 왜 연락할 수밖에 없었는지 묻는 것을 잊어 버린다. 기업들은 심각한 수준의 고객 이탈이나 수익 감소를 겪어야만 비로소 서비스 문제에 관심을 기울일 것이다.

이에 관해 우리는 고객의 반복 연락률이 2~3퍼센트 미만이거나, 고객의 불만 사항이 거의 접수되지 않거나, 가치-방해 요인 매트릭스의 4분면에서 '고객과 기업 모두에게 방해 요인으로 작용하는 요소'에 해당하는 고객의 연락률이 10퍼센트 미만인 경우가 아니라면, 개선할 사항이 많다고 본다. 제품이 훌륭하거나, 매력적인 가격이거나, 경쟁이 심하지 않거나 시장을 독점하기 때문에 고객들이 한꺼번에 등을 돌리지는 않을 것이다. 이

4_훌륭한 서비스를 제공하라

앞에서 살펴보았듯이, 어떤 기업도 고객의 요구 사항이 애초에 생기지 않게 할 수는 없으며, 직원이 응대하는 서비스 채널을 없애려고 해서도 안된다. 문제는 언제든지 발생할 수 있기 때문이다. 고객이 웹 사

이트 이용을 완강히 거부할 수도 있고, 청구서에 "전화하실 필요가 없습니다. 답은 이미 여기에 나와 있습니다."라고 명시해도 전화를 걸 수 있기 때문이다. 고객이 상품이나 서비스를 이용하는 과정에서는 상담원과의 연결이 꼭 필요한 경우가 있으므로 기업은 이런 경우에 철저히 대비해야 한다. 만약 제대로 준비하고 있다면 다음과 같은 반응이 나올 것이다.

저는 닌텐도 Wii가 출시되던 2006년 11월 19일 제품을 구입했습니다. 그 후 2주 동안 휴가를 떠났을 때를 빼고 저희 식구는 매일 Wii를 가지고 재미있게 놀았습니다. 친구들과 친척들의 집에도 닌텐도의 복음이 전파되는 것 같았습니다. 아이들 생일 파티의 하이라이트로 Wii를 빌려주기도 했습니다. 드라이브 소리가 조금 크다고 느꼈지만, 원래 그러려니 생각했습니다.

하지만 몇 주가 지나자 드라이브 소리가 점점 커졌습니다. 저희는 뭔가 문제가 있다고 느꼈습니다. 게임 디스크가 손상되지는 않았지만, 진동 소리가 게임 소리보다 크게 들려 신경에 거슬리기 시작했습니다. 제 아들은 Wii를 가지고 비디오 게임뿐 아니라 다른 여러 가지 프로그램을 하고, 매일 저녁 저와 아들은 몽키 볼이나 마리오 파티를 한 라운드씩 하는 것이 습관이 되었습니다.

게다가 Wii로 모든 GNC 게임을 할 수 있기 때문에 게임큐브를 Wii 게임 소프트웨어와 교환했습니다. 상황이 이래서 아들에게 Wii를 수리하기 위해 몇 주 동안 수리 센터에 보내야 한다고 말하고 싶지 않았습니다. 드디어 이번 주말, 저희가 여러 가지 야외 활동을 계획하는 틈을 타 Wii를 수리 센터에 맡기기로 했습니다.

그래서 웹 사이트에 나온 고객센터 전화번호를 보고 전화를 걸었습니다. 상담원 연결을 기다려야 한다는 메시지가 채 끝나기도 전에 상담원과 연결이 되었습니다. 문제를 설명하자 상담원은 수리를 위해 즉시 제품 회수를 승인해주겠다고 했습니다.

상담원이 제 전화번호를 묻길래 불러주었습니다. 상담원은 전화번호를 확인하더니 "지금 계신 곳이 워싱턴인가요?"라고 물었습니다.

"사실 전 레드먼드(닌텐도 미국 총괄 지사가 있는 곳)에 있어요."라고 대답했습니다.

"아, 그러세요? 그러면 제품 회수 승인을 하고 배송 라벨 뽑는 절차는 다 무시하고, 그냥 가지고 계신 제품을 가지고 저희 닌텐도로 오세요."라고 상담원은 말했습니다.

"네? 뭐라고요?"

상담원은 회사로 제품을 가지고 오라고 다시 한 번 확인해 주었습니다. 그리고 고객센터가 있는 회사 약도를 알려주었습니다. 5분 후 저는 닌텐도의 미국 총괄 지사 앞에 서 있었습니다. 이 상황을 믿을 수가 없었습니다. 저는 깊이 숨을 들이마시고 아들에게 Wii를 두 손으로 꼭 들고 있으라고 했습니다. 그리고 고객센터의 문을 열었습니다.

실제 사이즈의 마리오와 실제 사이즈보다 크게 만들어진 피카츄가 우리를 반겼습니다. 그리고 판매 카운터 뒤에 있던 친절하고 유쾌한 여성분도 우리를 반갑게 맞이했습니다. 저는 방금 상담원과 통화했던 내용을 그 여성분에게 말해주었습니다.

"아, 네. 맞아요!"

여성분이 말했습니다.

"저희한테 직접 제품을 맡기셔도 돼요."

"멋진데요!"라는 말이 저절로 튀어나왔습니다. 그때 정말로 "멋진데요!"라고 말했는데, 지금 생각해보니 조금 창피하네요. "아, 그런데 30분 정도는 기다리셔야 해요. 정말 죄송해요."라고 여성분은 말했습니다. 이 여성분은 일본인이 아니었지만, 닌텐도는 일본 기업이 분명했습니다. 오직 일본의 고객센터에서만 수리 시간이 30분이 걸리는 것에 사과드립니다. 사실 저는 수리한 제품을 다시 받는 데 적어도 2주는 걸릴 것이라고 예상했는데 말입니다!

아들은 대기실에서 게임을 했고 저는 마리오 인형 밑에 앉아서 기다렸습니다. 25분 후에 한 여성분이 뒷문 어디선가 나오는 것이 보였습니다. 그때 저는 아들이 워리오 웨어 트위스트의 긴장감 넘치는 단계를 깨 나가는 것을 보고 있었습니다. 우리 쪽으로 다가온 그 여성분은 게임 화면에 '단계 완료!'라는 메시지가 뜰 때까지 기다렸다가 말을 걸었습니다.

그 25분 동안 고객센터에서 제 모든 Mii닌텐도 Wii에서 본인의 얼굴을 게임 캐릭터화하여 게임에 적용하는 기능-옮긴이 친구들과 저장되어 있던 게임을 옛 콘솔에서 새 콘솔로 옮겨놓았습니다. 그 여자분은 또한 제가 모은 500포인트도 쇼핑 채널에 잘 들어갔는지 확인해주었습니다. 그리고 0달러가 찍힌 청구서를 보여주면서 Wii가 보증 기간 내에 수리된 것으로 처리되었다고 설명했습니다. 또, 제가 Wii 제품을 거의 3개월 전에 구입했는데도 보증 기간을 수리한 날부터 15개월로 다시 설정해주었습니다.

저는 정말 닌텐도에 최고의 찬사를 보내고 싶습니다. 닌텐도에서 받은 고객서비스는 제가 이제까지 경험한 서비스 중에 최고였습니다.

이번 장의 나머지 부분에서는 기업들이 어떻게 하면 이렇게 훌륭한 서비스를 제공할 수 있는지 설명하겠다. 이를 위해 먼저 상담원을 방해하고 구속하는 구식 기준 적용에서 탈피하는 것을 포함해 1장에서 설명한 형편없는 서비스를 제공하는 상황을 극복할 방법을 알아보겠다. 기업의 입장이 아닌 고객 입장에서 서비스 과정을 다시 생각해볼 것이다. 위의 Wii 수리 사례에서 볼 수 있듯이, 닌텐도는 고객을 먼저 생각한 후에 기업을 생각했고, 이로써 배송비와 사후 처리 관련 비용을 줄일 수 있었으며, 고객의 불편함도 해결할 수 있었다.

다음으로, 모든 고객이 평등하지 않다는 다소 불편한 현실에 대해 살펴볼 것이다. 이는 어떤 고객들이 다른 고객보다 중요하기 때문에 서비스도 차별적으로 이루어져야 한다는 논리에서 비롯한 것이다. 비록 모든 고객에게 똑같이 훌륭한 서비스를 제공해야겠지만, 중요한 고객들에게는 더 훌륭한 서비스가 지속적으로 제공되어야 한다는 것이 오늘날 비즈니스의 현실이다. 마지막으로는 최고의 서비스를 제공하기 위해 서비스 제공 사슬의 일부로 존재하는 기타 부서들을 활용하는 방안에 대해 알아볼 것이다.

1. 고객에게 진정 무엇이 중요한지 파악하라

고객서비스 산업에서 지난 20년 동안 적용하고 추적한 대부분의 기준은 형편없는 것들이었다. 어떤 기준은 속도에 너무 연연하며, 어떤 기준들은 고객, 요구 사항, 그리고 상담원의 능력에 따라 차별적으로 적용되지 않았다. 그리고 또 다른 기준들은 불완전하거나 계산하기가 너무 어려워서 상담원이 쉽게 임의로 수정하거나 조작할 수 있었다.

1) 측정 대혼란

우리는 잘못된 측정 방식 때문에 일어나는 대혼란의 징후를 주위에서 매우 흔하게 볼 수 있다.

[표 8.1] 측정 대혼란의 징후

징후	설명
고객을 위해 복잡성을 측정하는 기준이 없다.	· 고객이 얼마나 자주 서비스를 요구해야 하는지를 파악하는 데 집중하지 않는다.
고객 만족도와 품질 지수가 일치하지 않는다.	· 만족스러워하는 감사 부서, 그리고 불만족스러워하는 고객들!
기업은 넘쳐나는 정보의 늪에 빠져 있다.	· 관리자와 팀장들은 정보를 바탕으로 실행 방안을 행동에 옮기지는 않고, 정보를 수집하고 분석하는 데만 많은 시간을 할애한다.
속도가 먼저다.	· 문제를 얼마나 제대로 처리하고 고객이 왜 기업에 연락했는지를 파악하는 것보다 고객의 요구 사항을 얼마나 빨리 처리했는지에 집중한다.
모든 사람이 품질 관리팀을 싫어한다.	· 복잡한 규칙과 절차는 고객센터의 잘못이 아닌데도 고객센터는 형편없는 품질에 대한 '비난에 둘러싸여' 있다.
측정 기준이 내부적인 요소에 집중된다.	· 고객이 느끼는 서비스의 품질을 측정할 기준이 없다.
이 엉뚱한 부서에 책임을 전가한다.	· 임원들이 다른 부서 때문에 생긴 문제에 대해 고객센터를 비난한다.
직원들이 혼란스러워한다.	· 직원들은 무엇이 진정으로 중요한지 모른다.

위의 표에 나온 사례들이 보여주듯이 측정 기준은 종종 고객에게 정말로 중요한 사안들을 반영하지 못하고 있다. 최근에 영국 국가소비자위원회에서 발표한 바에 따르면(1장을 참고하기 바란다), 고객들은 다음과

같은 기업에 반감을 느꼈다고 한다.

- 지킬 수 없는 약속을 하고 약속에 미치지 못하는 서비스를 제공하는 기업
- 인간미 없는 기계식 서비스를 제공하는 기업
- 엉큼하고 솔직하지 못한 기업
- 무능력하거나 능력이 부족한 기업

우리는 고객서비스에 대해 말하는 이 책에서 속도의 중요성에 대해서는 한 번도 언급하지 않았다. 하지만 속도는 오늘날 고객서비스 산업을 지배하는 강력한 기준이며, 서비스 수준을 측정하는 데 있어 가장 많이 사용되는 기준이다. 고객에게는 얼마나 빨리 서비스가 제공되었느냐보다는 어떤 서비스가 어떻게 제공되었는지가 중요하다. 하지만 정작 '어떤 서비스'와 '어떻게'에 대해 관심을 가지고 보고하는 기업은 많지 않다.

미국 국세청의 고용자원센터ERC는 CARE 프로그램'소통(communicate)', '응답(answer)', '조사(research)', '참여(engage)'와 '고객은 정말 소중하다(customers are really essential)'의 앞 글자를 딴 말을 이용해 국세청 직원 10만 9,000명을 지원한다. 이 프로그램에 대해 ERC의 분석가인 욜룬다 데이비스는 이렇게 말한다.

"우리 고객센터 상담원들은 고객이 만족하는 서비스를 제공하는 데 집중하고 있다. 이들은 품질과 같은 서비스 측정 기준에 신경을 쓰고 있다. 이 기준은 벽에 게시되어 어떤 기준으로 성공을 측정하는지 직

원들이 계속해서 상기할 수 있게 한다. 실적을 관리하는 것은 임원들의 임무다. 우리는 직원들이 고객의 얼굴에 미소가 떠오를 수 있게 하기를 바란다."라고 말한다.

미국 국세청은 또한 직원들의 참여를 통해 실행 방안을 성공 사례로 만들아기고 있다. 예를 들면, 직원들이 고객서비스 보물찾기 게임에 참여하는 것을 들 수 있다. 데이비스는 "보물찾기 게임의 목표는 직원들이 고객이 되어 서비스를 제공하는 임무에 대해 생각해보는 계기를 부여하는 데 있다. 직원들은 이 게임을 통해 여러 산업에서 발생할 수 있는 예외적인 고객서비스를 파악하게 된다."라고 말한다. 데이비스는 나아가 "모든 상황에 대비할 수 없으므로 우리는 직원들이 고정관념에서 벗어나서 생각하기를 바란다. 그런 다음 예외적인 상황을 연구하여 앞으로의 과정에 반영하기를 바란다." 고 덧붙였다

앞에서 설명했듯이, 최고의 서비스는 기업 대 고객 간의 관계에만 국한되는 개념이 아니다. 미국 국세청의 사례가 보여주듯이, 최고의 서비스는 정부의 지원센터 및 자사 직원들을 지원하는 부서에도 적용할 수 있는 개념이다.

2) 고객 중심의 기준

이미 언급한 것처럼, 고객센터는 모순적이고 측정하기 쉬운 속도와 생산성에 연연하는 기준에 치이고 있다. 다음의 표에서처럼 서비스 품질을 측정하는 기준은 고객에게 중요한 사안을 집중적으로 반영해야 한다.

[표 8.2] 고객에게 중요한 사항 측정하기

고객이 신경 쓰는 부분	측정 방법
문제가 어떻게 해결되었는가?	· 품질 관리팀이 고객 요구 사항을 표본 추출하여 살펴보거나 반복적인 요구 사항 비율을 파악하여 문제 해결률을 암암리에 측정한다. · 문제가 눈덩이처럼 커지는 비율과 즉각적인 사후 연락을 통해 수렴한 고객의 의견을 합쳐 측정한다.
어떠한 서비스를 받았는가?	· 전화, 편지 또는 이메일을 표본 추출하여 상담원의 행동을 모니터한다. 즉각적인 사후 연락을 통해 수렴한 고객의 의견을 살펴본다.
올바른 대답을 얻었는가?	· 품질 모니터링을 통해 절차 준수가 제대로 이루어지는지 확인한다.
내가 예상한 시간에, 그리고 방식대로 문제가 해결되었는가?	· 즉각적인 사후 연락을 통해 수렴한 고객의 의견을 살펴본다. · 고객에게 공표한 기준대로 모든 과정이 제공되고 있는지 확인한다.

최고의 서비스를 측정하는 기준은, 고객과 상호작용이 일어난 시점과 최대한 가까운 시간에 서비스가 어땠는지를 묻는 것을 포함한다. 7장에서 말했듯이, 이것은 현존하는 기술들을 사용하면 가능하다. 여기서 고객의 연락 사안을 처리하는 속도는 중요한 기준으로 언급되지 않는다. 우리에게 속도는 '위생 요인hygiene factor, 욕구가 충족되지 않을 경우 조직 구성원에게 불만족을 초래하지만, 충족한다 하더라도 직무 수행 동기를 적극적으로 유발하지 않는 요인-옮긴이' 또는 기본적인 충족 사항일 뿐이다. 물론 고객이 수화기를 들고 오래 기다리게 해서는 안된다. 지점이나 슈퍼마켓에서 줄이 문 밖까지 늘어서 있다면 고객은 짜증이 날 수밖에 없다. 그러나 응대하는 직원은 대기 순번 뒤쪽의 참을성 없는 고객에게 대기 시간을 줄이는 방법을 알려줄 수 없다. 긴 대기 시간이 생기지 않도록 하는 것은 다음과 같은 사항에 의해 좌우된다.

- 관리자들이 고객의 서비스 요구량과 지원 가능한 직원 또는 인력을 얼마나 잘 대응시켰는지의 여부

- 과정과 시스템의 효율성. 고객의 구매 내역 등에 대한 접근이 용이하게 설계되어 신속하고 효과적으로 서비스를 제공하는 것이 중요하다.

- 고객센터 직원들이 서비스를 '빨리' 보다는 '효과적으로' 제공하도록 교육받고 적절한 지도를 받아야 한다.

- 고객의 요구 사항을 처리하도록 업무가 잘 정리되어 있는지의 여부. 예를 들어, 고객의 서비스 요구가 최고조에 달하는 시기에 직원들을 업무 처리에 투입할 수 있는가?

분명히 기억할 점은 상담원들에게 처리 시간을 줄이라고 압력을 넣는 것은 최고의 서비스 방안이 아니라는 사실이다. 영국의 온라인 금융 서비스 회사인 에그는 이와 같은 전통적인 기준을 따르지 않았다. 그 대신 고객센터 중간에 조용한 방을 만들어 상담원들이 스트레스를 삭히게 했다. 또 실험적으로 영국의 레딩 지역에 있는 고객센터에서는 속도에 대한 모든 기준을 철회해보았다. 그 결과, 놀랍게도 AHT가 감소했고, 고객 만족도와 직원의 업무 만족도는 높아졌다. 즉, 압박 요소를 낮추자 모든 것이 더 원활히 진행되었던 것이다.

3) 괴상한 행동

제대로 측정한다는 것은 무엇을 측정하느냐에 국한된 말이 아니다. 이는 합당한 이유와 제대로 된 기준으로 측정하는 것을 의미한다. 만

[표 8.3] 괴상한 행동

기준	괴상한 행동
지점의 대기 시간이 고객 대기 순번표에 의해 측정된다.	· 지점 직원들이 한산한 시간에 대기 순번표 발행 기계 앞으로 몰려가서 대기 순번표를 발행해 마치 고객의 요구 사항을 신속하게 처리한 것처럼 보이게 가짜 거래(요구 사항)를 만든다.
고객센터의 서비스 등급	· 가장 마지막에 전화한 고객이 먼저 상담원에 연결되도록 기술을 조작한다. 이런 방법으로 많은 사람이 '빠른 서비스'를 제공받고, 고객센터는 20초 안에 반드시 달성해야 할 연락 건의 80퍼센트를 처리할 수 있게 되는 것이다. 어떤 고객들은 엄청나게 느린 서비스를 받겠지만, 당연히 이는 측정되지 않을 것이다.
고객의 전화를 받는 속도(통화 중 대기한 고객은 미포함)	· 한 고객센터는 전화선의 수를 의도적으로 줄여서 전화 연결이 안 되는 고객이 많아지게 했다. 시스템은 오직 전화 연결이 된 고객들만 측정했기 때문에 이런 방법을 통해 고객센터에 접수되는 고객 연락 건수가 줄었다. 전화 연결이 안 된 고객들은 통화 대기음밖에 들을 수 없었으며, 물론 이 고객들은 서비스 수준을 측정하는 데 제외되었다.
고객센터의 고객 요구 사항 처리 시간	· 상담원은 AHT 목표치를 맞추기 위해 고객 전화를 서둘러 끊었다. · 고객 요구 사항의 처리 시간을 줄이기 위해 교차 판매의 기회를 무시한다. · 어려운 요구 사항은 다른 상담원에게 넘겨버린다.
교차 판매 통계	· 시도하지도 않은 교차 판매를 했다고 거짓 보고하거나 추가 상품이나 서비스에 관심이 없는 고객을 영업 부서로 넘겨버린다.
기업로 접수된 고객의 전화 연락에서 판매와 관련한 대화의 비율	· 판매 제안을 거절한 고객을 통화 중 대기로 넘기면서 마치 중간에 전화가 끊긴 고객으로 가장해 통계에 포함되지 않도록 한다.
첫 번째 고객 연락에서 문제를 해결한 경우를 해당 전화를 받은 상담원이 기록하는 방법	· 문제 해결률이 90퍼센트가 넘는 수치로 기록된다. 현실은 보통 60~70퍼센트 사이이다.
고객 유지율이 고객 유지 전문가에 의해서만 검토된다.	· 상담원들은 계좌가 해지되었을 것으로 생각하는 고객의 계좌를 여전히 '개설된' 상태로 놓은 상담원만 목표를 달성한다고 밝힌다.

약 잘못된 사안이나 잘못된 방식으로 직원들을 측정한다면, 그들은 표 8.3과 같은 행동들을 보일 것이다.

4)제대로 실천하기 위해 확인해야 하는 다섯 가지

고객에게 중요한 것이 무엇인지 파악했다면, 이제 비즈니스에 도움이 되는 방향으로 기준을 개발하고 실행할 필요가 있다. 다음의 다섯 가지 시험이 모든 요소가 적절한 곳에 배정되었는지를 확인시켜 줄 것이다.

1. **전략적 정렬 시험**: 모든 측정 기준을 전략에 연결할 수 있는가? 그렇지 않다면 그 기준들은 왜 있는 것인가?

2. **허비한 노력 측정 시험**: 실행 방안을 도출할 수 없는 데이터가 측정되고 보고 되는가? 실행하지 않고 점수만 계속 매기는 이유는 무엇인가?

3. **고객에게 미치는 영향 측정 시험**: 고객에게 중요한 사안을 측정하는가? 만약 그렇지 않다면 고객이 경험하는 서비스를 개선할 방법을 어떻게 알 수 있는가?

4. **통제 시험**: 측정되는 직원들이 스스로 결과에 영향을 미칠 권한이 있는가? 그렇지 않다면 이런 방법이 직원의 사기를 어떻게 떨어뜨리는가?

5. **실행 시험**: 측정된 기준을 바탕으로 실행 과정이 정립되어 있는가? 그렇지 않다면 왜 측정하는가?

이 다섯 가지 시험을 적용한다면, 다음과 같이 매우 다른 서비스 측정 기준들을 얻을 수 있다.

- 반복률과 같이 개선된 서비스 측정 기준

- 앞에 언급된 거래 건당 고객 연락 건수와 같이 서비스의 복잡성을 측정하는 기준(총 연락 건수가 아닌 비율을 참고)

- 직원 지도와 과정 개선을 위해 이용되는 서비스 측정 기준(고객의 언어 기반)

- 임원들이 참고하는 속도 기준(직원들이 강요하는 데 사용하지 말고 전체적인 효율성과 과정의 일관성, 직원을 모니터하는 데 사용)

5) 고려해야 할 새로운 기준

우리는 불필요한 요구 사항이 생기지 않도록 하기 위해 고객의 요구 사항을 유발하는 근본 원인을 파악하고, 고객이 셀프서비스나 능동적인 알림 서비스를 이용하게 하거나, 운영을 단순화하거나, 기업들이 고객의 연락 사유에 대해 책임 주체를 정하는 것을 지지한다.

이를 위해서 스카이라인이나 WOCAS와 같이 고객 연락 대 책임 주체의 폐회로 과정에 대한 기록을 모으고 알리는 수단을 활용하는 것도 한 가지 방법이다. 따라서 기업들은 이런 수단을 더욱 확산시키고, 산업별로 고객 연락 사유 코드를 표준화하며, 모범 사례들을 공유해야 한다.

우리는 또한 동종업계의 의미 없는 기준을 비교하거나 벤치마킹하거나 적용하기보다는 최근에 연락한 기업과의 비교, 업계 밖에서의 모범 사례, 업계 내의 모범 사례를 활용하기를 권한다. 그리고 기업은 사내의 모범 사례를 수집하기 위해 서비스 수준을 가늠할 수 있는 새롭고, 엄격하고, 측정 가능한 방법을 찾고, 이를 모든 부서가 공유하도록 애써야 한다.

또한 우리는 이 책에서 FCR과 FPR의 개념을 구분하고, 이 개념들을 보완하는 개념인 문제의 눈덩이에 대해 소개했다. 이 정의들을 표준화하여 모든 사람이 같은 기준에 대해 이야기하고 같은 방식으로 결과를 해석하도록 해야 한다.

아울러 우리는 셀프서비스가 유발할 수 있는 세 가지 결함을 극복하기 위해 셀프서비스의 성공률을 파악하고, 측정하며, 보고할 것을 제안한다. 이를 위해서 ARS와 웹 사이트의 개발자는 성공률을 계산하는 방법을 고안하고, 기업은 용인할 수 있는 수준을 정해야 한다. 또한 기업은 고객이 다시 고객센터를 찾는 상황을 어떻게 느끼는지, 그리고 어떻게 그 정보를 수집할지 판단해야 한다. 이는 곧 문제가 눈덩이처럼 커진 사안에 대해 고객들이 어떻게 느낄지 추적할 방법을 생각해보라는 의미다.

지난 몇 년 동안 우리는 DIHT^{DIHT : dynamic individual handle time} 같은 새로운 기준을 소개해 왔다. 이 기준들은 아직까지 인력 운영을 관리하는 소프트웨어로 개발되지 않았다. 우리는 기업들이 AHT 같은 기준을 버리고, 각각의 상황에 맞는 인력 운영 기준을 적용하기를 권한다. 그런 의미에서 '지능형 콜 라우팅'은 기업이 고객별로 요구 사항을 처리할 능력을 갖춘 상담원을 배치해 우리가 제안하는 개념에 한 발짝 더 다가선다. 그러기 위해서는 직원들의 실적을 측정하는 획일적인 기준과 관행을 버려야 한다.

6) 외주업체 측정 기준

앞에서도 논의했듯이, 많은 기업들이 고객들의 연락 사안에 대한 처리를 외주업체에 의존하고 있다. 여기서 문제가 되는 것은 대부분의 외주업체가 상담원의 숫자를 늘리는 데만 집중하고 있을 뿐 고객의 요구 사항을 줄이는 데는 초점을 맞추고 있지 않다는 것이다.

이와 반대되는 사례로는 1990년대에 휴렛 패커드에 기술 지원 내역을 바탕으로 ECO(사방 변경 통보서 : engineering change order, 부품이나 회로 변경과 같이 기술적인 변경에 대해 통보하는 문서-옮긴이)를 제안한 MCI 고객센터를 예로 들 수 있다. 하지만 안타깝게도 외주업체의 이용에 관한 긍정적인 사례는 그리 많지 않다. 이는 외주업체가 근본적으로 고객의 요구 사항이 생기지 않도록 노력하기보다는 고객 연락 건당 처리 시간을 줄이는 데 집중하기 때문이다.

그리고 최고의 서비스를 제공하려는 기업은 자사와 외주업체를 '인싱크(insynch, 온라인과 오프라인을 혼합해 그 효과를 높인다는 개념-옮긴이)'하기 위해 외부업체에 지급하는 서비스 비용을 생각해 보아야 한다. 그리고 그와 더불어 불필요한 고객의 요구 사항을 없애고(2장), 최적의 셀프서비스 시스템을 정립하고(3장), 능동적인 알림 서비스를 제공하며(4장), 고객이 애초에 서비스를 요구하지 않도록 하기 위해서(1장) 어떤 가격 책정 방법을 사용하고 있는지도 심각하게 생각해봐야 한다.

다음은 외주업체와 관련하여 여러 가지 가격 책정 방안의 장점과 단점을 나열한 것이다.

[표 8.4] 외주 가격 책정의 장점과 단점

가격 책정 방법	장점	단점
상담원 수로 책정	없음	고객이 서비스를 요구하지 않도록 하기보다는 외주업체에 직원을 늘리는 계기를 마련한다.
시간당 또는 분당으로 책정	없음	고객이 서비스를 요구하지 않도록 하기보다는 외주업체에 직원을 늘리는 계기를 마련한다.
고객 연락 건당 책정	고객의 연락률이 감소하고, 고객 연락 건당 처리 비용이 높은 복잡한 사안에 집중할 수 있다.	간단한 요구 사항은 셀프서비스로 처리되게 하면서 직원이 응대하는 서비스 채널의 AHT는 시간이 지나면서 늘어날 수 있으며, 이는 외주업체들이 처리 속도를 위해 품질을 희생하는 상황을 유발한다.
첫 연락 시 해결률 (FCR)로 책정	문제가 눈덩이처럼 커지는 것을 막아준다	FCR을 정확하게 측정하기가 어렵다.
고객 한 명당 또는 가입자 한 명당 책정	기업과 외주업체 모두 불필요한 고객 요구 사항을 없애고 셀프서비스와 능동적인 알림 서비스를 고안할 수 있도록 유도한다.	이 방법은 같은 종류의 고객 요구 사항을 처리하는 여러 외주업체에 모두 적용하기가 어렵다.

위에 제시된 가격 책정 방법을 바탕으로, 우리는 CPX(항목 x당 고객 연락 건수)를 줄이면서 고객 연락률을 줄여나간다는 계약 아래 고객 한 명당 또는 가입자 한 명당 연락 건수로 외주업체 비용을 측정하기를 권한다. 고객의 요구 사항이 생기지 않게 하려면 외주업체에 적절한 인센티브를 주는 제도도 실행해야 할 것이다. 만약 비용을 지급하는 기준이 시간이라면, 외주업체는 고객의 연락 건수를 줄이거나 연락 건당 소요되는 시간을 줄이지 않을 것이다. 균형적인 품질 기준을 적용한다면, 고객의 연락 건수를 줄일 수 있는 인센티브가 없기 때문이다.

최고의 서비스를 추구하는 기업은 외주업체 비용 책정에 관한 문제를 고려하면서 동시에 VOC고객의 소리를 듣기 위해 WOCAS와 같이 명확히 정의된 폐회로 과정, 문자와 언어 분석, 고객 모니터링을 통해 VOC를 듣고 이에 따른 해결 방안을 실행하는 관례(7장)를 따르는지 확인해야 한다. 만약 고객들을 상대하는 일선에 외주업체가 있다면, VOC를 듣기 위해 외주업체의 직원들을 교육해야 한다.

2. 고객 중심 과정을 창조하라

훌륭한 서비스를 제공하기 위해 두 번째로 고려해야 할 요소는 과정이 고객의 이익을 위해 작용하는지 확인하는 것이다. 앞서 닌텐도의 사례에서 서비스 직원이 고객의 입장에서 생각하고 행동하여 고객과 기업에 모두 이득이 되는 해결책을 제공한 것을 볼 수 있었다. 에그 또한 고객의 입장에서 생각하는 기업으로, 상담원에게 내세운 핵심 원칙 중 하나는 '갈색 신발' 과정이었다. 즉 고객이 새로운 갈색 신발에 대해 이야기를 꺼내면, 상담원은 하던 일을 잠시 멈추고 그 갈색 신발에 대해 물어보아야 한다는 것이었다. 이는 에그가 고객서비스에서 훌륭한 명성을 쌓을 수 있었던 이유 중 하나였다.

고객의 요구 사항에 집중하는 과정에는 다음과 같은 네 가지 속성이 있다.

1. 고객을 파악하라.

2. 신속하고 쉽게 이용할 수 있게 하라.

3. 선택권과 융통성을 제공하라.

4. 고객의 예상치에 맞는 서비스를 제공하라.

이는 언뜻 쉬워 보이지만 전혀 그렇지 않다. 만약 쉬웠다면 지금쯤 모든 기업이 이렇게 하고 있을 것이다. 이를 시행하는 데는 많은 것이 걸림돌로 작용한다. 이 네 가지 속성을 바탕으로 어떻게 고객을 위한 서비스를 창조할 수 있는지 살펴보자.

1) 고객을 파악하라

고객의 시간을 허비하지 않으면서 고객의 소리에 귀를 기울이려면 먼저 고객을 파악해야 한다. 그리고 고객을 상대하는 일선 직원은 고객이 사용하는 제품과 과거의 연락 내역에 대한 정보를 참고해야 한다. 고객이 누구와 소통했는지는 중요하지 않다. 어느 상담원이든 고객에게 과거의 연락 내역을 반복해서 이야기하게 않게 해야 하며, 고객을 상담한 후 곧바로 서비스를 제공해야 한다.

이는 곧 고객이 똑같은 정보를 반복해서 말하거나 계좌번호를 입력하거나 다른 자동화된 업무를 실행할 때 개인 정보를 제공하지 않도록 해야 한다는 의미다. 고객이 조금 전까지 무엇을 하고 있었는지, ARS나 인터넷에서 무엇을 하려고 했는지 알고 있다면 가장 좋다. 고객을 파악한 기업은 AHT를 줄일 수 있기 때문이다.

시스템이나 감사 추적 내역에 정보가 명시되어 있으면 상담원은 이미 알고 있는 정보를 묻거나 문제가 무엇인지 고객에게 반복해서 말하도록 요청하지 않아도 된다. 그리고 여기에서 한 단계 더 나아가 고객이 전화보다 이메일로 연락받기를 원하는지, 어느 시간에 연락받기를 원하는지 등 고객의 선호 사항을 기록하고 활용할 수 있을 것이다.

하지만 아직까지도 고객들에 대한 기본적인 사항조차 모르는 기업들이 많다. 어느 기업에서는 다른 고객서비스 채널(고객센터, 지점, 웹 사이트)에서 일어난 고객과의 상호작용을 직원이 알지 못하는 경우도 있으며, 서로 다른 제품을 취급하는 부서 간의 장벽 때문에 휴대전화를 사용하는 고객의 정보가 인터넷 담당 부서에 공유되지 않기도 한다.

셀프서비스인 ARS에서 고객의 요구 사항을 입력하게 하고, 상담원에게 연결된 후 이 내역이 저장되지 않고 사라지는 경우도 있다. 이런 문제들을 해결하기 위해 CRM 시스템에 막대한 투자를 했는데도 많은 기업들은 아직도 갈 길이 멀어 보인다. 한 기업의 회의에서는 이런 사례가 다음과 같이 고객의 입을 통해 거론된 적도 있었다.

"제가 사용하는 신용카드 회사는 미지급된 사용 건 하나를 처리하기 위해 지난 일주일 동안 저에게 세 번이나 전화를 했어요. 전화를 받을 때마다 이름을 말했는데도 그들은 내가 맞는지 확인한다고 여러 가지 본인 확인 절차를 거쳤어요. 다른 누군가가 제 전화를 대신 받아서 자신이 쓰지도 않은 카드 사용 대금을 대신 납부할 것이라고 생각하는 걸까요? 이건 정말 시간 낭비에요."

2) 신속하고 쉽게 이용할 수 있게 하라

"이제 다 처리되었습니다."는 고객이 가장 듣고 싶어 하는 말이다. 하지만 종종 이런 말이 너무 늦게 나와서 문제다. 우리의 동료이자 영국의 고객 컨설팅 회사인 버드 UK의 창립자인 피터 매시는 고객의 요구 사항을 조사한 후 고객이 빠르고 간단한 프로세스를 원한다는 결론을 내렸다. 그리고 이를 토대로 식스시그마나 BPR업무 재설계: Business Process Reengineering처럼 고객서비스 분야에서는 잘 작동하지 않는 방법을 사용하지 말고 서비스와 관련한 각 과정을 살펴본 후, 다음과 같은 질문을 던져보라고 권했다.

[표 8.5] 서비스 과정에 던질 질문

질문	왜 이 질문을 하는가?
고객이 원하는 것이 무엇인가?	·서비스 과정이 반드시 도출해야 하는 결과를 파악하는 데 도움이 된다.
고객이 기대하는 것은 무엇인가?	·서비스 과정을 실행하는 데 소요되는 시간과 과정 실행 중 고객 참여도 수준에 대한 고객의 예상치를 파악할 수 있다.
현재의 절차들은 왜 존재하는가?	·하위 서비스 과정에 대한 근본 원인을 분석함으로써 원인이 꼭 필요한 것인지, 아니면 시스템, 조직 구조 등에 의해 유발된 것인지 파악할 수 있다.
이 과정이 왜 꼭 필요한가?	·불필요한 서비스 과정을 파악할 수 있다.
왜 책임 전가가 일어나는가?	·어떤 과정을 누가 왜 실행해야 하는지를 파악할 수 있다.
추가적인 자동화가 가능한가?	·현재 적용된 기술이 얼마나 효과적인지를 파악할 수 있다.
고객이 다른 방법으로 문제가 처리되기를 선호하는가?	·서비스 과정이 고객의 입장에서가 아닌 어느 정도 회사의 입장에서 얼마큼 설계된 것인지를 파악할 수 있다.

위의 질문들은 모두 고객을 위해 빠르고 간단한 서비스 과정을 만들 수 있도록 도와준다. 또한 책임 전가와 불필요한 단계를 없애고, 특정 단계에서는 고객을 제외하면서 더 빠르고 간단한 서비스 과정을 도출하게 해준다. 고객에게 더 빠르고 간단한 과정은 대개 기업에도 더 빠르고 더 신뢰할 수 있는 과정이다.

3)선택권과 융통성을 부여하라

빠르고 간단한 과정을 고안하는 것은 많은 기업에 커다란 발전을 가져온다. 하지만 하나의 과정으로 모든 상황을 처리할 수 있다거나 예외 상황에 대해 일선 직원들이 이성적 판단을 하지 못할 것이라는 데서 문제가 발생한다. 융통성이 결여되어 발생한 문제들을 흔히 볼 수 있다. 우리가 주최한 한 임원 포럼에서 목격한 한 사례는 충격적이었다. 남편과 부인은 한 보험 회사의 공동 보험 계약자였다. 남편이 사망한 후, 부인은 보험 계약자로 계속 남기를 원했고, 보험 회사에 남편의 사망 사실을 통보했다. 하지만 보험 갱신 일자에 부인은 보험 회사로부터 다음 문구로 시작하는 편지 한 통을 받았다.

"사망하신 아무개 씨의 재산은……."

부인은 보험 회사에 전화를 걸어 자신이 통보한 것처럼 공동 명의로 되어 있던 보험에 대한 권리가 그녀에게 넘어와야 한다고 설명했다. 그러자 보험 회사는 부인에게 이미 지난 기간에 대해서는 보상을 받지 못하며, 보상을 받으려면 신청서를 작성해야 한다고 말했다. 부인은 남편의 사망 증명서를 들고 공동 명의로 되어 있던 보험이 자연히 자신에게 넘어왔어야 한다는 것을 증명하기 위해 보험 회사를 찾아갔다.

죽음은 피할 수 없는 일이며, 남은 가족은 매우 힘든 시기를 겪는다. 그런데 그 와중에 이처럼 문제 있는 서비스 때문에 사별한 가족들이 종종 곤란한 상황에 처하곤 한다. 이것은 결코 정당화될 수 없으며, 융통성의 결여를 단적으로 보여주는 사례다. 이 밖에도 융통성이 필요한 경우는 다른 언어를 사용하는 고객을 상대할 때나 개인사(질병, 장애, 실업 등)로 힘든 시간을 보내는 고객을 상대할 때다.

이런 상황에서는 평소와 다른 업무 처리 방식을 적용해야 한다. 잘 설계된 과정들은 이런 상황에서 융통성을 부여하거나 최소한 일선 직원들에게 보통의 경우와 다르게 처리할 수 있는 권한과 자유를 부여한다. 인생에서 일어날 수 있는 모든 상황을 반영해 과정과 시스템을 설계할 수 있는 사람은 없다. 그러나 직원이 재량껏 응답을 달리하거나 문제를 해결하는 것은 충성도 높은 고객을 끌어들이는 데 효과적이다.

매일 발생하는 고객의 연락 사안 처리에도 융통성과 선택권을 부여해야 한다. 가장 간단하게는 대기 시간이 길 때 고객이 다른 서비스 채널을 이용하도록 하거나 요구 사항이 더 신속하게 처리될 수 있는 다른 시간에 다시 연락할 것을 제안하는 것이 있다. 어떤 기업들은 전화 회신 기능을 도입해 자신의 전화번호를 남기면 순서에 따라 연락 가능한 상담원이 나중에 고객에게 전화를 걸고, 어떤 기업들은 메신저 클릭 기능을 만들어 고객이 웹 브라우저에서 고객과 실시간 소통을 한다. 이 모든 방법이 서비스에 융통성을 부여하며 고객에게 선택권을 주고 있다.

4) 고객의 예상치에 맞는 서비스를 제공하라

마지막 과정은 네 가지 중에 가장 당연해 보이는 과정이다. 많은 경우 고객들은 상황을 통제하기를 원하며, 문제가 확실히 처리되기를 기대한다. 주택 담보 대출 신청자는 신청서가 언제쯤 통과될지를 알고 싶어 한다. 책이나 선물을 주문한 고객은 언제쯤 물건이 배송될지를 알고 싶어 한다. 불만 사항을 전달한 고객은 언제쯤 문제가 해결될지를 알고 싶어 한다. 이는 매우 자연스러운 고객의 반응이며, 동시에 가장 쉽게 수용할 수 있는 반응이다. 우리에게 컨설팅을 받았던 한 기업은 다음과 같은 고객의 기대치에 당혹스러워했다.

"우리는 분명히 10일이라고 밝혔는데, 고객들은 8일이 지나면 전화를 합니다."

우리가 생각하기에 답은 분명하다.

"고객들에게 10일이 걸린다고 말하고, 8일 안에 제품을 배송하라. 더 좋은 방법은 8일이라고 말하고, 6일 안에 제품을 배송하는 것이다."

"내 물건은 어디쯤에 있나요?'와 관련된 거의 사안이 여기에 해당한다. 기대치를 설정하는 것은 물론 쉬운 문제가 아니다. 고객은 왜 그만한 시간이 걸리는지 이해하지 못할 수도 있고, 보통의 경우보다 빨리 처리되어야 하는 경우도 있다. 하지만 이런 상황들은 충분히 해결할 수 있다. 고객을 상대하는 일선 직원들은 서비스 과정에 소요되는 시간을 고객에게 알렸을 때, 고객이 표출할 놀라움과 우려를 감지해야 한다. 그리고 왜 그만큼의 시간이 걸리는지 설명하고, 경우에 따라서는 우선순위로 처리되어야 하는 일이 있는지 살펴보아야 한다.

하지만 무엇보다도 가장 먼저 해야 할 일은 7장에서 언급한 '황금 같은 초반 30초'처럼 고객의 기대치를 파악하는 것이다. 다시 말해 고객의 기대치에 부응하려는 것은 변화가 필요요한 과정에 통찰력을 제공할 수 있다. 만약 많은 고객들이 "수리 직원이 언제 오는지 왜 알려주지 않나요?'라고 묻는다면, 수리 직원이 오는 시간을 예상할 수 있는 시스템을 계획하고, 관리해야 한다는 의견을 알려주는 것으로 받아들여야 한다.

고객이 필요하다고 생각하는 정보를 제공하기란 쉬운 일이 아니다. 이런 정보를 제공하려면 서비스 과정들이 예측 가능하고 잘 관리되어야 하며, 고객을 상대하는 일선 직원들이 블로그, 서비스 수준, 문제를 처리해 고객에게 회신하는 예상 시간 등에 대한 정보에 접근할 수 있어야 한다. 이 과정을 매우 잘 소화한 기업들이 있다. 그중에 아마존은 미국 전역에서 외주 배송업체가 언제쯤 제품을 배송할지 파악하는 시간을 이틀로 줄였다. 아마존이 할 수 있다면 다른 기업도 할 수 있다.

만약 고객을 잘 파악하고, 과정을 빠르고 간단하며 융통성 있게 만들고, 고객 예상치를 관리하고, 그 예상치에 맞게 서비스를 제공한다면, 훌륭한 서비스를 제공하는 길에서 앞으로 잘 나아가고 있는 것이다. 이런 기업들은 초반에 고객 기대치를 설정하고, 지속적으로 그 기대치에 맞는 서비스를 제공하기 때문에 고객이 처음부터 또는 자신이 원하는 대로 요구 사항을 해결할 수 있다. 따라서 여러 번 언급한 것처럼 애초에 연락할 일이 없어지는 관계로 자연히 고객의 연락 건수가 줄어들 수밖에 없다.

인도의 킹피셔 항공사는 고객을 파악하고, 적절한 기대치를 설정해 그 기대치에 맞는 서비스를 제공한다. 킹피셔의 회장이자 최고경영자인 비제이 말리야는 2005년 4월에 기업을 창립한 후, 그의 목표인 '가장 좋은 시간을 제공하고픈 열망'을 자사의 웹 사이트의 '회장 인사말'에 언급하고, 지속적으로 대중에게 알렸다. "나는 모든 직원에게 모든 고객을 자기 집에 초대한 손님처럼 대하라고 지시했다."라고 말하며, 고객의 개인적인 의견을 들으려는 최고경영자가 과연 얼마나 되겠는가?

그리고 비제이 말리야 회장은 웹 페이지와 기내 엔터테인먼트 시스템을 통해 자신의 이메일 주소를 공유하며 "만약 저희 서비스에 부족하거나 고객님의 기대치에 미치지 못했다면, 저에게 이메일로 직접 알려 주시기 바랍니다."라고 말했다. 서비스에 불만을 가졌던 고객들은 킹피셔의 팬이 되었고, 이들은 "작은 불만 사항에도 즉시 대응하는 킹피셔의 태도가 마음에 듭니다.", "제가 전달한 의견이 반영된 결과를 보고 이렇게 몇 자 적지 않을 수가 없었습니다."와 같은 칭찬을 쏟아냈다.

또한 킹피셔 항공사는 많은 의견 수렴 채널에 쏟아지는 고객의 의견을 반영하는 데도 게을리하지 않았다. 그 결과, 킹피셔 항공사는 킹피셔 클래스(2등석)보다 좋은 킹피셔 퍼스트 클래스를 추가하고, 직접 고객을 찾아가서 탑승 수속을 처리하는 직원을 배치하는 등 새로운 시도를 할 수 있었다. 전 세계 항공사를 평가하는 한 웹 사이트에서 말리야는 '가장 좋은 시간을 제공하고픈 열정'을 지지하는 고객들의 추천 글들이 게재되어 있다. 그들은 제일 먼저 다음과 같이 킹피셔의 능동적인 알림 서비스를 칭찬한다.

- "저는 킹피셔에서 받은 서비스가 인도 항공사에서 제공하는 서비스 중 최고라고 생각합니다. 다음 번에도 킹피셔를 이용할 생각입니다. 미국에 있을 때 온라인으로 티켓을 구매했습니다. 처음 구매를 시도했을 때 무슨 이유에서인지 신용카드 결제가 제대로 되지 않았지만 저는 이 사실을 모르고 있었죠. 그런데 뭄바이에 있는 킹피셔 고객센터에서 휴대전화로 전화가 왔습니다. 킹피

셔는 신용카드 결제가 제대로 되지 않았다는 사실을 알려주었고, 저는 덕분에 티켓을 구매할 수 있었습니다. 이렇게 고객 한 사람 한 사람을 생각하는 킹피셔의 서비스가 신선하게 다가왔습니다."

- "탑승부터 기내 서비스, 그리고 승무원의 태도에 이르기까지 모든 서비스에 감동했습니다. 문제라고는 찾아볼 수 없었고, 기내 음식도 훌륭했으며, 펜, 메뉴, 무료 이어폰, 심심할 때 먹을 수 있는 사탕이 들어 있는 작은 파우치도 제공했습니다. 킹피셔, 정말 강추합니다. 제시간에 비행하고, 승무원도 친절하고, 비행기도 깨끗하고, 자리도 정말 편했습니다. 이제까지 이용해 본 외국 항공사보다 좋았습니다. 킹피셔에 별 다섯 개 줍니다!"

3. 서비스를 고객에게 맞춰라

모든 고객이 똑같지는 않다. 따라서 고객에게 각자 다른 시기에 다른 방식으로 서비스를 제공해야 한다. 예를 들면, 새로운 고객과 기존 고객은 CPX 계산 시, 상담원 연결 시에도 다르게 처리해야 한다. 위성 방송과 케이블 서비스를 신청하려는 신규 고객은 서비스를 4개월 동안 사용한 기존 고객보다 세 배에서 다섯 배 정도 많이 연락한다. 고객은 첫 거래에서 기업과의 관계에 대한 기대치를 설정하고, 이것은 곧 고객을 유지하는 핵심 요소가 된다. 고객의 첫 경험이 중요한 이유가 바로 여기에 있다. 따라서 신규 고객은 기존 고객과는 다르게 처리해야 한다. 어떤 기업들은 고객을 교육하면 나중에 연락할 일이 줄어든다며 신규 고객에 한해 고객 연락 응대 소요 시간에 제한을 없앴다.

기업들은 또한 일대일 마케팅을 포함한 고객 세분화 마케팅 개념을 점검하고 재적용해야 한다. 오늘날 세계는 평등지 않다. 어떤 고객들은 기업에 더 소중한 존재이며, 특별한 서비스를 제공받아야 한다. 하지만 우리는 앞에서 그런 고객들이 더 형편없는 서비스를 받는 경우를 보았다. 이는 제품이 늘어날수록 과정이 더 복잡해지거나 기업이 "만약 상품 y에 대해 주소를 변경한다면, 상품 z에 대해서도 변경해야 한다."와 같이 고객의 기대치를 충족시키지 못해서 발생한다. 더 소중한 고객일수록 더 신속하고 간단한 서비스를 받아야 한다는 것을 고려해야 한다.

만약 최고의 고객을 판별하여 이들에게 가장 숙련된 상담원을 배치한다면, 훌륭한 서비스를 경험할 수 있다. 따라서 가장 숙련된 상담원에게 최고의 고객을 상대할 수 있는 시간을 더 많이 제공하고, 7장에서 언급한 것처럼 이 고객들에게서 배울 수 있는 시간을 더 많이 제공해야 한다. 또한 최고의 고객들에게 무엇이 필요하고, 무엇을 선호하는지 이해하기 위해 노력해야 하며, 이들의 선호 사항에 맞추기 위해 한 단계 더 노력해야 한다.

어떤 산업에서는 차별적인 서비스를 제공하기가 어려울 수도 있다. 공공사업을 예로 들면, 가정에서 내는 공공요금의 차이는 은행 고객들 간의 수익의 차이보다 훨씬 적다. 따라서 은행은 많은 이익을 가져다주는 프라이빗 뱅킹 고객들에게 더 쉽게 서비스를 제공하고, 집중할 수 있다.

그러나 고객별로 기여도에 큰 차이가 없는 산업일지라도 고객 가치를 인식하고, 기업과의 관계를 이해하는 것은 중요하다. 가스와 전기를 모두 사용하는 고객은 가스만 사용하는 고객보다 소중하며, 이 고객은 가스와 전기 사용에 대해 각각의 고객센터로 따로 연락하기보다는 요구 사항을 한꺼번에 해결할 수 있는 원스톱 서비스를 원할 것이다. 비슷한 예로, 통신사는 휴대폰, 집전화, 인터넷을 이용하는 고객의 문제를 오직 휴대폰만 이용하는 고객의 문제보다 중요하게 여겨야 한다. 따라서 고객의 가치를 이해하고, 언제 어떻게 다른 서비스를 제공해야 하는지를 고려하는 것이 훌륭한 서비스를 제공하는 핵심이다.

4. 모든 채널과 협력업체를 참여시켜라

외부 협력업체에까지 서비스 관리를 해야 하는 경우가 있다. 예를 들어 아마존은 제시간에 상품을 배송하기 위해 우편물 취급 업체와 배송업체에 외주를 주었다. 전 세계 사람들이 아마존을 이용하기 때문에 미국 시간대를 기준으로 한밤중에 접수될지도 모르는 이메일을 처리하기 위해 외주업체를 고용한 것이다. 이런 서비스 모델은 고객의 문제에 책임을 지고 고객서비스 부서와 다른 부서들이 협력한 것과 일맥상통한다. 6장에서 설명했듯이, 외부업체가 고객에게 좋은 서비스를 제공하는 시스템은 서비스의 질과 경제적 이익을 연결해야 가능하다.

이렇게 하면 외주업체도 가치-방해 요인 매트릭스나 스카이라인 보고서와 2장에서 제시한 기타 방법들을 이용해 불필요한 고객 요구 사항에 대한 CPX는 줄이고, 의뢰 기업에 도움이 되는 고객의 연락에 대한 CPX는 늘리려고 할 것이다. 이 방식을 적용하면 신규 가입자의 중가율이 높지 않은 한 시간이 지나면서 외주업체의 이익은 줄어들 것이다. 그러나 짧아진 AHT나 줄어든 고객 연락 건수에 대해 보너스를 제 공하면, 외주업체의 손해를 상쇄할 수 있을 것이다.

만약 한 문제를 해결하기 위해 필요한 고객 연락 횟수를 계산하려 면, 문제가 눈덩이처럼 커지는 것을 방지하는 것처럼 가능한 한 1.0의 비율을 유지하는 것을 목표로 해야 할 것이다. 이 방법을 외주업체 비 용을 책정하는 기준으로 고려해 보기 바란다. 그러면 외주업체도 고객 의 요구 사항이 생기지 않도록 노력할 것이다.

또한 반복 연락률이나 문제 해결률과 같이 결과를 측정하는 기준을 개발하는 것도 중요하며, 내부의 품질 기준 대신 고객이 정의한 품질 기준을 적용하는 것도 중요하다. 이 모든 기준에는 외주업체가 받아들 일 만한 매력적인 미끼가 제공되어야 한다. 만약 계약 조건의 90퍼센 트가 고객 연락 건수에 기반을 두고 10퍼센트만이 품질에 관한 것이라 면, 외주업체는 분명히 생산성에 초점을 맞출 것이다.

아마존에서는 외주업체가 내부의 고객센터보다 반복적인 요구 사 항을 적게 발생시킨 날이 서비스 역사상 가장 최고의 날로 기록되었 다. 기업의 몇몇 직원은 이런 일이 가능하지 않을 것이라고 생각했지 만, 외주 협력업체는 이런 결과를 도출하기 위한 적절한 인센티브를 제안받았고, 그 결과 이 전략은 성공할 수 있었다.

1)고객과 관리자들을 교육하라

최고의 서비스를 제공하고 지속적으로 제공 범위를 넓혀가려면, 현 재와 미래의 관리자들, 그리고 고객들을 교육하는 데 많은 노력을 기울여야 한다. 또한 최고경영자에서부터 상담원에게 이르기까지 모든 임직원은 린 경영 방식을 따라야 한다. 즉, 셀프서비스나 능동적인 알림 서비스로 미처 챙기지 못한 부분에서 나온 고객의 모든 요구 사항을 처리하기 위해 무결점의 접근법을 시도해야 하는 것이다. 이는 고객의 연락과 관련해 '무엇'이 아닌 '왜'를 파악하는 것이며, 고객의 비판을 선물로 받아들이고, 적용할 방법을 찾는 것을 의미한다.

관리자가 될 사람들은 대학교나 대학원에서 서비스에 대해 배울 필요가 있다. 대학에서는 마케팅, 운영 이론, 경력 관리의 기본은 잘 가르치지만, 고객서비스에 대한 교육은 거의 하지 않는다. 고객서비스에 대한 교육은 직장 내에서 업무와 훈련을 통해 이루어진다. 이 교육은 애초에 고객의 요구 사항이 생기지 않도록 하기보다는 불필요한 고객의 요구 사항에 반복해서 대응하는 기존의 관행이 주를 이룬다. 우리는 미래의 비즈니스, 마케팅, 관리, 교육에 린 경영, 복식 부기, 5P 개념을 적용해 최고의 서비스 개념을 만들기 위해 노력할 것이다.

마지막으로 고객들도 교육을 받아야 한다. 앞에서 언급했듯이, 아마존 고객센터의 벽에 붙어 있던 "오늘 고객을 교육하셨나요?"라는 문구는 정말 훌륭하다. 아마존은 나중에 고객에게 다시 전화하거나 이메일을 보내지 않고 어떻게 요구 사항을 스스로 해결할 수 있는지 알려주었다. 고객이 전화할 때마다 문제의 해결 방법을 알려주고, 웹 사이트에도 그 방법을 명확하게 표기함으로써 지속적으로 고객들을 교육해나갔다.

고객에게 형편없는 서비스를 제공하고, 고객을 방치했던 것을 바로

잡으려면 아직도 할 일이 많다. 기업은 다음 사항을 고객에게 확인해 주어야 한다.

"저희는 고객님이 쉽게 연락을 하실 수 있도록 돕겠습니다. 하지만 왜 저희에게 연락하셔야 하는지 먼저 생각해보시기 바라며, 고객님이 편하게 요구 사항을 처리하실 수 있도록 문제 해결률이 높은 셀프서비스와 유용한 알림 서비스를 제공할 것입니다. 회사의 모든 부서, 그리고 최고경영자에서부터 상담원에 이르기까지 모든 직원들이 고객님이 연락하신 이유를 짚어보고, 문제의 발생과 해결에 책임을 질 것입니다. 저희는 고객의 의견에 귀 기울일 것이며, 고객님이 준 교훈을 바탕으로 적절한 방안을 적용하여 고객님을 도울 수 있도록 노력할 것입니다."

2)성공을 기념하고 옛 관행을 제거하라

2003년 3월, 두 번째로 진행된 인터넷 쇼핑몰에 대한 ACSI를 발표한 직후, 아마존의 최고경영자인 제프 베조스는 홈페이지에 다음과 같은 메시지를 올렸다.

고객님들께,

ACSI는 단연코 소비자 만족도를 조사하는 가장 권위있고 널리 이용되는 조사입니다. ……

ACSI의 평가는 이렇습니다.

"아마존닷컴은 계속해서 높은 소비자 만족도 점수를 받았다. 88점을 넘는 점수로, 아마존은 서비스 업계에서 그 누구도 달성하지 못했던 수준의 만족도를 제공하고 있다. …… 아마존이 이보다 높은 고객 만족도를 달성할 수 있을까? 최근의 ACSI 자료를 참고해보면 이는 충분히 가능해 보인다. 아마존에서 내세우는 서비스와 가치가 모두 가파른 곡선을 그리며 높은 만족도를 보이고 있기 때문이다."

저희 고객이 되어 주셔서 정말 감사드리며, 앞으로도 고객님을 위해 더 노력하는 아마존이 되겠습니다.

모든 기업이 고객과 더 쉽게 거래할 수 있도록 노력하고 있다는 사실을 고객에게 보여 준다면 얼마나 좋을까? 얼마나 많은 고객이 셀프 서비스를 이용하는지 공표하는 기업이 있기를 기대해 본다. CPX 비율과 그 감소율, 그리고 불필요한 과정과 관행을 없앴다는 사실을 연차 보고서에 포함하는 기업이 있기를 기대해 본다. 이런 연차 보고서와 보도자료들을 빨리 접할 수 있기를 기대해 본다!

4_ 결론 – 옛 관행은 이제 그만

이제 고객서비스 부서를 다른 부서 대신 벌받는 부서나 관심과 예산 지원에 목말라하는 부서로 만드는 예전의 기준에서 벗어나야 한다. 최고의 서비스를 제공하는 기업들은 CPX와 기업 상황에 맞는 기준을 적용하고, 고객서비스 부서의 핵심 역할을 기업의 심장으로 받아들이며, 고객서비스 부서를 고객과 직원에게서 나온 새로운 아이디어를 수집하는 가장 좋은 자원으로 여긴다.

최고의 서비스를 제공하기 위한 일곱 가지 핵심 원칙을 실천하면, 고객서비스 수준을 높일 수 있을 것이다. 그리고 고객에게 좋은 서비스 경험을 선사하는 동시에 고객 만족도를 높이고, 운영 비용을 줄일 수 있을 뿐만 아니라 직원의 업무 만족도도 높일 수 있을 것이다. 이는 품질을 최우선순위로 두어 모든 것이 제대로 돌아가야 가능하다. 모든 기업이 고객의 요구 사항이 생기지 않도록 할 수 있으며, 고객에게 형편없는 서비스를 제공하지 않고 궁극적으로는 서비스가 필요하지 않은 최고의 서비스를 제공할 수 있다.

행운을 빈다!

부록 A
THE BEST SERVICE IS NO SERVICE

설문 조사

THE BEST SERVICE IS NO SERVICE

2장에서 7장의 끝부분에서 우리는 최고의 서비스와 함께 당신 회사의 서비스 수준에 대해 자세히 알아보기 위해 설문 조사를 요청했다. 장별로 제시된 다음 20개의 질문에 답한 후, 당신 회사가 기본적 수준의 서비스를 제공하는지, 더 나은 서비스를 제공하는지, 최고의 서비스를 제공하는지 확인해보라.

2장_ 불필요한 요구 사항이 생기지 않게 하라

1. 당신 회사에서는 고객센터 상담원이나 일선에서 고객을 상대하는 직원들이 고객 연락 사유 코드나 고객이 고객센터를 찾는 이유에 대해 얼마나 잘 알고 있는가?

   a. 따로 파악하거나 추적하지 않는다.

   b. 12개 미만.

   c. 20개에서 30개 정도.

   d. 수백 개에서 많게는 수천 개.

   e. 잘 모르겠다.

2. 고객센터 외의 기타 부서에서 고객을 직접 상대하는 직원이나 웹 사이트가 고객과의 상호작용에 관해 어떤 식으로 코드를 기록하는가?

   a. 고객센터에서 하는 방식과 다르게 한다.

   b. 고객센터 외의 다른 곳이나 다른 부서에서 고객 연락 사유 코드를 기록하지 않는다.

c. 웹 사이트에서 고객이 어떤 페이지를 보았는지 파악하기 위해 로그 기록을 수집한다. 이는 보통 고객의 요구 사항을 처리한 상담원의 이름 옆에 '연락'으로 표기된다.

d. 웹 로그를 기록하지만, 이 기록은 보통 데이터 서버에 묻히고, 웹 페이지 속도를 분석하기 위해 이 기록을 참고한다.

3. 고객이 고객센터에 연락을 하는 가장 큰 이유가 무엇인가?

a. 잘 모르겠다.

b. 고객 주문 관련, 고객의 일상에서 필요한 이벤트, 고객에 관해 알아야 하는 중요한 것들, 배송 관련, 그리고 기타 중요한 사항.

c. 우리가 통제할 수 없는 많은 이유.

d. 고객센터가 애초에 저지른 실수.

e. 제품이나 서비스에 대한 불만.

4. CPX(요인 X당 고객 연락 건수. 여기에서 X는 고객, 계정, 주문, 거래 등이 될 수 있다)를 어느 정도 공유하는가?

a. CPX에 대해 알고 기록하지만, 내부적으로 공유하지 않는다.

b. CPX에 대해 알지 못하고, 이 기준으로 측정한 적도 없다.

c. 기업 전체적으로 CPX에 대해 많이 알고 있다.

d. 내부적으로 CPX를 공유하며, CPX 추세에 대해 투자자, 주주들과 함께 논의한다.

5. 고객들은

    a. 우리의 셀프서비스를 좋아하고, 좋아하는 이유를 말해준다.

    b. 우리가 원하거나 예상한 만큼 우리의 셀프서비스를 이용하지 않는다.

    c. 우리가 제공하는 셀프서비스에 대해 아는 고객이 거의 없다.

    d. 인센티브를 제공해도 우리의 셀프서비스를 이용하지 않는다.

    e. 우리는 셀프서비스를 활용하지 않는다.

6. 판매 직원과 서비스 직원은

    a. 고객이 더 선호할 경우 셀프서비스를 이용하도록 안내한다.

    b. 웹 사이트나 ARS를 문제의 원인이라고 생각한다.

    c. 우리의 셀프서비스 시스템을 이해하고 적극적으로 홍보한다.

    d. 셀프서비스에 대해 고객들보다 모른다.

    e. 홍보할 셀프서비스라는 것이 없다.

7. 회사는

    a. 어떤 고객들이 셀프서비스를 잘 활용하는지 파악하고, 이를 바탕으로 개선점을 찾는다.

    b. 셀프서비스 이용자의 비율을 정확히 파악하고 있다.

    c. 정기적으로 고객에게 우리의 셀프서비스에 대해 질문한다.

    d. 어떤 상호작용이든 간에 인적 접촉이 필요하다고 생각하고, 셀프서

비스의 혜택을 모른다.

e. 셀프서비스라는 것이 있기는 하지만, 사용 실태를 살펴보지 않는다.

4장_ 능동적으로 서비스하라

8. 고객의 연락 건수와 능동적인 소통 및 알림 서비스 제공의 비율은?

a. 우리는 능동적으로 고객에게 정보를 알려주기는 하지만, 비율은 잘

모른다.

b. 능동적인 알림 서비스가 없다.

c. 약 1:10.

d. 1:2 또는 1:3 정도.

9. 얼마나 자주 영향-긴급성 매트릭스 같은 개념을 이용하여 고객들을 위한 프로

세스의 우선순위를 설정하는가?

a. 하지 않는다.

b. 가끔 한다.

c. 항상 한다.

d. 큰 문제에 대해서만 한다.

10. 우리 회사에서는

a. 능동적인 고객서비스를 제공하지 않는다.

b. 제품 리콜과 같이 예외적인 상황에만 능동적으로 고객에게 알려준다.

c. 고객에게 먼저 알려주는 특정 문제들과 이유가 따로 설정되어 있다.

d. 고객이 연락할 때까지 가능한 한 기다리지 않고 먼저 연락한다.

5장_ 고객이 쉽게 연락할 수 있게 하라

11. 우리 고객들은

a. 회사에 연락할 방법을 선택할 수 없다.

b. 어떤 방식으로 회사에 연락할지 결정할 수 있으나, 선택폭은 넓지 않다.

c. 어떤 방식으로든 원하는 방식을 선택해서 연락할 수 있다.

d. 회사가 원하지 않는 방식으로 연락한다.

12. 우리 회사의 웹 사이트에는

a. 고객이 회사로 이메일을 보낼 수 있는 링크 메뉴가 있다.

b. 고객센터 웹 페이지의 아랫부분을 잘 살펴보면 회사 전화번호가 명시되어 있다.

c. 모든 페이지에 전화번호를 명시하는 등 고객들이 회사에 연락할 수 있는 정보를 최대한 많이 제공한다.

d. 몇 초 안에 상담원에게 연결되는 '전화 연결' 기능이 있다.

e. 웹 사이트 내에서만 문제를 해결하도록 전화번호는 명시하지 않는다.

13. 우리 회사의 고객서비스 채널 전략은 다음에 중점을 두고 있다.

a. 고객이 희망하는 서비스 채널을 이용하도록 한다.

b. 고객이 남기는 정보를 최대한 활용할 수 있도록 한다.

c. 가장 적은 비용이 소요되는 서비스 채널을 활용한다.

d. 회사 내에서 그러한 전략에 대해 논의한 적이 없다.

6장_ 모든 부서가 책임을 분담하라

14. 우리 회사에서 고객서비스는

a. 고객서비스 부서에서 책임질 문제다.

b. 모든 직원이 부분적으로 책임질 문제이며, 모든 부서가 책임을 공유
해야 한다.

c. 모든 직원이 논의하지만, 실행은 고객서비스 부서에서 전담한다.

d. 마케팅 부서의 일부다.

15. 우리 기업의 최고경영자는

a. 주요 목표를 달성하지 못했을 때만 서비스 관련 사안을 검토한다.

b. 고객서비스를 비용 유발 요소로 본다.

c. 고객서비스를 회사의 의사결정과 전략에 중대한 영향을 주는 가장 중
요한 업무의 하나로 본다.

d. 고객서비스에 끊임없는 관심을 기울이며 모든 부서의 업무가 서비스
성과에 기여하도록 한다.

e. 말로는 고객서비스가 중요하다고 하지만, 실제로는 관심이 없다.

16. 고객을 직접 상대하는 직원들은

    a. 고객을 도울 수 있는 의사결정을 스스로 할 수 있는 권한을 이양받았다.

    b. 폭넓은 정책 지침서에 근거하여 임무를 수행한다.

    c. 절차와 정책 준수 여부로 평가받고 관리된다.

    d. 엄격한 절차의 통제 없이는 신뢰받지 못한다.

7장_ 고객의 소리에 귀 기울이고 행동하라

17. 우리 회사에서는

    a. 마케팅 조직에서 표본 추출을 통해 매월, 분기별로 고객 만족도를 측
       정한다.

    b. 고객서비스를 측정하는 데 단일 지표를 사용한다.

    c. 여러 채널을 통해 고객 만족도를 측정하며, 모든 조직에서 활용한다.

    d. 고객서비스에 대한 의견 수집 방법이 없다.

18. 우리 회사의 최고경영자는

    a. 일선에서 고객의 소리를 듣기 위해 적어도 한 달에 한 번은 시간을 할
       애한다.

    b. 일선에서 고객의 소리를 들어본 적이 없다.

    c. 마케팅 조직이 고객들이 원하고, 고객에게 필요한 것을 찾아내는 곳
       이라고 생각한다.

    d. 일선에서 근무하는 팀을 일 년에 한두 번 잠깐 방문한다.

e. 우리가 수집하는 고객의 의견을 읽어본다.

19. 우리 회사에서는

a. 고객들에 대한 통찰력 있는 정보를 얻고, 문제를 해결할 실행 방안을 마련하기 위해 포커스 그룹 조사를 정기적으로 실시한다.

b. 다양한 경로를 통해 끊임없이 고객의 소리를 듣는 명확하게 정의된 과정이 있다.

c. 고객들에 대한 통찰력 있는 정보를 얻기 위해 고객의 소리를 듣는 절차가 없다.

d. 일선에 있는 직원들이 고객서비스 개선을 위해 제안을 하지만, 그 후에 어떤 조치가 시행되는 경우는 거의 없다.

e. 다른 부서에서 고객서비스 부서에 고객에 대한 정보를 묻는다.

20. 우리 회사에서는

a. 고객에게 응대하는 직원들이 소통 내용을 기록하고, 이를 감사 추적 용도로 활용한다.

b. 고객 응대 내용을 시스템에 기록하지만, 아무도 그 기록을 읽거나 듣거나 활용하지 않는다.

c. 고객과 소통하는 직원들이 고객들에게서 통찰력 있는 정보를 수집하고, 해당 사안의 해결 방안을 실행할 수 있도록 관련 부서에 전달하는 것을 그들의 역할로 인지한다.

d. 고객 응대 내용을 기록한 시스템을 감사 추적 용도로 활용하며, 종종

통찰력 있는 정보를 찾아내기 위한 장치로 사용한다.

• 평가하기

아래의 표를 활용하여 채점해보라. 각각의 점수는 다음과 같은 척도로 되어 있다. 3은 최고의 서비스, 2는 괜찮은 서비스, 1은 기본적 서비스, 0은 기본적인 서비스에도 못 미치는 즉석 대응 수준이다.

장과 제목	질문 번호	A	B	C	D	E
2장 불필요한 요구 사항이 생기지 않도록 하라	1	0	2	3	1	0
	2	1	0	3	2	
	3	0	3	0	1	2
	4	1	0	2	3	
3장 고객이 참여할 수 있는 셀프서비스를 만들어라	5	3	1	0	0	0
	6	2	0	3	0	0
	7	3	1	2	0	0
4장 능동적으로 서비스하라	8	1	0	2	3	
	9	0	1	3	2	
	10	0	1	2	3	
5장 고객이 기업에 쉽게 연락할 수 있도록 하라	11	0	2	3	1	
	12	1	1	3	2	0
	13	1	3	2	0	
6장 기업의 모든 부서가 책임을 분담하라	14	0	3	1	2	
	15	1	0	3	3	0
	16	3	2	1	0	
7장 고객에게 귀 기울이고 행동하라	17	1	2	3	0	
	18	3	0	0	1	2
	19	1	3	0	1	2
	20	1	0	3	2	

• 평가 결과 알아보기

- 0~20 : 기본적인 서비스 수준

개선할 사항이 많다고 할 수 있다. 이 책에 나온 아이디어들을 활용하면 많은 혜택을 얻을 수 있을 것이다. 만약 그 아이디어들이 당신의 회사에 적용할 수 없는 것들이라고 생각한다면, 아직 문제를 파악하지 못했거나 책의 내용을 완전히 이해하지 못했거나 문제 자체를 거부하는 것이다. 0 또는 1로 평가된 문항을 찾아 2점짜리 답안과 비교해 보기를 권한다.

- 21~40: 괜찮은 서비스

당신의 회사는 올바른 서비스를 제공하고 있으며, 고객서비스 프로그램을 잘 수행하고 있다고 할 수 있다. 1점 또는 2점으로 평가된 문항을 찾아서 어떻게 하면 개선해 3점을 받을 수 있을지 고민해 보기 바란다.

- 40~60: 최고의 서비스

당신의 회사는 훌륭한 서비스를 제공하고 있으며, 이 책에서 나온 몇몇 사안만 더 개선하면 될 것이다. 향후에 서비스 수준이 떨어지지 않도록 주의하고, 3점을 받지 못한 문항이 어떤 것인지 확인해 보기 바란다.

• 장별로 받은 점수가 의미하는 점

■**2장_ 불필요한 요구 사항이 생기지 않게 하라**

고객들이 왜 연락하는지 충분히 알지 못한다. 낮은 점수는 또한 고객의 연락 사유를 수집하고 원인이 무엇인지 생각하지 않거나 고객이 왜 직원이 직접 서비스를 제공하는 채널에 연락하는지 이해하지 못하는 것을 의미한다. 그렇다면 무엇을 어떻게 해야 할까?

• 고객 연락 사유 코딩 시스템을 '왜'에 대한 대답과 문제의 책임 주체를 포함하여 간소화하라.

• 가치-방해 요인 매트릭스를 적용하여 각각의 고객 연락 사유 코드에 대한 문제 해결 방안을 파악하라.

• 고객이 연락하는 이유와 근본 원인을 살펴보라.

• 고객의 입장이 되어 당신의 회사와 거래할 때 얼마나 복잡한지 판단하라.

• 애초에 고객의 요구 사항이 생기지 않도록 노력하라.

■**3장_ 고객이 참여할 수 있는 셀프서비스를 만들어라**

셀프서비스가 효과적으로 작동하지 않거나 왜 제대로 작동하지 않는지 생각해 보지 않거나 셀프서비스를 얼마나 홍보하고 지지해야 하는지 생각해 보지 않은 것이다. 그렇다면 무엇을 어떻게 해야 할까?

• 당신 회사의 셀프서비스 프로그램이 미치는 영향을 측정하여 높은 성공률을

달성할 수 있도록 하라.

- 설계에 이용 편의성 기술을 적용하라.

- 제공되는 셀프서비스 옵션의 수를 간소하게 줄여라.

- 최소한 매주 화제가 되는 주제와 함께 FAQ를 업데이트하라.

- 상담원이나 고객서비스 부서 직원에게 셀프서비스를 홍보하고, 고객에게 셀프
  서비스 채널을 이용법을 교육하는 것이 그들의 임무 중 하나라고 주지시켜라.

■4장_ 능동적으로 서비스하라

고객이 연락할 수밖에 없는 문제가 있다는 사실을 알면서도 고객이 연락할 때까지 기다리는 것이다. 이는 능동적인 서비스가 비용을 줄이고 고객에게 더 좋은 서비스 경험을 안겨줄 수 있다는 사실을 생각해 보지 않았기 때문이다. 그렇다면 무엇을 어떻게 해야 할까?

- 능동적인 알림 서비스를 통해 고객의 연락을 줄일 수 있는 부분이 어디인지 파
  악하라.

- 고객의 입장에서 연락 사유에 따른 중요도를 판단하라.

- 능동적인 연락을 더 비용을 덜 들이면서 효과적으로 수행할 수 있게 해주는 방
  법을 살펴보라.

■5장_ 고객이 쉽게 연락할 수 있게 하라

고객에게 제공하는 선택권에 제한을 두면서 고객이 연락하는 방식을 통제하고 있는 것이다. 또는 고객이 당신 회사의 제품이나 서비스에

대한 의견을 전달하려는 욕구가 얼마나 억눌려 있는지 깨닫지 못하고 있는 것이다. 그렇다면 무엇을 어떻게 해야 할까?

- 고객에게 연락하는 방식의 선택권을 더 다양하게 제공하라.
- 새로운 서비스 채널을 이용하도록 인센티브를 제공하고 격려하라.
- 고객의 이메일에 신속하게 회신하라.

■6장_ 모든 부서가 책임을 분담하라

고객센터가 고객서비스를 전담해야 한다고 생각한다. 다른 부서가 고안한 법칙이나 규칙을 고객서비스 부서 직원이 실천하도록 강요해 고객과 고객서비스 부서 직원들을 짜증나게 하고 있다. 그렇다면 무엇을 어떻게 해야 할까?

- 불필요한 고객의 요구 사항을 유발하는 부서, 즉 문제에 책임질 부서를 파악하라.
- 문제가 발생한 원인에 대해 확실히 책임질 수 있도록 문제 해결 비용 부과를 검토하라.
- 고객서비스 부의 직원이 규칙을 수동적으로 따르게 하기 보다는 재량권을 가지고 고객을 상대하게 하는 것이 어떤 부분에서 효율적인지 살펴보라.

■7장_ 고객의 소리에 귀 기울이고 행동하라

당신 회사의 고객센터가 매일 수천 명에 이르는 고객과 전화 통화를 하고, 이메일을 주고받으며, 메신저로 대화한다는 사실을 모르는 것이다. 고객센터 직원들이 당신을 대신해 고객의 의견을 듣는 귀 역할을 할 수 있다는 사실을 간과하고, 아마 변화를 이끌어내거나 조직에 영향을 미치기 어려운 고객 만족도 조사를 하고 있을 것이다. 그렇다면 무엇을 어떻게 해야 할까?

- 고객의 연락 사안을 통찰력 있는 정보와 문제에 대한 정보를 알 수 있는 창구로 어떻게 활용할지 분석하라.
- 점수 기록이 아닌 해결 방안 도출에 중점을 둔 고객 만족도 추적 조사 체계를 살펴보라.
- 현재 실행하는 고객 의견 수렴 제도 및 고객 만족도 조사 체계에서 얻는 가치를 생각하라.

부록 B

용어 사전

THE BEST SERVICE IS NO SERVICE

고객서비스는 다른 기능이나 직종과 마찬가지로 많은 약어, 두문자어 및 의미가 여러 가지인 난해한 용어를 많이 사용한다. 다음은 최고의 서비스에 나온 용어들의 정의다.

- ABA(abandonment rate, **포기율**) 고객이 원한 방식으로 요구 사항을 해결하지 못하는 경우의 비율. 고객이 기업의 전화번호를 찾아 전화를 걸거나, ARS의 메뉴를 듣고 원하는 서비스를 찾거나, 긴 메신저 대화에 참여할 때와 관련하여 사용되는 용어이다.

- ACW(after-call work, **전화 후 업무**) 고객서비스 직원이 고객과의 전화를 끊거나 이메일에 회신한 후 또는 메신저 대화를 끝낸 후, 상담 내용을 기록하고 코딩하고 다른 업무를 수행하는 데 소요되는 시간

- AHT(average handle time, AHT) 모든 고객서비스 직원이 전화 후, 업무(ACW 참고)를 포함하여 고객의 연락 사안을 처리하는 데 평균적으로 소요하는 시간

- ANI(automatic number identification, **자동 번호 인식**) CLI 참고

- CLI(caller line identification, **발신자 번호 인식**) 북아메리카에서는 ANI와 같은 뜻으로 쓰임. 어떤 고객이 전화하는지 전화번호를 인식한다.

종종 고객센터에 저장된 고객 정보를 자동으로 조회하여 상담원이
고객에게 기본적인 계정 정보를 반복해서 묻지 않도록 해준다.

• CPH(contacts per hour, **시간당 고객의 연락 건수**) 각 상담원이 처리할 수
있는 시간당 고객 연락 건수

• CPX(contacts per X, **요인 X당 고객 연락 건수**) 요인 X에 의해 특정 시간
동안(예를 들면 매주 또는 매년) 발생한 고객이 주도하고 상담원이
처리한 연락 건수. 여기서 요인 X는 주문, 거래, 새로운 설비 등이 될
수 있다. 아마존 창립 초기에 CPX는 CPO, 즉 거래 건당 고객 연락 건
수였다(예를 들면 2.50는 모든 고객(X)당 연락이 2.5번 발생했다는
것을 의미한다. CPX가 낮을수록 과정이 더 간단하고 효과적이라는
뜻이다).

• CRM(customer relationship management, **고객 관계 관리**) (1)고객의 연락
과 구매 내역에 대한 이력을 다른 정보와 결합하여 고객에게 더 가
까이 다가가고자 시도하는 과정 (2)현재 데이터를 결합하는 하드웨
어와 소프트웨어 시스템. (2)의 경우 VOC 대신 시스템 통합 언어에
너무 편중될 수 있는 여지가 있다.

• Customer change management(**고객 변화 관리**)고객의 행동을 수정하거
나 바꾸는 방법을 파악하는 과정. 이는 고객이 셀프서비스를 사용할

수 있을지, 그리고 셀프서비스를 사용하기를 원하는지 생각해보는 것을 포함한다. 기업이 고객을 상대로 실행하는 당근과 채찍에 관련된다.

• DIHT(dynamic individual handle time, DIHT) 공동 저자인 빌 프라이스가 만든 용어. 고객의 요구 사항 및 문제와 상담원의 능력에 따라 다르게 계획되고 추적되는 상담원의 고객 연락 사안 처리 시간. 이는 각 문제당 또는 각 상담원당 같은 AHT와 반대되는 개념이다.

• Dumb contact(**불필요한 요구 사항**) 공동 저자인 빌 프라이스가 만든 용어. 고객의 요구 사항에 단순히 대응하지 않고, 기업이 해결해야 할 근본적인 실수, 혼란 또는 결함으로 발생한 불필요하거나 불필요한 고객의 요구 사항.

• FAQ(frequently asked questions, **자주 하는 질문**) 고객들이 최근에 자주 하는 질문과 표출하는 우려 사항, 그리고 그에 대한 간단한 답변 및 설명. FAQ에서 중요한 사항은 내용이 자주 업데이트되어야 하며, 기업의 언어가 아닌 고객의 언어로 표현되어야 한다는 점이다.

• FCR(first contact resolution, **첫 연락 시 해결**) 보통 비율로 표시한다. 상담원이 고객에게 제공한 추가적인 후속 조치 없이 고객의 요구 사항이 첫 번째 연락에서 해결된 경우를 의미한다. 설명을 덧붙이면 '첫 번

째 연락'은 다른 상담원에게 연결된 경우 또는 문제 해결을 위해 전
문가에게 연결된 경우(FPR 참고)와 같이 고객이 전화를 끊기 전까지
고객의 요구 사항을 해결하기 위해 관여한 모든 직원의 응대를 포함
한다.

• FPR(first point resolution, **첫 접점 해결**) 보통 비율로 표시한다. 상담원이
고객에게 제공한 추가적인 후속 조치 없이 고객의 요구 사항이 첫
접점에서 해결된 경우를 가리킨다. 단, FCR과 달리 다른 상담원에게
연결되거나 처음 응대한 상담원이 아닌 다른 직원에게 지원을 받은
경우는 포함하지 않는다.

• Golden thirty seconds(**황금 같은 초반 30초**) 공동 저자인 빌 프라이스가
만든 용어. 고객들은 기업에 연락할 때 통화 초반에 자신이 전화하
기 전에 무엇을 시도했는지, 그리고 어떤 불만 사항이 있는지 이야
기하며 고객에 대한 통찰력 있는 정보를 제공한다. 그런데 이는 보
통 해결 방안을 빨리 제시하도록 교육받은 고객서비스 직원에 의해
차단된다. 저자들은 고객과의 통화 초반에 고객의 말에 더 귀 기울
일 것을 권하며, 고객이 기업과 공유할 준비가 되어 있는 것들을 수
집하고 이를 이용해 이득을 얻기를 바란다.

• GoS(grade of service, **서비스 등급**) 정의된 시간 기준 안에 답변한 고객
의 전화 또는 이메일. 예를 들면 60초 안에 답변한 고객의 전화 연락

80%(또는 80/60) 또는 24시간 안에 회신한 이메일의 비율.

- IBP(internal best practices, **내부 모범 경영 사례**) 공동 저자인 빌 프라이스
가 만든 용어로 기업 내 다른 부서에도 적용할 수 있는 절차와 접근
법을 찾기 위해 기업 내부를 살펴보는 것을 의미한다. 보통 상담원
이 고객에게 응대하는 '일선'을 살펴보고 나서 실행한다. OBP 참고.

- IVR(interactive voice response, **대화형 음성 응답**) 자동화된 정보(계좌 잔
액 또는 거래 상황과 같은)를 얻거나 기업에 정보를 제공하기 위해
고객이 번호를 누르거나 언어를 말하도록 하는 전화 기반의 시스템.

- KPI(key performance indicator, **핵심 성과 지표**) 보통 복수로 쓰이며, K가
key(핵심)를 의미한다는 사실을 잊은 대부분 기업에서 지나치게 중
시하는 용어이다. 원래는 좋은 서비스와 형편없는 서비스를 구별하
는 가장 중요한 기준이나 운영 기준을 알려주기 위해 고안됐다. 속
도 기준(AHT 또는 CPH와 같은), 기업 내부적으로 또는 고객과의 거
래 후 측정된 서비스 수준 점수, 직원 재직 상태, 해결률(FCR 또는
FPR과 같은), 그리고 지속적으로 수집되고 보고되는 데이터 등을 포
함한다.

- Last contact benchmarking(**최근에 연락한 기업과의 비교**) 공동 저자인 빌
프라이스가 만든 용어로 고객이 최근에 경험한 최고의 서비스 경험

과 자사의 운영 실태를 비교하는 것을 의미한다. 여기에서 비교 대상은 꼭 직접적인 경쟁 대상이 아닐 수도 있다. OBP에 사용된다.

• Lean(린 경영) 제조업에서 가장 많이 사용되는 과정에 대한 용어로, 낭비되는 자원과 결함을 없애는 도요타 생산 시스템(TPS)에서 유래했다. 애초에 불필요한 고객 요구 사항을 없애 최고의 서비스를 달성하자는 개념으로 고객서비스 분야에도 바로 적용할 수 있다.

• MECE(mutually exclusive and collectively exhaustive, **겹치지 않으면서 빠짐없이 나눈 것**) 추천 사항을 뒷받침하는 모든 증거가 효과적으로 구조화되었음을 확인하기 위해 맥킨지에서 개발한 개념이다. 최고의 서비스를 제공하는 기업에서는 고객 연락 사유 코드를 개별 주체에게 연결하는 데 활용한다.

• Mystery contact(**미스터리 연락**) 공동 저자들이 만든 용어. 유명한 '미스터리 쇼핑'과 비슷한 개념으로, 교육받은 컨설턴트 또는 기업 임원이 고객이 기업의 기준에 따라 환영받고 제대로 서비스를 받는지 확인하는 것을 의미한다(이때 컨설턴트 또는 기업 관리자와 임원들은 손님으로 가장해 직접 자사의 서비스를 경험한다).

• OBP(outside best practice, **외부 모범 경영 사례**) 공동 저자인 빌 프라이스가 만든 용어로, 자사의 운영 실태와 다른 산업 최고 기업의 운영 실

태를 비교하는 것을 의미한다. 점수는 중요도에 기반을 둔다. 최근
에 연락한 기업과의 비교last contact benchmarking와 IBP도 참고.

• Owner(주체) 고객이 특정한 사항에 대해 연락하게 한 부서의 임원 또
는 고위 관리자

• RACI(responsible or action or consulted or informed, **책임, 실행, 자문, 또는
정보를 전달받음**) 기업 관리자와 부서의 임무와 책임을 명확히 하기 위
해 사용하는 표준화된 접근법. 보통 고객의 의견을 추적하여 문제를
파악하고 해결책을 살핀다.

• Rule of 7 plus or minus 2(**7 더하기 혹은 빼기 2의 법칙**) 무작위의 항목을 접
했을 때 대부분 사람은 보통 5개에서 9개 사이의 항목, 즉 '7 더하기
또는 빼기 2'인 개수의 항목을 기억한다. 이는 곧 ARS의 메뉴와 다른
고객서비스 옵션들의 개수가 고객을 위해 제한되어야 한다는 점을
의미한다.

• Skyline(**스카이라인**) 간소화된 고객 연락 사유 코드를 보여주기 위해 아
마존에서 처음 개발한 보고서. 이제는 연락 코드, 활동기준원가, 주
체, 그리고 목표 CPX를 포함하는 WOCAS와 연결된 보고 시스템을 의
미한다.

- Snowballs(눈덩이) 반복적인 연락 또는 100퍼센트 빼기 첫 연락 시 해결(FCR) 또는 첫 접점 해결(FPR). 팀, 센터, 그리고 기업당 산출투입 비율을 이용해 계산한다.

- Success rate(성공률) 보통 셀프서비스에 대한 것이며, 비율로 표시한다. 고객이 자동화된 채널을 통해 정보를 얻거나 거래를 실행하려고 시도한 후 고객센터 상담원에게 연락할 필요가 없어진 경우를 의미한다.

- Take-up rate(채택률) 보통 셀프서비스에 대한 것이며, 비율로 표시한다. 고객이 고객센터 상담원에게 연락하지 않고 자동화된 해결책을 사용하려고 시도한 비율을 가리킨다.

- VOC(voice of the customer, 고객의 소리) 직접적인 방법(예를 들면 고객의 말 그대로의 의견)으로 또는 간접적인 방법(예를 들면 고객서비스 부서를 통한)으로 고객이 기업에 전하는 의견에 귀 기울이는 방법. WOCAS도 참고.

- WOCAS(what our customers are saying, 고객이 어떤 의견을 전달하는가) 고객과 정기적으로 소통하는 일선의 직원들에게서 VOC를 수집하는 과정. 일선 직원들을 통해 VOC를 수집하고, 코딩하고, 점수를 매기고, 책임 주체를 파악하고, 보고하는 과정을 의미한다.

베스트 서비스 노 서비스

초판 1쇄 인쇄 | 2014년 6월 15일
초판 1쇄 발행 | 2014년 6월 20일

지은이 | 빌 프라이스 · 데이비드 제프
옮긴이 | 박선영
펴낸이 | 김진성
펴낸곳 | 호이테북스

편　집 | 김미선
디자인 | 장재승
관　리 | 정보해

출판등록 | 2005년 2월21일 제2016-000006
주　소 | 경기 수원시 장안구 팔달로237번길 37, 303(영화동)
전　화 | 02-323-4421
팩　스 | 02-323-7753
e-mail | kjs9653@hotmail.com
홈페이지 | www.heute.co.kr

값 18,000원
ISBN 978-89-93132-32-8 13320

*잘못된 책은 서점에서 바꾸어 드립니다.